# 果樹園芸学

米森敬三
[編集]

平　　　智
菅谷純子
神崎真哉
鉄村琢哉
本杉日野
北島　宣
江角智也
田尾龍太郎
板井章浩
中野龍平
別府賢治
尾形凡生
福田文夫
中尾義則
[著]

朝倉書店

## 執 筆 者

| | |
|---|---|
| 米森敬三* | 龍谷大学農学部<br>京都大学名誉教授 |
| 平　　智 | 山形大学農学部 |
| 菅谷純子 | 筑波大学生命環境系 |
| 神崎真哉 | 近畿大学農学部 |
| 鉄村琢哉 | 宮崎大学農学部 |
| 本杉日野 | 元京都府立大学生命環境学部 |
| 北島　宣 | 京都大学大学院農学研究科 |
| 江角智也 | 島根大学生物資源科学部 |
| 田尾龍太郎 | 京都大学大学院農学研究科 |
| 板井章浩 | 京都府立大学大学院<br>生命環境科学研究科 |
| 中野龍平 | 岡山大学大学院環境生命科学研究科 |
| 別府賢治 | 香川大学農学部 |
| 尾形凡生 | 高知大学農学部 |
| 福田文夫 | 岡山大学大学院環境生命科学研究科 |
| 中尾義則 | 名城大学農学部 |

(執筆順, *は編者)

# 序

　日本の果樹園芸は独特の発展を遂げてきており，生産される果実の完璧さは世界から注目されている．あらゆる分野での国際化が推奨され，農産物の市場開放が求められている現在の状況下では，これまでの果樹栽培技術をさらに高め，革新的な技術開発による，より高品質で高機能性を有する果実生産をめざすことが今後の果樹産業の発展には不可欠である．さらに，近年の気候変動による異常気象へ対応できる技術開発も，今後の果樹園芸では重要な課題となる可能性がある．

　本書の原点は，大学の農学関係の学部学生に対する果樹学総論の教科書として，1978年に岩田正利氏ほか10氏によって刊行された『果樹園芸学』である．その後，1991年および2002年に，その当時の果樹園芸の最新技術や研究成果を踏まえて『新果樹園芸学』および『最新果樹園芸学』として改訂して刊行され，そのあとを受けて企画されたものが本書である．2002年に『最新果樹園芸学』が刊行されて以来，果樹園芸学でも分子生物学的手法による果樹のさまざまな現象解明が進み，また，ゲノム研究の分野でも大きな進展をみている．今回，新たな執筆陣によって，これらの最新技術から得られた研究成果を加えることで，果樹園芸学の現状を呈示し，果樹園芸学の新たな展開の方向性を示すことを目的とした．

　ただ，1978年に最初に『果樹園芸学』が刊行されて以来，40年近い歳月を経過しているが，果樹園芸の本質は変わるものではない．このため，最新の果樹園芸学の知見とともに，その本質となる基礎知識を伝授するという大きな目的も初版から脈々と受け継がれており，今回も限られた紙面の中でこの点は重視した．時代が変わり，研究には最新の技術が導入されて新たな研究成果が得られているが，果樹園芸の本質は同じであるとの考えにもう一度立ち戻るために，本書は原点のタイトルである『果樹園芸学』を使用することにした．この観点に立って，本書はこれまでと同様に，果樹の種類と品種から始まり，育種と苗木の繁殖，果樹園の開園，さらには花芽形成から結実，果実発育，成熟にいたる果樹生理，加

えて果実の成熟後生理と果樹の栽培管理に至るまで，幅広い範囲をカバーしている．

　本書は総論的な内容であり，大学のテキストないしは参考書として企画されたものであるが，果樹全般に関する生理現象や最近の動向を知りたいと思っておられる方々にも一読していただければ幸いである．本書を通じて，果樹園芸に興味をもち，新たに果樹園芸の分野で活躍したいとの意欲をもってくれる人材が少しでも多く現れ，果樹産業の今後の発展に寄与してくれることを期待してやまない．

　最後に，本書の刊行にあたり，編集・校正に多大な労をおとりいただいた朝倉書店編集部の方々に心より感謝するしだいである．

　2015 年 3 月

　　　　　　　　　　　　　　　　　　　　　　　　　　　　　　　米森敬三

# 目　　次

**1. 果樹園芸の特徴と生産・消費の動向**　　　　　　　　　　［米森敬三］　1
1.1　果樹園芸の特徴　2
　1.1.1　同じ樹（個体）を利用した生産　2
　1.1.2　栄養繁殖による苗木生産　2
　1.1.3　適地適作の重要性　3
　1.1.4　集約的な栽培体系の構築　3
1.2　生産と消費の動向　3
　1.2.1　世界での果実生産　3
　1.2.2　日本での果実生産と消費の動向　6

**2. 種類と品種**　　　　　　　　　　　　　　　　　　　　　［平　　智］　10
2.1　果樹の分類　10
　2.1.1　植物学的な分類　10
　2.1.2　園芸学的な分類　14
2.2　おもな果樹の種類と品種　17
　2.2.1　リンゴ　17
　2.2.2　ナ　シ　18
　2.2.3　カ　キ　20
　2.2.4　ブドウ　21
　2.2.5　モ　モ　21
　2.2.6　ウメ，アンズ　22
　2.2.7　スモモ　23
　2.2.8　オウトウ　23
　2.2.9　キウイフルーツ　24
　2.2.10　ク　リ　24
　2.2.11　イチジク　24

2.2.12 ブルーベリー　25
2.2.13 そのほかの落葉果樹　26
2.2.14 カンキツ類　26
2.2.15 ビワ　28
2.2.16 そのほかの常緑果樹　28

## 3. 環境と果樹の生態　　　　　　　　　　　　［菅谷純子］　30
3.1 温度と果樹の生育　30
　3.1.1 年平均気温と果樹の栽培適地　30
　3.1.2 温度と果樹の生理・生態　31
3.2 光と果樹の生育　42
　3.2.1 果樹の栽培と日照条件　42
　3.2.2 光と果樹の生理・生態　42
3.3 水環境　43
　3.3.1 降水（湿度）　43
　3.3.2 乾燥ストレス　44
3.4 風　44
3.5 地形的・地理的条件　44
　3.5.1 高度　44
　3.5.2 地形　45

## 4. 育種　　　　　　　　　　　　　　　　　　［神崎真哉］　47
4.1 果樹育種の現状　47
4.2 果樹育種の特徴　48
4.3 育種方法　49
　4.3.1 交雑育種　49
　4.3.2 突然変異育種　53
　4.3.3 倍数性育種　54
　4.3.4 細胞融合育種　55
　4.3.5 遺伝子組換え育種　55
　4.3.6 その他の育種法　59

4.4　品種登録制度　　60

## 5.　繁　　殖　　　　　　　　　　　　　　　　　　［鉄村琢哉］　61
5.1　種子繁殖と栄養繁殖　　61
5.2　栄　養　繁　殖　　61
　5.2.1　接ぎ木繁殖　　61
　5.2.2　挿し木繁殖　　67
　5.2.3　株分け繁殖　　69
　5.2.4　取り木繁殖　　70
　5.2.5　マイクロプロパゲーション（ミクロ繁殖）　　70
5.3　ウイルスフリー（無毒）苗の生産　　72
　5.3.1　熱処理法　　73
　5.3.2　茎頂培養法　　73
　5.3.3　茎頂接ぎ木法　　73
　5.3.4　その他の方法　　74
　5.3.5　ウイルス検定　　74
　5.3.6　ウイルス再感染の防止　　75

## 6.　開園と植栽　　　　　　　　　　　　　　　［本杉日野・北島　宣］　76
6.1　園地の整備　　76
　6.1.1　果樹園の用地　　76
　6.1.2　新規開園　　76
　6.1.3　既耕地の整備　　80
6.2　栽植の様式　　81
　6.2.1　栽植樹の配列と植栽間隔　　81
　6.2.2　混植と単植　　81
6.3　栽植の方法　　82
　6.3.1　樹種・品種の選定　　82
　6.3.2　苗木の準備　　82
　6.3.3　植え付け時期　　84
　6.3.4　植え付けと管理　　84

- 6.4 樹勢・樹形調節による栽培　85
  - 6.4.1 樹勢・樹形調節の意義　85
  - 6.4.2 わい性台木による方法　85
  - 6.4.3 根域制限による方法　85
  - 6.4.4 土壌水分調節による方法　86
  - 6.4.5 低樹高化　86
- 6.5 施設栽培　87
  - 6.5.1 施設栽培の歴史と目的　87
  - 6.5.2 施設栽培の特徴　88
  - 6.5.3 施設の設置と植栽方法　90
  - 6.5.4 施設栽培の今後の展望　91

## 7. 花芽形成と結果習性　　　　　　　　　　　　　　　　［江角智也］　92

- 7.1 果樹の芽の基本構造と種類　92
- 7.2 花成（花芽の誘導）　93
- 7.3 花成が起きるための要因　93
  - 7.3.1 樹の幼若性　93
  - 7.3.2 環境　95
  - 7.3.3 栄養　95
  - 7.3.4 植物ホルモン　96
  - 7.3.5 花成関連遺伝子の発現　98
- 7.4 花芽分化　99
  - 7.4.1 花芽分化における形態変化　99
  - 7.4.2 花芽分化の時期　99
  - 7.4.3 花芽における形態異常の発生　100
- 7.5 花芽の種類と花芽が着生する枝の名称　101
  - 7.5.1 混合花芽　101
  - 7.5.2 純正花芽　101
  - 7.5.3 結果枝　101
  - 7.5.4 結果母枝　101
- 7.6 結果習性　102

## 8. 受精と結実　　　　　　　　　　　　　　　　　　　［田尾龍太郎］　106

8.1　受精による種子形成と結実　106
　8.1.1　開花前の花器の発達　106
　8.1.2　受粉と受精の仕組み　107
8.2　受精に影響する要因　108
　8.2.1　雌雄性と雌雄異熟性　108
　8.2.2　不和合性　109
8.3　単為結果と単為生殖　112
　8.3.1　単為結果　113
　8.3.2　単為生殖と多胚性　116
8.4　生理的落果　117
　8.4.1　生理的落果の様相　117
　8.4.2　生理的落果の原因　118
　8.4.3　生理的落果の防止　118
8.5　隔年結果　118
　8.5.1　隔年結果の原因　119
　8.5.2　隔年結果の防止と積極的利用　119

## 9. 果実の発育　　　　　　　　　　　　　　　　　　　　　［板井章浩］　121

9.1　栽培化と果実発育　121
9.2　細胞分裂と細胞肥大　122
9.3　発育曲線　123
9.4　植物ホルモンとの関係　125
9.5　水分生理および炭水化物代謝との関係　127
9.6　発育にかかわる諸要因　131
　9.6.1　温度　131
　9.6.2　土壌水分　132
　9.6.3　樹体要因と栽培管理　132

## 10. 果実の成熟と収穫後生理　　　　　　　　　　　　　　［中野龍平］　134

10.1　成熟と追熟　134

10.2 クライマクテリック型果実と非クライマクテリック型果実の成熟　136
　10.2.1 クライマクテリック型果実の成熟　136
　10.2.2 非クライマクテリック型果実の成熟　137
10.3 エチレン　137
　10.3.1 エチレン生合成経路　137
　10.3.2 エチレン信号伝達経路　139
　10.3.3 エチレン作用の阻害剤　140
10.4 発育にともなう成熟制御機構　141
10.5 成熟にともなう果実成分の変化　142
　10.5.1 糖と有機酸　142
　10.5.2 アミノ酸，苦味・渋味成分と芳香成分　144
　10.5.3 着色と色素成分　144
　10.5.4 軟化，肉質の変化と細胞壁多糖類　146
　10.5.5 収穫適期の判定と非破壊品質測定技術　147
10.6 収穫後生理と貯蔵・流通技術，貯蔵障害　148
　10.6.1 予措，予冷　148
　10.6.2 低温貯蔵，低温流通（コールドチェーン），低温障害　148
　10.6.3 CA 貯蔵，MA 貯蔵，ガス障害　151

## 11. 水分生理と土壌管理　　　　　　　　　　［別府賢治］　154

11.1 水 分 生 理　154
　11.1.1 土壌と樹体の水ポテンシャル　154
　11.1.2 水分ストレス　156
　11.1.3 耐干性と耐湿性　157
　11.1.4 水分管理　158
11.2 土 壌 管 理　160
　11.2.1 土壌の生産力要因　160
　11.2.2 土壌改良　162
　11.2.3 表土管理　165

## 12. 樹体栄養と施肥　　　　　　　　　　　　　　　　［尾形凡生］　168

12.1　樹 体 栄 養　168
12.2　必 須 元 素　168
12.3　植物体を構成する元素　170
　12.3.1　生体構成要素：炭素，水素，酸素　170
　12.3.2　肥料の主要3要素：窒素，リン，カリウム　172
12.4　土　　　壌　176
　12.4.1　土壌の物理的性質　176
　12.4.2　土壌の化学的性質　177
12.5　施　　　肥　178
　12.5.1　施肥量の決定　178
　12.5.2　土壌と樹体栄養の診断技術　179
　12.5.3　施肥の方法　181
　12.5.4　有機物の施用　183

## 13. 整枝・せん定　　　　　　　　　　　　　　　　　［福田文夫］　187

13.1　整枝・せん定の意義と目的　187
13.2　整枝やせん定時に関係する樹体生理とせん定の方法　188
　13.2.1　樹体各部の名称　188
　13.2.2　せん定に関連する樹体生理　189
　13.2.3　せん定の時期・方法とその特性　190
13.3　整枝方法（仕立て方）　194
　13.3.1　主要な整枝方法　194
　13.3.2　省力化を指向した整枝とせん定　198

## 14. 生理障害・病害虫　　　　　　　　　　　　　　　［中尾義則］　202

14.1　生 理 障 害　202
　14.1.1　ウンシュウミカン　202
　14.1.2　カ　　キ　203
　14.1.3　ナ　　シ　203
　14.1.4　ブ ド ウ　204

14.1.5 モ　モ　205
14.1.6 リンゴ　205
14.2 病　　気　206
　14.2.1 菌類，細菌類　207
　14.2.2 ウイルス　212
14.3 虫　　害　212
14.4 病害虫防除　214
　14.4.1 化学的防除　215
　14.4.2 物理的防除　216
　14.4.3 耕種的防除　216
　14.4.4 生物的防除　217

索　　引　219

---

> **！ 書籍の無断コピーは禁じられています**
>
> 　書籍の無断コピー（複写）は著作権法上での例外を除き禁じられています。書籍のコピーやスキャン画像、撮影画像などの複製物を第三者に譲渡したり、書籍の一部を SNS 等インターネットにアップロードする行為も同様に著作権法上での例外を除き禁じられています。
> 　著作権を侵害した場合、民事上の損害賠償責任等を負う場合があります。また、悪質な著作権侵害行為については、著作権法の規定により 10 年以下の拘禁刑もしくは 1,000 万円以下の罰金、またはその両方が科されるなど、刑事責任を問われる場合があります。
> 　複写が必要な場合は、奥付に記載の JCOPY（出版者著作権管理機構）の許諾取得または SARTRAS（授業目的公衆送信補償金等管理協会）への申請を行ってください。なお、この場合も著作権者の利益を不当に害するような利用方法は許諾されません。
> 　とくに大学教科書や学術書の無断コピーの利用により、書籍の販売が阻害され、出版じたいが継続できなくなる事例が増えています。
> 　著作権法の趣旨をご理解の上、本書を適正に利用いただきますようお願いいたします。
> 　　　　　　　　　　　　　　　　　　　　　［2025 年 6 月現在］

# 1. 果樹園芸の特徴と生産・消費の動向

「果樹園芸」は果実生産を目的とする園芸の一分野である．そもそも「園芸 (horticulture)」は hortus (garden; originally an inclosure) と colere (to care for, to cultivate) というラテン語からの造語で，集約的な生産を意味する言葉であり，園芸には果樹のほかにも蔬菜，花卉が含まれる．また，果樹生産のための基礎となる知識を探求する学問が「果樹園芸学 (pomology)」であるが，これはラテン語で果実を意味する pomum と学問を意味する logia に由来する言葉である．pomum はフランス語でリンゴを意味する pomme という単語があるように，リンゴやナシのような仁果類の果実に限定して使用される場合もあるが，菊池秋雄『果樹園芸学上巻』(1948, 養賢堂) にもあるように，pomology の語源となった pomum はヨーロッパで昔から使用されていた，一般の果実 (fruit) という意味である．ただ，この pomology は fruit science のみを意味する言葉ではなく，アメリカの著名な植物学者であり園芸学者でもあった L. H. Bailey は著書 "The Standard Cyclopedia of Horticulture" (1935, Macmillan Company, New York) において，"Pomology (literally, science of fruits) is synonymous with fruit-growing" と定義しているし，アメリカ Webster の辞書 (Webster's Ninth New Collegiate Dictionary, 1983) にも pomology は "the science and practice of fruit growing" とされており，純粋な科学だけではなく，栽培技術も含んだ広い意味をもっていることが示されている．すなわち，日本でも「果樹園芸学」は，果実生産のための基礎を探求するためだけの単なる学問ではなく，果樹生産とその技術開発を含んだ幅広い学問分野として定義されるべきものである．

また，「果樹園芸学」であつかう果樹は，現在では熱帯果樹を含めたさまざまな樹種がある．ただ，どこの国でも果樹の概念は必ずしも同じとはいえない．元来，果樹とは果実のなる樹木の意味である．トマトやキュウリは蔬菜（果菜）に分類されるが，パパイヤ，バナナ，パイナップルは草本性であるにもかかわらず，日本でも欧米でも果樹としてあつかわれている．しかしながら，イチゴはア

メリカではブルーベリーやラズベリー同様，ベリー類として果樹に分類されるが，日本では蔬菜（果菜）に分類されている．この理由は定かではないが，日本ではイチゴは毎年作付けを行って一年生として取り扱われていたからだといわれている．このように果樹として分類されるためには，間苧谷徹が『果樹園芸博物学』（2005，養賢堂）で記述しているように，植え付けてから収穫が可能となるまでに2年以上の年数を必要とし，収穫後も同じ個体で栽培を継続するものという定義が適切であろう．

## 1.1　果樹園芸の特徴

### 1.1.1　同じ樹（個体）を利用した生産

　果樹は永年生であるため，同じ樹（個体）を使って果実生産を続ける．果樹の苗木を最初に植え付けると，最初は果実をつけない（あるいは樹の骨格を作るために意図的に果実をつけない）幼木期（幼樹期）があり，その後，果実を着果させる若木期をへて，果実生産が最大となる成木期（盛果期）に入る．この盛果期をできるだけ長く維持し，結果量を確保することが重要となる．盛果期の後は老木期となり生産が減少し，改植の必要が生じる．成木期の長さは樹種によっても異なるが，栽培管理技術も大いに関係する．なお，実生を植え付けた場合に花をつけない期間（生殖生長するための能力がない期間）は幼木（幼若）相とされ，接ぎ木した苗木を植え付けたときの幼木期とは区別される．

### 1.1.2　栄養繁殖による苗木生産

　果樹はどの樹種でも非常に雑種性が高いため，単為生殖によって生じた種子のようなごく一部の例外を除き，種子で繁殖すると同じ遺伝子型をもつ個体が得られず，品種を維持することができない．このため，品種の増殖には台木を利用した接ぎ木による栄養繁殖がもっぱら用いられ，果樹は台木と穂木による複合体として生育している．この接ぎ木には手間も経費もかかるが，果樹園芸ではこの短所を長所として利用している．すなわち，穂木がもっていない性質を台木の利用によって付与することができるため，果樹を複合体とすることで，さまざまな特性を具備することができる．樹勢を制御するわい性台木（リンゴのM系・JM系台木など），耐水性や耐干性などの環境耐性を付与する台木（ナシのユズ肌病抵抗性台木，モモの耐水性台木など），耐病性や耐虫性のある台木（カンキツの

CTV 抵抗性台木，ブドウのフィロキセラ抵抗性台木など）をうまく利用することによって，その品種自体にはない新たな特性をもった個体として果樹を生育させることが可能となる．

### 1.1.3 適地適作の重要性

果樹は一度苗木を植え付けると，通常の場合はその場所から移動させることができない．このため，果樹栽培では従来から適地適作が非常に重要であるとされている．小林氏は日本での果樹栽培のために，リンゴ・オウトウ・セイヨウナシなどを北部温帯果樹，ナシ・ブドウ・モモ・カキなどを中部温帯果樹，カンキツ・ビワなどを南部温帯果樹（これらは亜熱帯果樹に分類されることも多い）などに大きく分類している．また，園地の地形に関連する微気象にも配慮して，適地適作を心がける必要がある．

### 1.1.4 集約的な栽培体系の構築

園芸とはそもそも，囲いの中で生産するということが語源であり，蔬菜や花卉よりは栽培のために広い空間を必要とする果樹園芸でもこのことは当てはまる．すなわち，イネやコムギの作物のように，広々とした囲いのない空間で栽培されるのではなく，集約的に栽培されることが特徴である．とくに日本の果樹栽培においては，できるだけ手をかけた集約的栽培を行っており，果樹の施設栽培などもかなり以前から導入され，同じ果樹園芸でも欧米での概念とは様相を異にする．日本には，欧米では考えられない集約的な栽培が試みられている．たとえば，ブドウの無核化のためのジベレリン処理，ナシやリンゴの袋かけ，リンゴの葉つみや玉回し，ウメやマンゴーで見られる完熟果の収穫，樹勢制御のための根域制限栽培，最近話題となっているニホンナシのジョイント栽培などはこの一例である．

## 1.2 生産と消費の動向

### 1.2.1 世界での果実生産

2012 年の世界での果実総生産量は 6.4 億トン近くにのぼり（表 1.1），2002 年の 4.8 億トン（FAO 統計）から大きく増加している．また，ナッツ類の 2012 年の総生産量 1437 万トンも 2002 年の 879 万トン（FAO 統計）から大きく増加し

**表 1.1**  世界の果実とナッツ類の生産量（2012年，単位：万トン）（FAOSTATより作成）

| 温帯果樹 | | 熱帯・亜熱帯果樹 | | ナッツ類 | |
|---|---|---|---|---|---|
| リンゴ | 7638 | バナナ（生食用） | 10199 | カシューナッツ | 415 |
| ブドウ | 6707 | プランテイン | 3716 | クリ | 342 |
| ナシ | 2358 | オレンジ | 6822 | アーモンド | 193 |
| モモ・ネクタリン | 2108 | マンダリン類 | 2706 | クルミ | 147 |
| スモモ | 952 | レモン・ライム | 1512 | ピスタチオ | 101 |
| アンズ | 396 | ブンタン類[*2] | 804 | ヘーゼルナッツ | 91 |
| 甘果オウトウ | 226 | マンゴー・マンゴスチン・グアバ | 4214 | ブラジルナッツ | 11 |
| 酸果オウトウ | 115 | パインアップル | 2333 | | |
| キウイフルーツ | 141 | パパイヤ | 1241 | | |
| イチジク | 109 | ナツメヤシ | 755 | | |
| ベリー類[*1] | 334 | カキ | 447 | | |
| | | アボカド | 436 | | |
| | | カシューアップル | 200 | | |
| 果実総生産量[*3] | | 63654 | | ナッツ総生産量[*3] | 1437 |

\*1：イチゴは含まない．
\*2：グレープフルーツを含む．
\*3：この表にあがっていないその他の果実あるいはナッツの生産量を含む．

ており，世界的には果樹栽培は増加傾向が続いている．世界的に最も生産が多い果樹は，熱帯・亜熱帯果樹に分類されるバナナ（料理用バナナのプランテインを含む）とオレンジなどのカンキツ類であり，温帯果樹であるリンゴ，ブドウがこれに続いている（表1.1）．なお，ブドウについては，世界的にはワイン用として栽培されているものが大きな割合を占めている．2011年のFAO統計によれば，世界でのブドウ総生産6999万トンのうち，ワイン用以外には2651万トン（干しブドウやジュースなどの加工用として使用されたものを含む）が供給されたのみであり，ワイン用として62.1％が使用されており，生食用としてのブドウ生産がほとんどである日本のブドウ栽培の状況とは様相を異にしている．

次に，2012年の主要な果樹の国・地域別生産量は表1.2のようである．温帯果樹では中国が多くの種類の果実で生産量第一位を占めており，とくにFAO統計によればリンゴやナシ，モモ・ネクタリンではその生産量は群を抜いている．また，ブドウ生産量もアメリカやヨーロッパ諸国を押さえて第一位となっており，近年の中国の果実生産量の増加は際立っている．一方，熱帯・亜熱帯果樹やナッツ類は多くの樹種でアジア地域での栽培が多く，果実類ではバナナ，マンダリン類（タンジェリン，クレメンタインを含む），パインアップル，パパイヤ，ナッツ類ではカシューナッツ，クリ，クルミでアジア諸国が第一位の生産量を示してい

表1.2 主要な温帯果樹の国・地域別果実生産量（万トン）（FAOSTATより作成）

| 温帯果樹 | | 熱帯・亜熱帯果樹 | | ナッツ類 | |
|---|---|---|---|---|---|
| 順位・国名（地域名） | 生産量 | 順位・国名（地域名） | 生産量 | 順位・国名（地域名） | 生産量 |
| リンゴ | | バナナ | | カシューナッツ | |
| （国別） | | （国別） | | （国別） | |
| 1 中国 | 3700 | 1 インド | 2487 | 1 ベトナム | 119 |
| 2 アメリカ | 411 | 2 中国 | 1055 | 2 ナイジェリア | 84 |
| 3 トルコ | 289 | 3 フィリピン | 923 | 3 インド | 68 |
| 4 ポーランド | 288 | 4 エクアドル | 701 | 4 コートジボワール | 45 |
| 5 インド | 220 | 5 ブラジル | 690 | 5 ベニン共和国 | 17 |
| （地域別） | | （地域別） | | （地域別） | |
| 1 アジア | 4904 | 1 アジア | 5709 | 1 アジア | 218 |
| 2 ヨーロッパ | 1497 | 2 南アメリカ | 1690 | 2 アフリカ | 188 |
| 3 南アメリカ | 445 | 3 アフリカ | 1586 | 3 南アメリカ | 8 |
| ブドウ | | オレンジ | | クリ | |
| （国別） | | （国別） | | （国別） | |
| 1 中国 | 960 | 1 ブラジル | 1801 | 1 中国 | 165 |
| 2 アメリカ | 666 | 2 アメリカ | 817 | 2 韓国 | 7.0 |
| 3 イタリア | 582 | 3 中国 | 650 | 3 トルコ | 6.0 |
| 4 フランス | 534 | 4 インド | 500 | 4 ボリビア | 5.7 |
| 5 スペイン | 524 | 5 メキシコ | 367 | 5 イタリア | 5.2 |
| （地域別） | | （地域別） | | （地域別） | |
| 1 ヨーロッパ | 2363 | 1 南アメリカ | 2079 | 1 アジア | 181 |
| 2 アジア | 2187 | 2 アジア | 2000 | 2 ヨーロッパ | 13 |
| 3 南アメリカ | 808 | 3 北アメリカ | 816 | 3 南アメリカ | 6 |
| ナシ | | マンダリン類 | | アーモンド | |
| （国別） | | （国別） | | （国別） | |
| 1 中国 | 1610 | 1 中国 | 1360 | 1 アメリカ | 72.0 |
| 2 アメリカ | 78 | 2 スペイン | 187 | 2 スペイン | 21.5 |
| 3 アルゼンチン | 70 | 3 ブラジル | 96 | 3 オーストラリア | 14.2 |
| 4 イタリア | 65 | 4 トルコ | 88.9 | 4 イラン | 10.0 |
| 5 トルコ | 44 | 5 エジプト | 88.5 | 5 モロッコ | 9.9 |
| （地域別） | | （地域別） | | （地域別） | |
| 1 アジア | 1837 | 1 アジア | 1860 | 1 北アメリカ | 72 |
| 2 ヨーロッパ | 258 | 2 ヨーロッパ | 287 | 2 アジア | 46 |
| 3 南アメリカ | 96 | 3 アフリカ | 224 | 3 ヨーロッパ | 34 |
| モモ・ネクタリン | | パイナップル | | クルミ | |
| （国別） | | （国別） | | （国別） | |
| 1 中国 | 1200 | 1 タイ | 265 | 1 中国 | 170 |
| 2 イタリア | 133 | 2 コスタリカ | 248.5 | 2 イラン | 45 |
| 3 アメリカ | 11 | 3 ブラジル | 247.8 | 3 アメリカ | 42.5 |
| 4 ギリシャ | 106 | 4 フィリピン | 240 | 4 トルコ | 19.4 |
| 5 スペイン | 76 | 5 インドネシア | 178 | 5 メキシコ | 11.1 |
| （地域別） | | （地域別） | | （地域別） | |
| 1 アジア | 1441 | 1 アジア | 1088 | 1 アジア | 267 |
| 2 ヨーロッパ | 339 | 2 南アメリカ | 410 | 2 北アメリカ | 43 |
| 3 北アメリカ | 108 | 3 中央アメリカ | 378 | 3 ヨーロッパ | 33 |

る（表 1.2）．

## 1.2.2　日本での果実生産と消費の動向

　世界的には果樹栽培が現在も拡大し続けているのに対して，2012 年の日本での果実総生産量（収穫量）は 271.7 万トンであり，2002 年の 369.4 万トンから 70％近く減少している（果樹生産出荷統計）．さらに 1905 年からのおもな樹種の果実生産量の統計を見てみると（図 1.1），とくにミカンの生産量の大きな変動が明確に示される．日本の果実生産は明治時代以降順調に拡大してきたが，太平洋戦争への参戦（1941 年）後，果樹は不急不用の作物であるとの指定によりその生産は急減した．しかしながら，戦後の復興およびその後の 1960 年の池田勇人内閣の下で策定された国民所得倍増計画に始まる経済発展とともに，とくにミカンで急激に果実生産が増大した．ミカン生産は 1972 年には 350 万トンを超える大豊作となり，これをきっかけに市場価格の大暴落が引き起こされた．このため，1979 年からのミカン園転作事業の開始，さらには 1988 年のカンキツ園再編対策事業が実施され，ミカンの生産調整が実施されたことで，ミカン生産量の大きな変動がみられることになった．

　その他の果樹に関しても戦後から順調な栽培の増加を続けていたのではなく，とくにリンゴでは，1963 年のバナナの輸入自由化やミカンの生産量増大にともなって，山川市場という言葉が 1968（昭和 43）年の新聞紙上を賑わしたように，

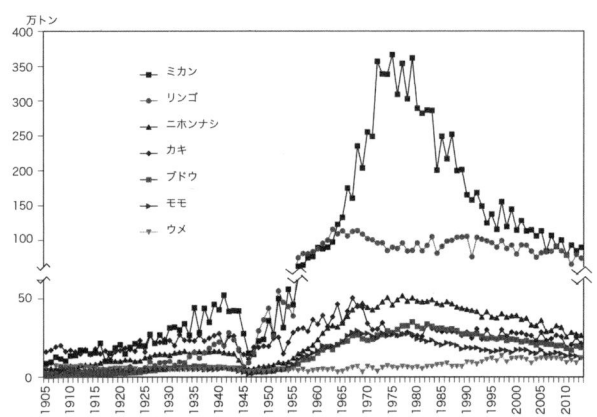

図 1.1　日本の果実生産量の推移（農林水産省果樹生産出荷統計をもとに作成）

1.2 生産と消費の動向

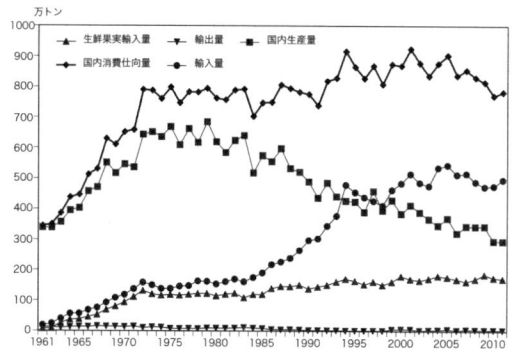

図 1.2 果実の国内生産量，輸出量，輸入量，国内仕向量および果汁の輸入量の推移（農林水産省食料需給表およびFAOSTATより作成）

1960年代には価格の暴落が起きている．これを機に，当時栽培されていた'国光'や'紅玉'から，品質のよいデリシャス系や'ふじ'への品種更新が加速し，とくに'ふじ'は今日までのリンゴ産業を支える原動力となった．これは，果樹栽培での品種の重要性を明確に示す例である．

一方，海外からの果実の輸入については，1961年以降増加を続け，とくに1985年のニューヨークでのG5諸国の蔵相会談でのプラザ合意による円高容認以降，急増している（図1.2）．国内果実仕向け量は1970年代後半以降，現在までほぼ一定の値を推移しており，国内果実生産量が減少を続けているため，輸入果実がこの減少量を補完している構図となっており，2012年の果物自給率は見かけ上，38％にまで落ち込んでいる（食料需給表）．しかしながら，生鮮果実の輸入量は1970年代後半以降，大きな増大はなく（図1.2），果汁等加工品としての輸入が増大していることを示している．2011年の時点でも，生鮮果実自給率は59.5％という比較的高い数字が推定されており（果樹をめぐる情勢，2014），さらに生鮮果実の輸入の9割を占め，日本での栽培が困難であるバナナの輸入量を除くと，日本での生鮮果実の自給率は78.7％と，非常に高い値を示す．実際，青果物卸売市場調査の2011年の結果でも，調査した卸売市場での取り扱い果実総量は381.4万トンであり，そのうち輸入果実は99.1万トン（国産果実は282.3万トン）にすぎず，調査した卸売市場での国産果実取扱の割合は74％を占めている．また，各国の物価水準が異なるため一概には比較できないが，日本での果実の生産価格（producer price）はほかの諸国と比較して非常に高く（表1.3），日

表 1.3　各国の果実の生産価格比較（2012年）（FAOSTATより作成）

| 国名 | リンゴ | ブドウ | モモ・ネクタリン | マンダリン類 |
|---|---|---|---|---|
| 日本 | 3.55 | 7.35 | 4.17 | 2.88 |
| 中国 | 0.95 | 1.16 | 1.23 | 0.54 |
| オーストラリア | 1.66 | 0.65 | 1.81 | 1.40 |
| アメリカ | 0.76 | 0.74 | 0.72 | 0.50 |
| カナダ | 0.51 | 1.51 | 1.49 | — |
| メキシコ | 0.61 | 1.44 | 0.55 | 0.12 |
| チリ | 0.33 | 0.65 | 0.58 | — |
| スペイン | 0.56 | 0.78 | 0.80 | 0.28 |
| 南アフリカ | 0.53 | 1.55 | 0.50 | 0.72 |

果実1kgあたり，単位：米ドル．

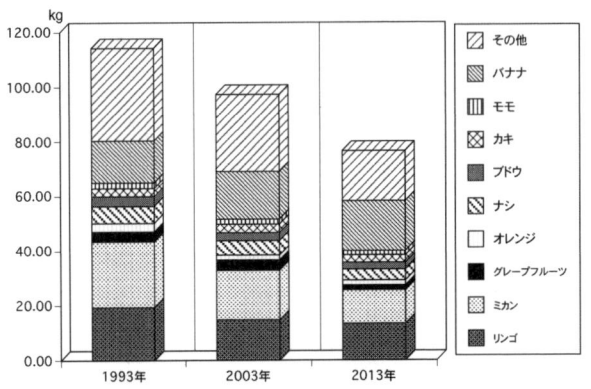

図 1.3　一世帯の年間果実の購入量（総務省家計調査結果より作成）
「その他」にはスイカ，メロン，イチゴが含まれる．

本の果樹園芸が集約的な高品質果実生産を目指していることの現れである．日本では果実に対する概念が欧米諸国とは基本的に違ったところから始まっていると考えられ，このことが日本の果樹園芸の大きな特徴の一つであり，今後の日本での果樹産業の方向性を考える上でも重要な要因であると思われる．

　ただ，このような果実に対する独特な概念があるにせよ，今日の日本での果実消費動向での一番の問題は，果実消費の減少傾向が続いている点である．一世帯当たりの果実購入量はこの20年の間でもかなり落ち込んでおり（図1.3），2013年の一世帯当たりの年間果実購入額ではリンゴ4895円，ミカン4484円と輸入果実であるバナナの購入額4161円を超えているものの，年間購入量では長い間一位を保っていたミカンの購入量をバナナの購入量が大きく超え（国民健康・栄養

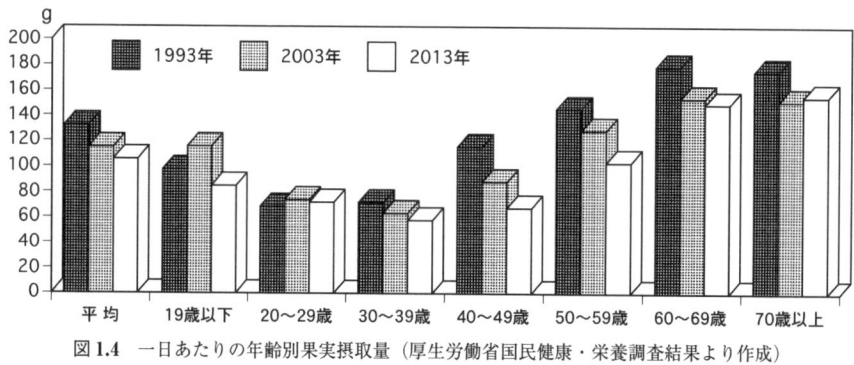
図1.4　一日あたりの年齢別果実摂取量（厚生労働省国民健康・栄養調査結果より作成）

調査)．生鮮果実の消費にも変化が認められてきている．また，この果実購入量の減少の原因として，20歳台と30歳台の果実消費が落ち込んでいることが考えられるが，最近では，40歳台，50歳台の果実消費が落ち込んできていることも示されている（図1.4）．果物の消費拡大を目的として，2001年に「果物のある食生活推進全国協議会」から提唱された「毎日くだもの200グラム運動」が展開され，機能性成分を多く含む果実を毎日200 g食べることが高血圧・ガン・脳卒中・心臓病などの疾病やメタボリックシンドロームの予防・改善にもつながるというキャッチフレーズで推進されているが，未だに消費の減少には歯止めがかかっていないのが現状である．菓子類や飲料などとの競合もあり，日本の生鮮果実供給量は世界各国の中でもかなり少なく，2011年の日本の一日一人当たりの果実供給量は140 gであり，イタリア386 g，イギリス344 g，フランス302 g，アメリカ266 g，中国223 g，韓国184 gなどと比較してもかなり少ない（FAO統計）．今後，果実の消費拡大をいかにして達成するかが大きな問題となっており，優良品種の育成等も重要な課題であると考えられる．　　　　　　　　　　[米森敬三]

■文　献
1) FAO統計 (2014)：FAOSTAT. http://faostat3.fao.org/faostat-gateway/go/to/home/E.
2) 果樹をめぐる情勢 (2014)：農林水産省 果樹をめぐる情勢（平成26年8月版）. http://www.maff.go.jp/j/seisan/ryutu/fruits/pdf/201408_kaju4.pdf.
3) 農林水産省統計情報 (2014)：http://www.maff.go.jp/j/tokei/index.html.
4) 政府統計の窓口 (2014)：e-Stat. http://www.e-stat.go.jp/SG1/estat/eStatTopPortal.do.

# 2. 種類と品種

## 2.1 果樹の分類

　果樹は食用になる果実をつける木本植物の総称であるが，バナナやパイナップル，パパイヤなども多年生草本果樹として仲間に入れることが多い．地球上に存在する果樹の種類は大変多く，約3000種に達するといわれているが，栽培化されてきたものはそのうち100種前後であると考えられている．

　果樹の分類法としては，これまで自然分類法と人為分類法が採用されることが多かったが，本書では植物学的な分類と園芸学的な分類に分けて解説する．

### 2.1.1　植物学的な分類
#### a．植物分類学による分類

　表2.1におもな果樹の学名と英名を示した．学名は，リンネ（Linné, C.）によって考案された二名法により属名（genus）と種名（species）を併記し，そのあとに命名人の名前をつける．通常，属名と種名はイタリック体で書き，属名の頭文字は大文字で始める．

　おもな果樹はほとんど被子植物門に属し，裸子植物門に属するのはイチョウ（ギンナン）やマツの実ぐらいである．被子植物門はさらに単子葉植物綱と双子葉植物綱に分類されるが，ほとんどの果樹は後者に属する．前者に属する果樹としてはヤシ科，バショウ科およびパイナップル科のものがある．なお，双子葉植物綱のうちバラ科に属する果樹はリンゴやナシ，モモなど，ミカン科に属する果樹はウンシュウミカンやオレンジ，レモンなどを始め，きわめて種類が多い．

　図2.1は，表2.1に示した果樹をゲノム情報などに基づいて系統発生学的に分類した例を模式的に表したものである．最近は，分類に遺伝子解析などの分子生物学的方法が導入され，バラ科果樹やカンキツ類などについても分類の見直しが進められている．

## 2.1 果樹の分類

表2.1 おもな果樹の学名と英名

| 果樹名 | 学名 | 英名 | 備考 |
|---|---|---|---|
| イチョウ | *Ginkgo biloba* L. | ginkgo, maidenhair tree | 別名ギンナン |
| アボカド | *Persea americana* Mill. | avocado, alligator pear | 別名ワニナシ |
| イチジク | *Ficus carica* L. | fig | |
| クルミ | *Juglans* spp. | walnut | |
| ヤマモモ | *Myrica rubra* Siebold & Zucc. | red bayberry | |
| ニホングリ | *Castanea crenata* Siebold & Zucc. | Japanese chestnut | |
| ヘーゼルナッツ | *Corylus avellana* L. | hazelnut, European filbert | 別名セイヨウハシバミ |
| キウイフルーツ | *Actinidia deliciosa* (A. Chev.) C.F. Liang & A.R. Ferguson | kiwifruit, Chinese gooseberry | 別名キウイ (6倍体のもの) |
| キウイフルーツ | *Actinidia chinensis* Planch. | 同上 | 別名キウイ (2,4倍体のもの) |
| マンゴスチン | *Garcinia mangostana* L. | mangosteen, mangostan | |
| ドリアン | *Durio zibethinus* Murray | durian, civet-Cat fruit | |
| パッションフルーツ | *Passiflora edulis* Sims | passion fruit, purple granadilla | 別名クダモノトケイソウ |
| パパイヤ | *Carica papaya* L. | papaya, melon tree | |
| ブルーベリー | *Vaccinium* spp. | blueberries | |
| カキ | *Diospyros kaki* Thunb. | Japanese persimmon, kaki | |
| ニホンスモモ | *Prunus salicina* Lindl. | Japanese plum | |
| アンズ | *Prunus armeniaca* L. | apricot | |
| ウメ | *Prunus mume* Siebold & Zucc. | mume, Japanese apricot | |
| アーモンド | *Prunus dulcis* (Mill.) D. A. Webb. | almond | |
| モモ | *Prunus persica* (L.) Batsch | peach | |
| スイートチェリー | *Prunus avium* (L.) L. | sweet cherry | 別名カンカオウトウ、サクランボ |
| カリン | *Chaenomeles sinensis* (Thouin) Koehne | Chinese quince | |
| マルメロ | *Cydonia oblonga* Mill. | quince | |
| ビワ | *Eriobotrya japonica* (Thunb.) Lindl. | loquat | |
| リンゴ | *Malus pumila* Mill. | apple | |
| セイヨウナシ | *Pyrus communis* L. | pear, European pear | |
| ニホンナシ | *Pyrus pyrifolia* (Burm.f.) Nakai | Japanese pear, sand pear | |
| キイチゴ | *Rubus* spp. | brambles | |
| グアバ | *Psidium guajava* L. | common guava | 別名バンジロウ |
| ザクロ | *Punica granatum* L. | pomegranate | |
| ナツメ | *Ziziphus jujuba* Mill. | jujube | |
| ブドウ | *Vitis* spp. | grapes | |
| リュウガン | *Dimocarpus longan* Lour. | longan | |
| レイシ | *Litchi chinensis* Sonn. | lychee, lichee | 別名ライチー |
| ランブータン | *Nephelium lappaceum* L. | rambutan | 別名トゲレイシ |
| マンゴー | *Mangifera indica* L. | mango | |
| ピスタチオ | *Pistacia vera* L. | pistachio | |
| レモン | *Citrus limon* (L.) Burm.f. | lemon | |
| スイートオレンジ | *Citrus sinensis* (L.) Osbeck | sweet orange | |
| イヨカン | *Citrus iyo* hort. ex Tanaka | iyo | 別名イヨ |
| ウンシュウミカン | *Citrus unshu* Marcow. | satsuma mandarin, unshu | |
| キンカン | *Foutunella* spp. | kumquats | |
| カラタチ | *Poncirus trifoliata* (L.) Raf. | trifoliate orange | 別名キコク |
| オリーブ | *Olea europaea* L. | olive | |
| ココヤシ | *Cocos nucifera* L. | coconut palm | |
| パイナップル | *Ananas comosus* (L.) Merr. | pineapple, ananas | 別名パインアップル |
| バナナ | *Musa* spp. | bananas | |

園芸学会編『園芸学用語集・作物名編』(養賢堂, 2005) に基づく (一部改変).
キウイフルーツは倍数性や形態的特性などの違いから2種に分類される.
複数の種やそれらの雑種がおもな品種になっているものは, 種名を spp. で示した.

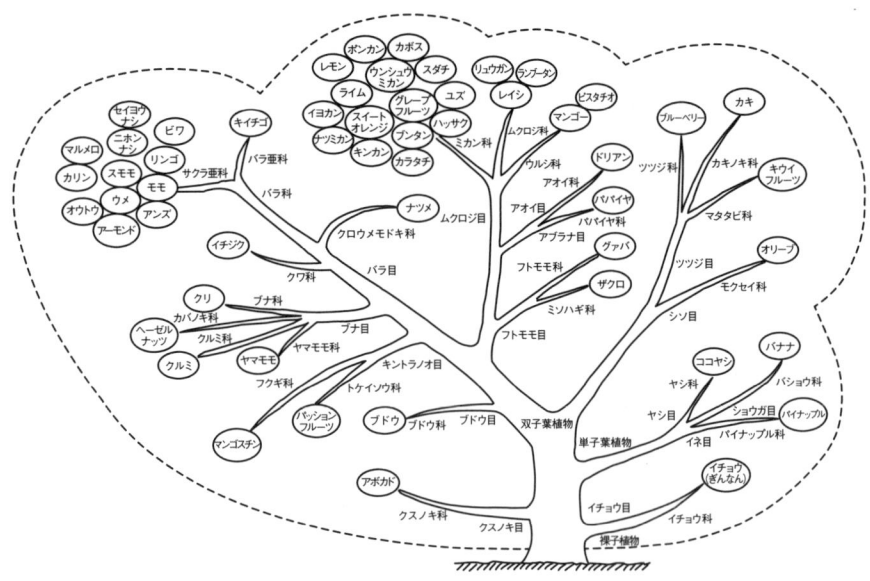

図 2.1 ゲノム情報に基づいて描いたおもな果樹の分類学的系統樹（平・松本，原図）（APG Ⅲ（2009)[1]）などを参考にして作成）

## b. 植物形態（果実の構造）に基づく分類
### 1） 子房の位置と果実の成り立ち

多くの果樹は，一つの花に雌ずい（雌しべ）と雄ずい（雄しべ）の両方をもつ両性花（bisexual flower）を着生する．どちらか一方しかもたない花は単性花（unisexual flower）とよばれ，雌ずいのみをもつものを雌花（female flower），雄ずいのみをもつものを雄花（male flower）という．また，一つの樹体に雌花と雄花の両方を着生する場合を雌雄同株（monoecious），別々の樹体に着生する場合を雌雄異株（dioecious）とよぶ．前者にはクリやクルミ，アケビなどがあり，後者にはキウイフルーツやヤマブドウ，ヤマモモなどがある．

開花時における子房（ovary）とがく（calyx）の位置関係から，図2.2に示すように，子房上位（hypogyny），子房中位（perigyny）（子房周位を含む）および子房下位（epigyny）に分類することができる．カンキツ類やブドウ，カキなどは子房上位，リンゴ，ナシ，ビワ，クリ，ブルーベリーなどは子房下位である．なお，モモやウメ，オウトウ，マンゴーなどは子房中位に分類されることが多いが，これらの花はがく筒（花床筒）が子房の根元から離れて筒状になってい

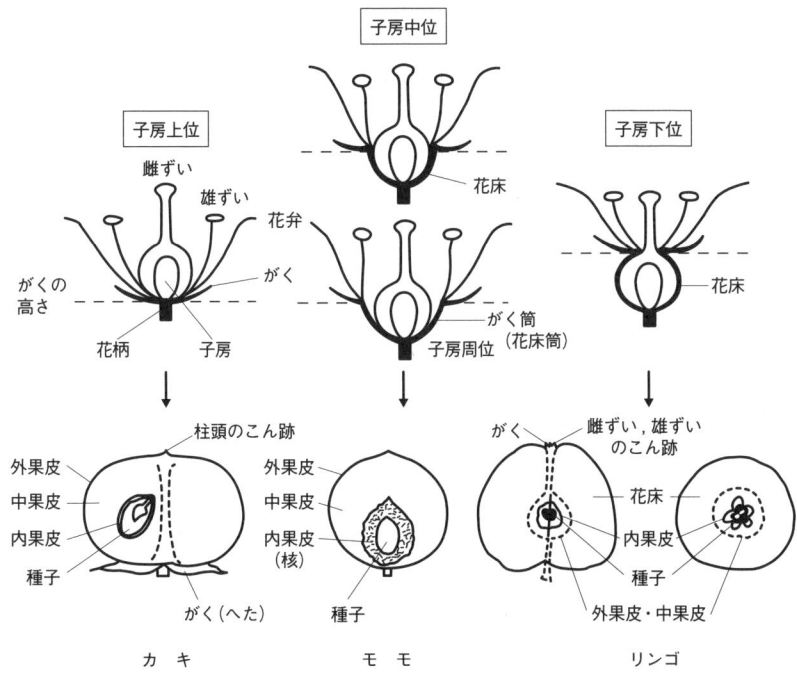

図2.2 子房の位置と果実の構造との関係（平，原図）（八田・大村（2010）[2]などを参考にして作成）

るので，厳密には子房周位であると考えられる．

子房壁（ovary wall）が発達してできた果実を真果（true fruit），子房壁以外の組織が発達してできた果実を偽果（false fruit）という．真果は子房上位または子房中位（または周位）の花から発達し，発育・肥大した子房壁は果皮（pericarp）とよばれる．果皮は外側から外果皮（exocarp），中果皮（mesocarp）および内果皮（endocarp）に分けられる．偽果は子房下位の花から発達した花床（receptacle，花托ともいう）や仮種皮（aril）などの付属組織が発達したものである．表2.2は真果と偽果の例であるが，果実の構成と可食部については後述する．

2) 単果，集合果および複合果

果実が一つの子房から発達したものを単果（simple fruit）といい，多くの果樹は単果を発達させる．果実は，もとは葉に由来する何枚かの心皮（carpel）が癒合して形成された雌ずいから発達する．たとえば，モモやオウトウは1心皮，ブ

表2.2 花と果実の構造に基づく果樹の分類

| 分類 | 子房の位置 | 果実の構成 | 可食部 | 果樹の種類 |
|---|---|---|---|---|
| 真果 | 子房上・中位または周位 | 単果 | 中果皮 | モモ,スモモ,ウメ,アンズ,オウトウ,オリーブ,マンゴー |
| | | | 内果皮 | カンキツ類 |
| | | | 中果皮・内果皮・胎座 | ブドウ,カキ,パパイヤ,アボカド |
| | | | 中果皮・内果皮・種子 | キウイフルーツ |
| | | | 仮種皮（種衣） | ドリアン,マンゴスチン,レイシ |
| 偽果 | 子房下位 | 単果 | 花床（花托） | リンゴ,ナシ,マルメロ,ビワ,グアバ |
| | | | 花床・中果皮・内果皮 | ブルーベリー,スグリ |
| | | | 中果皮・内果皮・胎座 | バナナ |
| | | | 外種皮 | ザクロ |
| | | | 種子（子葉） | クリ,クルミ |
| | | 集合果 | 花床・小果 | キイチゴ,チェリモヤ |
| | | 複合果 | 果軸・花床・小果 | イチジク,パイナップル |

中川（1978）[3]などに基づいて作成．

ドウは2心皮，バナナは3心皮，カキは4心皮，リンゴやブルーベリーは5心皮の果実を発達させる．カンキツ類やキウイフルーツの果実は多数の心皮から成り立っていると考えられる．

キイチゴやバンレイシなどは一つの花が多数の雌ずいを有し，それらが各々発達した小果が集合して一つの果実のように見えるため，集合果（aggregate fruit）とよばれる．これに対して，イチジクやパイナップルなどは，多数の花に由来する小果が合体して一つの果実になっているので，複合果（compound fruit）とよばれる（図2.3）．集合果と複合果の小果はそれぞれが真果である場合もあるが，全体としては可食部が花床や花軸なので偽果に分類される（表2.2）．

### 2.1.2 園芸学的な分類
#### a. 生態的要因による分類

原産地や栽培されている地域によって，温帯果樹（temperate fruit tree），亜熱帯果樹（subtropical fruit tree）および熱帯果樹（tropical fruit tree）に分けられる（表2.3）．温帯果樹は秋に葉を落とす落葉性（deciduous）で，休眠（dormancy）して越冬する．亜熱帯果樹や熱帯果樹はほとんどが常緑性（evergreen）である．

果樹はまた，樹体の形や特性によって，高木性果樹（arborescent fruit tree），低木性果樹（shrubby fruit tree）およびつる性果樹（vine）に分類される（表

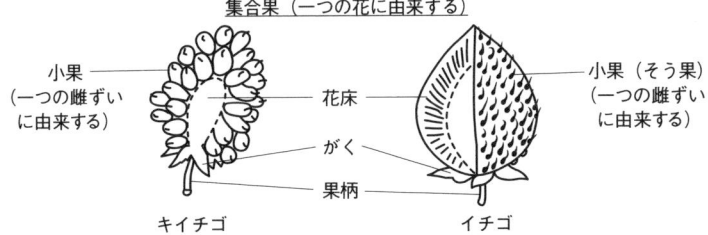
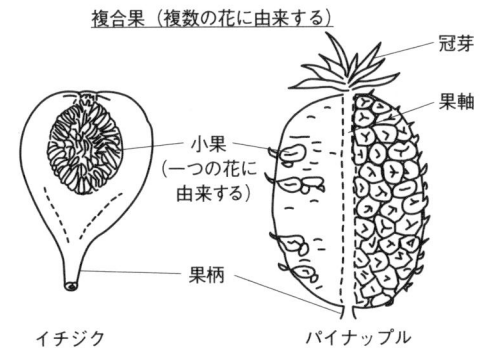

図 2.3 集合果と複合果の構造（平，原図）（八田・大村（2010）[2]，伴野ら（2013）[4] などを参考にして作成）

表 2.3 生育地と樹体特性に基づく果樹の分類

| 生育地 | 樹体特性 | グループ名 | 果樹の種類 |
|---|---|---|---|
| 温帯果樹（落葉性） | 高木性 | 仁果類 | リンゴ，ナシ，カリン，マルメロ |
| | | 核果類 | モモ，スモモ，ウメ，アンズ，オウトウ |
| | | 堅果類 | クリ，クルミ，アーモンド |
| | | その他 | カキ，イチジク，ザクロ，ナツメ |
| | 低木性 | スグリ類 | フサスグリ，クロフサスグリ |
| | | キイチゴ類 | ラズベリー，ブラックベリー |
| | | コケモモ類 | ブルーベリー，クランベリー |
| | | その他 | ユスラウメ，カラタチ |
| | つる性 | | ブドウ，キウイフルーツ，アケビ |
| 亜熱帯果樹（常緑性） | | | カンキツ類，ビワ，ヤマモモ，オリーブ，レイシ |
| 熱帯果樹（常緑性） | | | バナナ，マンゴー，パパイヤ，パイナップル，マンゴスチン，グアバ，ドリアン，ココヤシ |

水谷ら（2002）[5]，杉浦ら（2008）[6] などを参考にして作成．

2.3).高木性と低木性の区別は必ずしも明確ではないが,わい性台木(dwarfing rootstock)に接ぎ木しない場合に数 m 以上の高さになる樹種は一般的に高木性であると判断される.なお,バナナやパパイヤ,パイナップルなどを多年生草本果樹として別に分類することもある.

**b. 可食部による分類**

花のどの部分(組織・器官)が発達・肥大して可食部が形成されているかによって,高木性果樹は仁果類(pome fruit),核果類(stone fruit)および堅果類(nut)などに分類される(表2.3).仁果類はリンゴやナシなどのように花床がとくに肥大したもの,核果類はモモやオウトウなどのように内果皮が硬化して核(pit)を形成するもの,堅果類は子房壁が硬い殻になり,その中の種子を食用にするものである.なお,中果皮や内果皮が多汁で軟らかくなる果実を液果類(漿果類,berry)とよぶことがあり,カキやブドウなどがこれにあてはまる.

図2.4 は,さまざまな果実の可食部と花の組織との関係を模式的に示したものである.モモなどの核果類は中果皮が,カキやブドウ,キウイフルーツでは中果

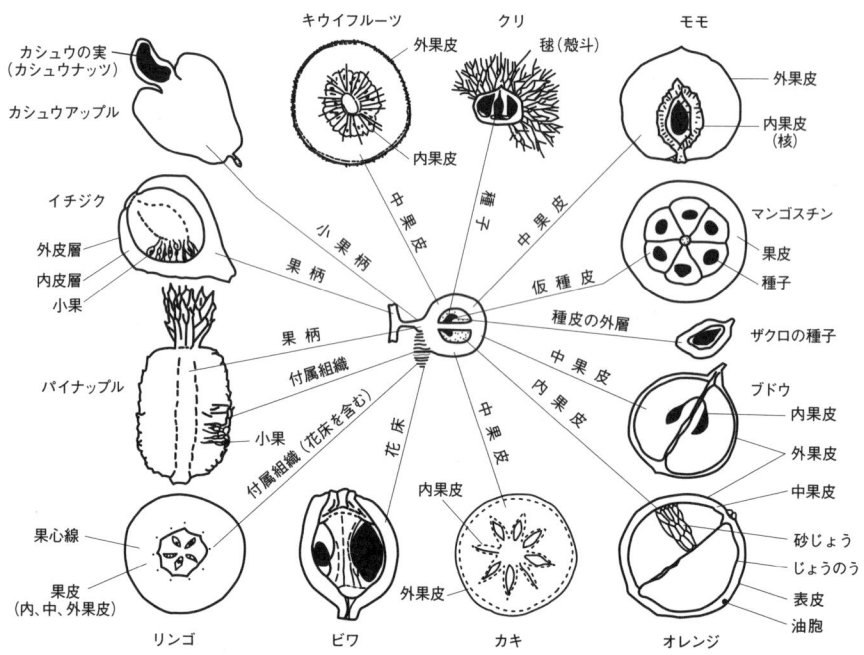

図 **2.4** 果実の可食部の多様性を示す模式図(Coombe (1976)[7],新居 (1998)[8] に基づく)

皮と内果皮が可食部になる．また，カンキツでは内果皮に当たるじょうのう（segment）から発達した多数の砂じょう（juice sac）に果汁が蓄積した部分が，リンゴやビワでは花床などの付属組織が，マンゴスチンやドリアンでは種子の周囲の組織（仮種皮）が，クリでは種子の一部である子葉（cotyledon）が可食部である．このように，一口に果実といっても，その可食部は実に多様な組織に由来していることがわかる．

## 2.2 おもな果樹の種類と品種

品種（cultivar）は「生物の種以下の集団の単位で，一つ以上の遺伝的特性が他と明確に区別できる集団」のことをいう．通常は，生物学的分類における変種（variety）より一つ下の階級を指すことが多いが，園芸植物では品種と変種の区別が明確でないこともしばしばある．園芸学では，品種名は'富有'のようにシングルクォーテーションマークでくくって表示する．近年，品種育成者の権利を保護するために「植物新品種保護に関する国際条約（UPOV条約）」が締結され，果樹の場合は新品種が種苗法に基づいて登録されると，育成者の権利が登録日から30年間保護される．

以下に，日本で栽培されるおもな果樹の来歴やおもな品種について紹介する．なお，各果樹の学名と英名については表2.1を参照されたい．

### 2.2.1 リンゴ

リンゴ属植物は20種以上あるが，現在栽培されているリンゴは西アジアのコーカサス地方に起源をもつとされる．栽培の歴史は古く，紀元前に始まったと考えられているが，当時はクラブアップルのように小さかったと考えられ，その後イギリスやヨーロッパ中北部で改良された．アメリカ大陸へは移民とともに導入され，やがて現地の気候や風土にあう品種が誕生した．

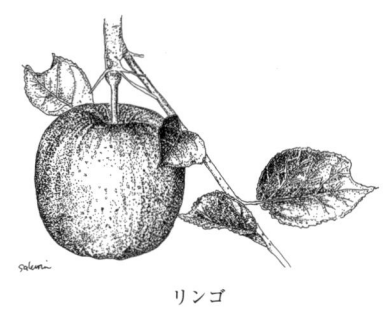

リンゴ

日本では鎌倉時代以前は中国から渡来したと考えられるワリンゴ（ジリンゴ，*Malus asiatica* Nakai）が利用されていた．現在の栽培につながる品種は，明治時

代初期に欧米から導入されたものがもとになっている．1950年代までは'国光(こっこう)(Rolls Janet)'と'紅玉(こうぎょく)(Jonathan)'を中心にして，'祝(いわい)(American Summer Pearmain)'，'旭(McIntosh)'，'印度'，'スターキング・デリシャス'，'ゴールデン・デリシャス'などの導入品種の栽培が中心であった．その後，1962年に農林水産省果樹試験場で'ふじ'，1975年に青森県りんご試験場で'つがる'が育成され，これらの栽培がしだいに増加した．食味と貯蔵性がともに優れる'ふじ'は，選抜過程では着色や外観に難点があるといわれていたが，登録後栽培は全世界に広がり，2000年代に入って世界一の栽培面積を誇るに至った．

現在日本では，早生は'つがる'，中生は'ジョナゴールド'や'陸奥'，晩生は'ふじ'や'王林'の栽培が盛んであるが，各県独自の品種育成も進んでいる．また，'紅玉'のように人気を取り戻すものもあって，品種は多様化の傾向を示している．

## 2.2.2 ナシ

ナシ属植物は中国西部から南西部の山地で発祥したとされる．そこから西に向かったグループは中央アジア，コーカサス，小アジア，地中海沿岸地方に至ってセイヨウナシを分化し，東進したグループは中国大陸でニホンナシとチュウゴクナシ（*Pyrus ussuriensis* Maxim.）などの東洋系ナシを分化した．

**a. ニホンナシ**

ニホンナシの起源については，日本の中部地方以西に自生していたニホンヤマナシ（*P. pyrifolia* (Burm.f.) Nakai）から改良されたとする野生種改良説と，中国大陸からほかの作物とともに渡来したとする渡来植物説があるが，最近は遺伝子分析（gene analysis）の結果などから渡来説の方が有力である．なお，日本にはニホンヤマナシのほかにも，東北地方にイワテヤマナシ（*P. aromatica* Kikuchi & Nakai），関東地方にアオナシ（*P. hondoensis* Nakai & Kikuchi）が自生し，古くから利用されていたと考えられる．

ナシ栽培に関する最古の記録は『日本書紀』にさかのぼるが，栽植が全国的に拡大したのは平安時代以降，さらに庶民の食べ物として普及したのは鎌倉・室町時代であったと考えられる．また，江戸時代の文献には多数の在来品種についての記載が認められる．

明治時代の中頃，神奈川県で'長十郎'が発見されると，瞬く間に全盛時代を

迎えた．さらに，千葉県で'二十世紀'が発見され，のちに袋かけや薬剤散布による黒斑病防除技術が確立されると，鳥取県を中心に栽培面積が急増し，昭和40年代までこれら2大品種の全盛時代になった．なお，'二十世紀'は松戸覚之助が親類宅のごみ溜めから発見した実生（seedling）に由来するといわれている．

近年日本では，'二十世紀'の血を受け継ぐ'菊水'を交配親に用いた交雑後代から育成された'幸水'や'豊水'の栽培が盛んである．また，自家不和合性（self-incompatibility）を示す'二十世紀'から突然変異によって自家和合性（self-compatibility）になった'おさ二十世紀'が発見された．さらに，γ線照射によって黒斑病抵抗性を獲得した'ゴールド二十世紀'や'おさゴールド'も育成され，品種更新が進んでいる．その他の品種としては，早生の'新水'，中生の'あきづき'や'南水'，晩生の'新高'や'晩三吉'などがある．

**b. セイヨウナシ，チュウゴクナシ**

セイヨウナシやチュウゴクナシは，日本には明治時代初期に導入され栽培が始まった．チュウゴクナシの栽培は岡山県など一部の地域に限られているが，セイヨウナシは山形県をはじめ，東北地方や長野県，新潟県などで生産されている．

ナシ（セイヨウナシ）

セイヨウナシは第二次世界大戦後，缶詰加工用の'バートレット'の栽培が主流であったが，近年は生食用品種の生産が増加している．山形県は'ラ・フランス'，新潟県は'ル・レクチェ'，青森県は'ゼネラル・レクラーク'をおもに栽培している．また最近は，山形県の'バラード'など独自の品種も育成されている．チュウゴクナシのおもな品種には，'ヤーリー'や'ツーリー'がある．

セイヨウナシもチュウゴクナシも，通常果実は樹上では完熟（full ripe）せず，収穫後の追熟（postharvest ripening）を必要とする．セイヨウナシは追熟が進むと，果肉が軟化してメルティング質になり適熟（eating ripe）を迎える．チュウゴクナシも追熟によって果肉硬度が低下し，特有の芳香（aroma）を生じる．

### 2.2.3 カ キ

カキの原産地は中国中南部とされ，中国，韓国および日本で古くから利用されている．日本には奈良・平安時代に大陸から渡来したと考えられ，江戸時代を中心に各地に多数（推定1,000以上）の在来品種（native cultivar）あるいは地方品種（local variety）が分化・発達した．

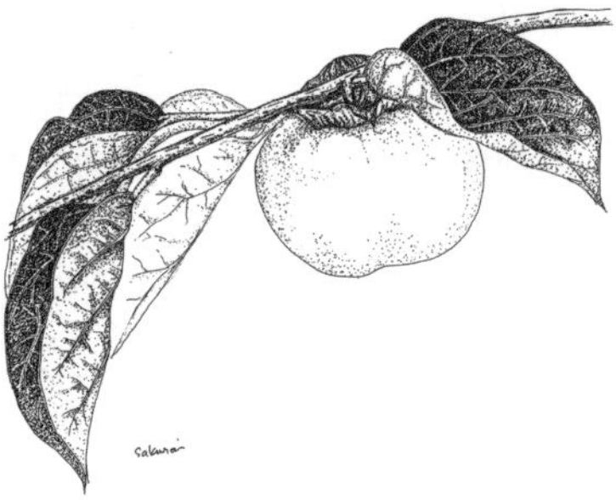

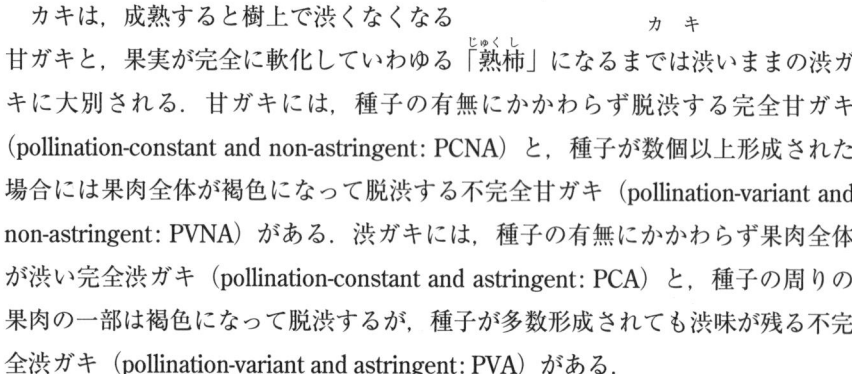

カ キ

カキは，成熟すると樹上で渋くなくなる甘ガキと，果実が完全に軟化していわゆる「熟柿」になるまでは渋いままの渋ガキに大別される．甘ガキには，種子の有無にかかわらず脱渋する完全甘ガキ（pollination-constant and non-astringent: PCNA）と，種子が数個以上形成された場合には果肉全体が褐色になって脱渋する不完全甘ガキ（pollination-variant and non-astringent: PVNA）がある．渋ガキには，種子の有無にかかわらず果肉全体が渋い完全渋ガキ（pollination-constant and astringent: PCA）と，種子の周りの果肉の一部は褐色になって脱渋するが，種子が多数形成されても渋味が残る不完全渋ガキ（pollination-variant and astringent: PVA）がある．

日本で栽培されているおもな品種は，'富有'（PCNA），'平核無'（PVA，無核品種で実質的にはPCA），'次郎'（PCNA），'西村早生'（PVNA），'甲州百目'（PVA），'市田柿'（PCA），'西条'（PCA），'愛宕'（PCA）などがある．また，'刀根早生'（PVA，無核品種で実質的にはPCA）は'平核無'の枝変わり（bud sport）から生まれた品種である．さらに，近年は育種によって，'太秋'（PCNA）や'早秋'（PCNA）などの新しい品種が誕生している．

一方，東アジア以外の国々でも，イタリアの'Kaki Tipo'（PVNA），イスラエルの'Triumph'（PVA），ブラジルの'Rama Forte'（PVA），スペインの'Rojo Brillante'（PVNA）など各国独自の品種が栽培されている．

甘ガキはそのまま生食されるが，渋ガキは脱渋処理後，または干し柿にして食される．なお，カキは未熟果の搾汁液から柿渋を製造したり，若葉を茶葉として利用したり，材を木工品に加工したりするなど，果実以外の部位も古くからさまざまな用途に利用されてきた，典型的な多面的利用植物である．

### 2.2.4 ブドウ

ブドウの栽培品種は，アジア西部原産のヨーロッパ（欧州）ブドウ（*Vitis vinifera* L.）と北アメリカ東部原産のアメリカ（米国）ブドウ（*V. labrusca* L.）に由来するが，日本ではおもに両者の交配種である欧米雑種（*V. labruscana* Bailey）が栽培されている．ただし，平安時代に山梨県で発見された'甲州'はヨーロッパブドウの血を引く日本最古の品種とされる．このほかヤマブドウ（*V. coignetiae* Pulliat ex Planch.）などの野生種が自生するが，生産量は限られている．

ブドウ

アメリカブドウにはワイン加工に向かないフォックスフレーバー（狐臭）があるため，16世紀に移民によってアメリカ大陸東部にヨーロッパブドウが導入された．しかし，フィロキセラ（ブドウネアブラムシ）の被害で全滅した．19世紀になって，今度はアメリカブドウがヨーロッパに持ち込まれると，ヨーロッパブドウにフィロキセラが蔓延して甚大な被害が発生した．しかし，アメリカ大陸原産の野生ブドウの中から抵抗性台木が発見され，事態は収拾を見た．

日本では，1970年代までは'キャンベル・アーリー'や'マスカット・ベリーA'，'デラウェア'などの栽培が主流であったが，しだいに'巨峰'や'ピオーネ'などの四倍体大粒品種の栽培が盛んになった．現在は，ジベレリン処理によって無核にした'デラウェア'の生産が継続される一方，'巨峰'や'ピオーネ'も無核化したものの人気が高まっている．さらに，農林水産省果樹試験場（現農業・食品産業技術総合研究機構果樹研究所）で育成された果皮ごと食べることのできる'シャインマスカット'などの新しい品種の栽植が増加している．

なお，ブドウは欧米諸国ではその大部分がワインやレーズン（干しブドウ）に加工されるが，日本では約9割が生食用である．

### 2.2.5 モ モ

モモの祖先はヒマラヤ付近で誕生したとされ，原産地は中国黄河上流の高原地帯である．そこから東西に伝播し，さまざまな品種が誕生したと考えられる．

生態的な特性から，黄河流域に分布する天津水蜜桃などの北方品種群，上海水

蜜桃に代表される南方品種群，ならびにペルシャや地中海沿岸で改良されたヨーロッパ品種群に大別される．形態的な特性からは，果皮に毛がある普通モモと毛のないネクタリン（油桃），果実が丸い普通モモと扁平な蟠桃，果肉が白い白肉桃と黄色い黄肉桃，核と果肉が離れやすい離核モモと離れにくい粘核モモ，果肉の肉質が軟らかい溶質性モモ，弾力のある不溶質性モモ，および成熟してもほとんど果肉が軟化しない硬肉性モモに分類される．

モモ

日本には弥生時代前後に中国から渡来したと考えられている．現在栽培されているおもなモモは明治時代に中国や欧米から導入されたものから改良されたものが多い．とくに，中国から導入された上海水蜜桃などの偶発実生（chance seedling）や自然交雑（natural crossing）個体の中から日本の風土に適した品種が育成された．偶発実生から生まれた品種に‘白桃’があるが，現在多く栽培されている‘川中島白桃’，‘白鳳’，‘あかつき’などはいずれも‘白桃’の遺伝子を受け継ぐ品種である．

『万葉集』にはモモの花を詠んだ歌があり，『延喜式』には桃仁（核）を薬用として献上したという記載が認められ，モモは古くは観賞用あるいは薬用植物であり，果樹として栽培され始めたのは江戸時代以降であると考えられる．

### 2.2.6 ウメ，アンズ

ウメとアンズとスモモは相互に近縁で，互いの雑種が多く存在する．

ウメの原産地は中国の四川省や湖北省とされる．『古事記』や『万葉集』にウメに関する記述があるので日本には古くに伝わったと考えられるが，果実の生産が本格化したのは江戸時代以降である．

現在栽培されているおもな品種は‘南高’や‘白加賀’で自家不和合性を示すが，福井県の‘紅サシ’や徳島県の‘鶯宿’，山梨県の‘甲州最小’など地方（在来）品種も多く存在し，それらの中には自家和合性のものもある．果実は青酸配糖体を含むので生食には適さず，梅干しや梅酒などに加工して利用する．

アンズには，ニホンアンズのほかにチュウゴクアンズやヨーロッパアンズがある．原産地はアジア東部で，もともとは薬用の杏仁（種皮を除いた種子）を採る

ために栽培されていたものが果実を食べるために改良されたと考えられる．

おもな品種として，'平和'，'新潟大実'，'山形3号'などがあり，生食されるほか，果実酒やジャム，ゼリーなどに加工される．

### 2.2.7 スモモ

東アジア原産のニホンスモモ，西アジアからヨーロッパ南東部原産のヨーロッパスモモおよび北アメリカ原産のアメリカスモモの3群に大別される．

現在日本で栽培・利用されているものはニホンスモモとヨーロッパスモモで，前者は19世紀にアメリカ合衆国で品種改良されたものが逆輸入されたもの，後者にもヨーロッパや合衆国で改良されたものが多い．ニホンスモモのおもな品種には，'大石早生'，'サンタ・ローザ'，'ソルダム'，'太陽'などがある．

なお，ヨーロッパスモモのうちドライフルーツ（乾果）に適したものをプルーンというが，日本ではヨーロッパスモモを総称してプルーンとよぶ方が普通で，乾燥せずに生食することが多い．

### 2.2.8 オウトウ

ヨーロッパ系の甘果オウトウ（*Prunus avium* (L.) L.）と酸果オウトウ（*P. cerasus* L.）のほか，チュウゴクオウトウ（*P. pseudocerasus* Lindl.）がある．普通，オウトウまたはさくらんぼといえば甘果オウトウ（スイートチェリー）を指し，日本で経済栽培されているものはほとんどが甘果オウトウである．

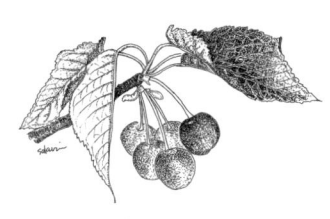

オウトウ

甘果オウトウの原産地は，西アジアのコーカサス地方からヨーロッパ西部に至る地域とされる．栽培の歴史はきわめて古いが，ヨーロッパで経済栽培が本格化したのは16世紀からで，日本に導入されたのは明治時代である．

おもな品種は山形県で民間育成された'佐藤錦'であるが，最近は同県育成の'紅秀峰'や'紅さやか'など新しい品種の栽培も増加している．ほとんどの品種が自家不和合性で，かつ既存品種間では他家不和合性（cross incompatibility）を示すことが多いので，受粉樹の選択に注意が必要である．また，収穫期が梅雨期に重なり裂果（fruit cracking）が発生しやすいので，雨よけ施設の設置が望ま

しい．

### 2.2.9 キウイフルーツ

原産地は中国中南部の長江流域であるが，分類学上 *Actinidia deliciosa* (A. Chev.) C. F. Liang & A. R. Ferguson と *A. chinensis* Planch. の2種を含む．中国では古くから果実を利用していたと考えられるが，本格的な改良は1904年以降ニュージーランドで行われ，'ヘイワード'や'ブルーノ'などの品種が誕生した．日本では1970年代以降，ウンシュウミカンからの転換作物として急速に普及した．

キウイフルーツは雌雄異株なので，栽培には'トムリ'などの雄品種の混植が必要である．また，最近は主要品種の'ヘイワード'のほかに，香川県が'香緑(こうりょく)'や'さぬきゴールド'などの品種を育成している．果実は多数の子室（locule）から形成され，一果あたり1000個程度の種子を含む．

### 2.2.10 クリ

クリ属植物は北半球の温帯地帯に分布する．栽培種はニホングリ（*Castanea crenata* Siebold & Zucc.），チュウゴクグリ（*C. mollissima* Blume），ヨーロッパグリ（*C. sativa* L.）およびアメリカグリ（*C. dentata* Borkh.）の4種である．

ニホングリは野生種であるシバグリ（芝栗）から改良されたもので，縄文時代から利用されていたと考えられる．もっとも古い品種は'長光寺'（または'長興寺'）で，丹波地方を中心に栽培されていた．現在も主要品種である'銀寄(ぎんよせ)'は江戸時代から栽培されていたものである．そのほか，'丹沢'や'筑波'などの品種がある．また，最近渋皮の剥皮が容易なニホングリが育成され，'ぽろたん'と名づけられた．なお，「丹波グリ」は品種名ではなく，丹波地方産のクリの総称として用いられている．

チュウゴクグリはクリタマバチに弱く，日本では経済栽培されていない．ヨーロッパグリやアメリカグリも胴枯病などの発生のため日本では栽培困難である．

### 2.2.11 イチジク

原産地は南西アジアで，地中海沿岸地方では紀元前から栽培されていた世界最古の果樹の一つである．旧約聖書のアダムとイヴが食べた「禁断の果実」はイチ

ジクであるとする説もある.

イチジクは花の種類と受粉の必要性の有無によって,カプリ系,スミルナ系,普通系およびサンペドロ系の4群に分けられる.このうちカプリ系は,イチジクコバチと共生関係にある.果実内にコバチがいるのでカプリ系の果実は食用には適さないが,スミルナ系の受粉・受精にはこのコバチによる送粉が必要である.これをカプリフィケーション(caprification)とよんでいる.

日本には江戸時代に渡来し,当初は薬用植物として利用された.大正時代以降に経済栽培が始まり,1970年頃から水田転作物の一つとして普及した.

日本で栽培されるイチジクは普通系で夏果と秋果を産するが,単為結果(parthenocarpy)するため受粉は必要ない.おもな品種に'桝井ドーフィン'と'蓬莱柿'がある.

## 2.2.12 ブルーベリー

栽培種のハイブッシュブルーベリー(*Vaccinium corymbosum* L.)とラビットアイブルーベリー(*V. virgatum* Aiton)ならびに野生種のローブッシュブルーベリー(*V. angustifolium* Aiton)の3種類があり,いずれも北アメリカ原産である.

ブルーベリーはもともとアメリカ先住民が野生のものを利用していたが,20世紀に入って多くの品種が育成された.日本への導入は比較的新しく1950年以降で,近年盛んに栽培されるようになった.

ブルーベリー

おもな品種は,ハイブッシュブルーベリーの'ウェイマウス'や'スパルタン','ブルークロップ',ラビットアイブルーベリーの'ウッダード'や'ティフブルー','ホームベル'などである.

ブルーベリーは果樹としてはめずらしく酸性土壌(pH4.0〜5.0)を好む.また,果実に豊富に含まれるアントシアニン色素は視覚機能の維持や向上に効果があるとされる.

### 2.2.13 そのほかの落葉果樹

日本で栽培されているそのほかの落葉果樹として，イチョウ（ギンナン），マルメロ，カリン，クルミ，クロミノウグイスカグラ（ハスカップ，*Lonicera caerulea* L.），アケビ（*Akebia quinata* (Houtt.) Decne）などがある．

イチョウは中国原産の裸子植物で，可食部は胚乳である．マルメロはジャムや果実酒に利用されるが，セイヨウナシの台木としても使用される．カリンは芳香を有し，おもに果実酒に用いる．クルミはヨーロッパ東南部からペルシャの原産で，クリと同じ子葉が可食部である．クロミノウグイスカグラはサハリンからシベリア原産の小果樹で，北海道の特産である．アケビは東アジア原産で自家不和合性を示し，山形県などの特産果樹である．

### 2.2.14 カンキツ類
#### a. 分 類

カンキツ類は，ミカン科のカンキツ属，キンカン属およびカラタチ属に属する植物の総称で，原産地はそれぞれ，インド東北部のアッサム地方，中国南部および長江上流域と考えられている．カンキツ属植物は世界各地へ伝播し，南は東南アジアを経て東インド諸島に，東は中国から日本に，西は中近東を経由して地中海沿岸地方，さらにアメリカ大陸へと伝わった．これらの伝播過程で多数の種類や品種が誕生したと考えられる．なお，日本在来のカンキツは，沖縄県のシィクワーサー（ヒラミレモン）と九州や本州南部に自生が認められるタチバナのみであると考えられている．

カンキツ（デコポン）

上記の3属の植物は相互に交雑可能であるため，さまざまな雑種が誕生し分類を複雑にしているが，日本で栽培されているものは通常，表2.4に示すようなグループに分けることができる．日本にはおもに中国や東南アジアからさまざまなカンキツが伝来し，西南暖地を中心に栽培されるようになった．江戸時代には九州でウンシュウミカンが誕生し，その後明治時代に入ると，スイートオレンジ類やレモン，ポンカンなどが導入された．近年は，これらの多様なカンキツ類を素材にしていくつもの独自品種が育成されている．

2.2 おもな果樹の種類と品種

表 2.4 カンキツ類の分類

| 属名 | グループ名 | おもな種類・品種 |
|---|---|---|
| カンキツ属[*1] | ミカン類<br>スイートオレンジ類<br>ブンタン類<br>グレープフルーツ類<br>タンゴール類[*2]<br>タンゼロ類[*2]<br>香酸カンキツ類<br>雑カン類[*4] | ウンシュウミカン,ポンカン,シィクワーサー<br>ワシントンネーブル,バレンシアオレンジ<br>バンペイユ（晩白柚）,土佐ブンタン,紅まどか<br>グレープフルーツ<br>不知火（デコポン）,清見,マーコット,せとか<br>セミノール,イヨカン[*3]<br>レモン,ライム,ユズ,スダチ,カボス<br>ナツミカン,ハッサク,ヒュウガナツ |
| キンカン属 | | キンカン |
| カラタチ属 | | カラタチ,ヒリュウ（飛竜） |

[*1]: カンキツ属はミカン属ともよばれ,商業的に重要な種類はほとんどこの属に含まれる.
[*2]: タンゴールはミカン類とスイートオレンジ類の交雑によってできた品種群,タンゼロはミカン類とグレープフルーツまたはブンタン類との交雑によってできた品種群を指す.ただし,タンゴールとタンゼロとの交雑によって生まれた品種もある.その場合はふつう果実の形質に基づいてどちらかに分類する.
[*3]: タンゴール類に分類されることもある.
[*4]: 他のいずれのグループにも含まれない,日本で誕生した中晩生の雑種カンキツを総称して雑カン類とよぶ.

### b. ウンシュウミカン

日本で最も生産量の多いカンキツ類であるウンシュウミカンは果皮が薄くてむきやすく,「TV オレンジ」とよばれることもある.原産地は鹿児島県の長島とされ,中国の温州(おんしゅう)ではない.また,英名は鹿児島県の旧名にちなんで satsuma mandarin である.

極早生の'宮本早生'や'日南1号',早生の'宮川早生'や'興津早生',中生の'南柑20号',普通種の'杉山温州'や'林温州',さらに晩生の'青島温州'まで多数の品種がある.早生種はおもに九州で,晩生種はおもに静岡県で生産されている.

### c. そのほかのカンキツ類

ウンシュウミカン以外のミカン類にはポンカンやシィクワーサーなどがある.表2.4に示したいずれのグループにも含まれない,日本で生まれた雑種カンキツを雑カン類とよんだり,ウンシュウミカンよりあとに成熟するカンキツを中晩柑類と総称したりすることもある.

中晩柑類には,ナツミカンやハッサクをはじめ,ミカン類とオレンジ類の雑種（タンゴール）である'清見(きよみ)'や'不知火(しらぬい)'（デコポン）,ミカン類とグレープフ

ルーツまたはブンタン類の雑種（タンゼロ）である'セミノール'などの新しい品種があり人気が高い．

さらに最近は，ユズやスダチ，カボスなどの香酸カンキツが特産果樹として注目されている．

## 2.2.15　ビ ワ

ビワは果物の端境期にあたる初夏に成熟する季節感の強い果物である．日本にも古くから自生していたが，果実が小さく果物としての利用価値は低かった．経済栽培が始まったのは，江戸時代に中国南部から長崎県の出島に伝来したものの中から品質のよい品種'茂木'が発見されてからである．さらに，同品種の実生から大果の'田中'が見出され，これらが現在も二大品種になっている．

近年，長崎県や千葉県を中心に'涼峰'や'房姫'など新品種の育成が進んでいる．また，ビワは種子が大きく果実に占める割合が高いが，最近千葉県では三倍体で無核のビワ'希房'が育成された．

## 2.2.16　そのほかの常緑果樹

日本で栽培されているそのほかの常緑果樹として，マンゴー，パッションフルーツ，ドラゴンフルーツ（*Hylocereus undatus* (Haw.) Britton & Rose），パパイヤ，バナナ，オリーブなどがある．

マンゴーはミャンマーおよびインド原産で，最近宮崎県を中心にハウス栽培されている．パッションフルーツはブラジル原産で，沖縄県や鹿児島県で栽培されている．種子の周囲の多汁な仮種皮を果汁にして利用する．ドラゴンフルーツはピタヤまたはサンカクサボテンともよばれ，沖縄県で栽培されている．メキシコ原産で白色半透明もしくは赤色の果肉を食べる．パパイヤは中央アメリカ原産で成熟果を生食する一方，未熟果は野菜として利用する．日本では沖縄県や鹿児島県で栽培がされている．マレーシア原産のバナナは三倍体の無核品種で，沖縄県や鹿児島県で栽培されている．収穫後エチレンを処理して追熟させる．オリーブは地中海沿岸地方原産で，香川県（小豆島）の特産であり，塩漬けにしたりオリーブ油を搾ったりして利用する．

［平　　智］

■文　献
1) APG（The Angiosperm Phylogeny Group）Ⅲ（2009）：*Bot. J. Linn. Soc.*, **161**, 105-121.
2) 八田洋章・大村三男編（2010）：果物学―果物のなる樹のツリーウォッチング，東海大学出版会.
3) 中川昌一（1978）：果樹園芸原論，p.75，養賢堂.
4) 伴野　潔・山田　寿・平　　智（2013）：農学基礎シリーズ　果樹園芸学の基礎，農山漁村文化協会.
5) 水谷房雄ほか（2002）：最新果樹園芸学，朝倉書店.
6) 杉浦　明ほか編（2008）：果実の事典，朝倉書店.
7) Coombe, B. G.（1976）：*Ann. Rev. Plant Physiol.*, **27**, 207-228.
8) 新居直祐（1998）：果実の成長と発育，p.38，朝倉書店.

# 3. 環境と果樹の生態

　永年性作物で個体が大きい果樹は，露地で栽培されることが多く，それぞれの地域の気象条件に適した果樹を栽培することが重要である．気象条件の中でも，気温，降水量，日射量は最も重要な要因であり，栽培地の環境の変化は，果樹の生理に影響を及ぼし果樹生産にさまざまな影響を与える．そのため，それぞれの地域の気象条件と果樹の生態に関する情報が，果樹の生産性や栽培体系に大きな影響を及ぼすことになる．日本は南北に長い列島であるが，亜熱帯の区分になる沖縄県を除き，温帯に属する気候である．温暖化による気温の上昇や異常気象の増加により，果樹栽培には多くの影響が及ぶと考えられている．

## 3.1　温度と果樹の生育

### 3.1.1　年平均気温と果樹の栽培適地

　小林（1954）[1]は，日本で栽培されている果樹を産地の平均気温をもとに，「北部温帯果樹」，「中部温帯果樹」，「南部温帯果樹」に分けた（表3.1）．北部温帯果樹はリンゴやオウトウで，年平均気温8〜14℃が適地としている．中部温帯果樹はブドウ，カキ，ニホンナシ，モモ，スモモ，ウメ，クリ，イチジクなどで，11〜16℃が適地としている．南部温帯果樹はカンキツ類やビワで，15〜18℃が適地としている．

　その他，気温に関して適地を判断する方法として，有効積算温度（温度指数）や温量指数（warmth index）がある．前者は果樹の生育が10℃以上の温度で進むとして，$\Sigma(M-10) \times N$（$M$：月平均気温，$N$：その1カ月の日数）で算出する値であり，後者は5℃以上の温度を生育月について合算したものである．温量指数と降水量の指数（雨量係数）を用いて，栽培に適した果樹を示す方法もある（表3.2）．

表3.1 主要果樹と主産地における年平均気温（小林, 1954, 改変)[1]

| 果樹の種類 | 年平均気温（℃） | 主産地の年平均気温（℃） |
|---|---|---|
| 北部温帯果樹 | | |
| リンゴ | 8～12 | 青森 (9.7), 長野 (11.5), 盛岡 (9.8), 山形 (11.2), 札幌 (8.2) |
| オウトウ | 8～14 | 山形 (11.2), 札幌 (8.2), 青森 (9.7), 甲府 (13.9) |
| 中部温帯果樹 | | |
| ニホンナシ | 12～15 | 鳥取 (14.5), 銚子 (15.0), 水戸 (13.2), 福島 (12.6), 長野 (11.5) |
| ブドウ | 11～16 | 甲府 (13.9), 長野 (11.5), 山形 (11.2), 岡山 (15.8), 福岡 (16.2) |
| カキ | 11～16 | 和歌山 (16.1), 福岡 (16.2), 奈良 (14.4), 新潟 (13.2), 山形 (11.2) |
| モモ | 11～16 | 甲府 (13.9), 福島 (12.6), 長野 (11.5), 和歌山 (16.1), 山形 (11.2) |
| クリ | 13～16 | 水戸 (13.2), 熊本 (16.2), 松山 (15.8), 熊谷 (14.2), 銚子 (15.0) |
| ウメ | 12～15 | 和歌山 (16.1), 前橋 (13.9), 長野 (11.5), 奈良 (14.4) |
| 南部温帯果樹 | | |
| ウンシュウミカン | 16 | 松山 (15.8), 和歌山 (16.1), 静岡 (16.1), 熊本 (16.2), 佐賀 (16.1) |
| ビワ | 15～18 | 長崎 (16.7), 鹿児島 (17.6), 松山 (15.8), 高松 (15.3) |

『理科年表』（文部省国立天文台編）より作成（1961～1990 年の月平均気温）．

表3.2 温量指数と雨量係数による気候区分と好適果樹（高谷, 1965)[2]

| 気候区分 | 温量指数 | 雨量係数* | 好適果樹 |
|---|---|---|---|
| 1 | ＞120 | ＞10 | カンキツ類，ビワ |
| 2 | ＞100 | 8～10 | 甘ガキ，青ナシ，クリ，ウメ，イチジク |
| 3 | 100～120 | ＜8 | モモ，ヨーロッパブドウ，スモモ |
| 4 | 80～100 | 8～10 | 渋ガキ，赤ナシ，ウメ |
| 5 | 80～100 | ＜8 | セイヨウナシ，東洋系ブドウ，オウトウ，アンズ，クルミ |
| 6 | 60～80 | ＜8 | リンゴ，セイヨウナシ，東洋系ブドウ |

＊：生育期間中の降水量をその期間の月平均気温の合計値で割った値．

## 3.1.2 温度と果樹の生理・生態

　果樹の生理状態は，生育温度により大きな影響を受ける．そのため，温暖化による影響は栽培適地を変える可能性があり，栽培技術の開発や新品種の開発が必要になりつつある．また，施設栽培における温度管理は樹体の生理や果実の品質にさまざまな影響を与える．

**a. 結実・着果**（fruiting, bearing）

　開花時期の低温は結実に大きな影響を与え，結実率を低下させる．これには，受粉の際の訪花昆虫への影響や，樹体への影響が含まれる．また，高温が結実率を低下させる現象はスモモやオウトウなどでみられ，高温が花粉形成過程に影響

することや胚珠の退化に影響することが知られている．受精が正常に行われ着果した際にも，栄養生長と生殖生長とのバランスにより，生理的落果が誘導されることがある．

**b. 光合成**（photosynthesis）

落葉果樹の光合成活性は 20～30 ℃では高い活性を維持するが，それぞれの適温を超えた高温になると低下する．この低下には，高温になると呼吸量が増加すること（図 3.1）および光呼吸が増加することが要因となる．落葉温帯果樹はほとんどが $C_3$ 植物であるため，気温の上昇にともなって光呼吸が盛んになり，ルビスコ（Rubisco，リブロース 1,5-ビスリン酸カルボキシラーゼ／オキシゲナーゼ）のオキシゲナーゼ反応が増加し，$CO_2$ の同化効率が悪くなる．

葉で行われた光合成の産物が転流・分配される際には，栽培温度の影響を受け

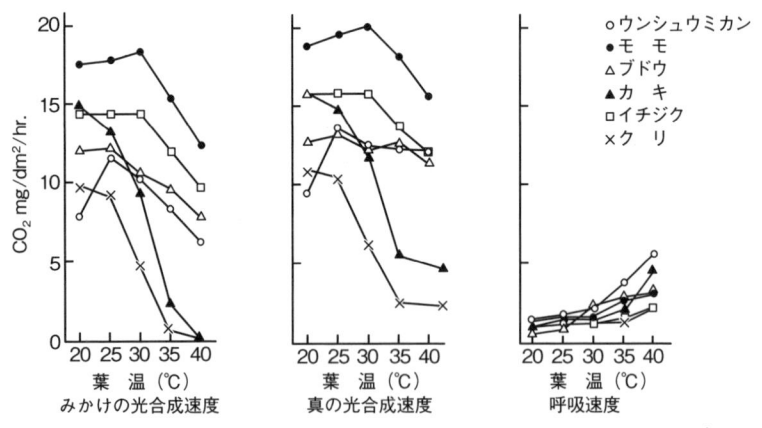

図 3.1 葉温が果樹の光合成速度ならびに呼吸速度に及ぼす影響（天野ら，1972）[3]

表 3.3 果実周辺の温度が光合成産物（$^{14}C$）の分配と呼吸に及ぼす影響（早生ウンシュウミカン）（門屋，1982）[4]

| 果実周辺温度 | 葉 | 果皮 | 果肉 | 1果実あたりの排出 14C |
|---|---|---|---|---|
| 30℃ | 105 | 83 | 108 | 231 |
| 20℃ | 100 | 100 | 100 | 100 |
| 15℃ | 179 | 71 | 87 | 84 |

樹体温度は 20℃．数値はいずれも 20℃を 100 とした場合の比較．

ることが報告されている.一般的に,温度が高い環境では栄養成長が盛んになり枝葉の生長が促進されるが,呼吸活性が増加し果実への分配が低下する(表3.3).

## c. 着 色(coloring)

アントシアニンを蓄積する着色系のリンゴやブドウ,モモなどにおいては,とくに着色管理が果実の品質に及ぼす影響が大きいが,一般的に高温はアントシアニン蓄積を抑制し,低温は促進する.ブドウの'安芸クイーン'などの温度に対する反応が大きい品種は,高温による着色不良が発生しやすい.'巨峰'などの品種でも,高温条件下ではアントシアニンの蓄積が抑制され,赤熟れという現象が起こりやすい.黒紫系のブドウのアントシアニンには,マルビジンなどのデルフィニジン系アントシアニンと,赤色系のアントシアニンであるシアニジン系アントシアニンの蓄積が必要であるが,アントシアニンの組成も高温により変化し,色調が影響を受ける.これらの現象は,アントシアニン生合成関連の遺伝子

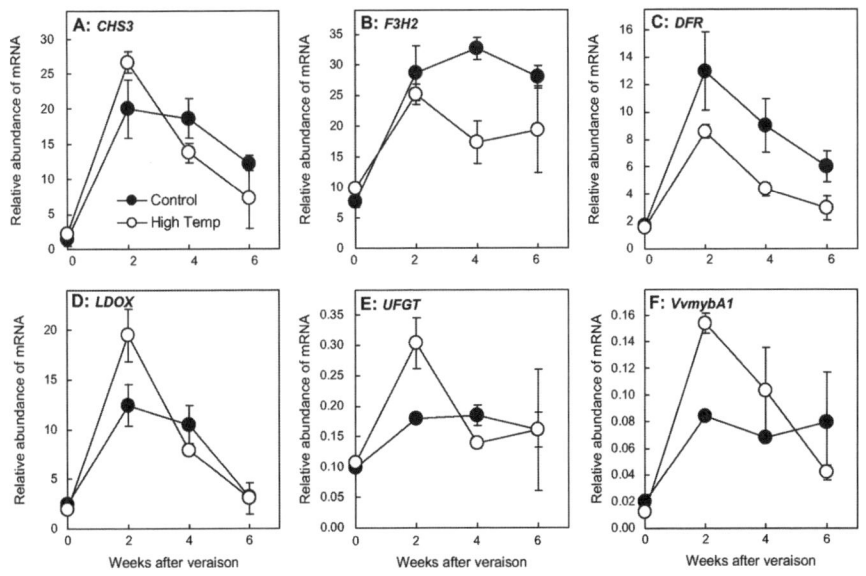

図 **3.2** 栽培温度がブドウ果皮のアントシアニン生合成酵素遺伝子の発現に与える影響(Mori, 2007)[5]
コントロール:25℃で生育,高温:35℃で生育,*CHS3*:カルコンシンターゼ,*F3H2*:フラボノイド3′水酸化酵素,*DFR*:ジヒドロフラボノール還元酵素,*LDOX*:アントシアニジン合成酵素,*UFGT*:UDPグルコースフラボノイド3-*O*-グルコシルトランスフェラーゼ,*VvmybA1*:*Vitis vinifera mybA1*.

や酵素活性が温度により影響を受けることが関係している（図3.2）．また，アントシアニン生合成の基質となる光合成産物の転流の変化が着色にも影響するとされている．'巨峰'を用いた実験では，栽培温度が25℃条件下では，30℃と比較して果皮や果肉への光合成生産物の分配が多くなるという報告がある．

ウンシュウミカンの着色はカロテノイドの蓄積とクロロフィルの分解によるものだが，カロテノイドの生合成には適温があり，低温では抑制されカンキツの着色が不良になる．一方，高温条件ではクロロフィルの分解が進まず，脱緑が遅れるなどの影響が生じる．

**d. 日焼け**（sunburn）

リンゴやモモ，ナシ，カンキツなどの果樹で，樹体や果実が高温や直射日光により障害を受ける現象である．蒸散により果樹は気温上昇を抑制しているが，湿度上昇による気孔閉鎖や高温条件下の日射による著しい気温の上昇により果皮や樹皮に障害が生じ，その後，果肉障害を引き起こすような重度の日焼けに進行し，組織が壊死を起こす．そのため，カルシウム剤の散布や，寒冷紗による遮光などが行われている．

**e. 果実発育**（fruit development）**・果実成熟**（fruit maturation）**・果実品質**（fruit quality）

着色以外にも果実品質への気温の影響は大きく，みつ症や果皮に関する生理障害など，果実の品質に大きく関係する現象が生じる．また，ブドウやカンキツの糖度に関する研究では，温度が高い条件だと枝葉の栄養生長と呼吸が盛んになり，果実における糖蓄積が減少し，糖度が下がることが示されている（表3.4）．

表3.4 ブドウ（品種：デラウェア）における遮光が果実の品質および熟期に及ぼす影響（小林・北村，1968）[6]

| 果実の形質<br>遮光度 | 一果粒重<br>(g) | 果房重<br>(g) | 果粒数 | 着色度 | 可溶性固形物<br>含量（%） | 滴定酸含量<br>（%） | 熟期（収穫<br>適期） |
|---|---|---|---|---|---|---|---|
| 100%自然光 | 1.33 | 60 | 43 | 5 | 19.2 | 0.76 | 8月12日 |
| 70% | 1.31 | 58 | 42 | 5 | 18.8 | 0.99 | 8月12日 |
| 50% | 1.31 | 58 | 42 | 4.5 | 18.5 | 1.17 | 8月15日 |
| 35% | 1.32 | 56 | 41 | 3.5 | 15.8 | 1.24 | 8月20日 |
| 26% | 1.29 | 56 | 42 | 3 | 15 | 1.43 | 8月20日 |
| 20% | 1.24 | 56 | 43 | 3 | 14.5 | 1.47 | 8月21日 |

調査日：8月12日．処理期間：7月20日～8月21日．

カンキツにおいて，高温条件では果実の発育時期が長くなり，果皮が生育を続けるため浮き皮の発生が生じ，果実品質の低下が起こる．浮き皮は，中果皮であるフラベドが生育を続けるために起こる．

**f. 休 眠**（dormancy）

温帯果樹は冬季に低温に遭遇するため低温耐性を獲得しなければならないが，その時期に樹体は休眠状態に入る．ここでいう休眠とは種子の休眠ではなく，芽の生長が抑制され萌芽しない状態を指し，一般的に芽の休眠（bud dormancy）とよばれる．休眠の生理的な意義は明確ではないが，短日条件や，低温，乾燥などに遭遇すると樹体が温度や光に反応し，栄養生長を停止し芽の生長が抑制される状態になる．多くの研究者が休眠を樹体の生理的な状態をもとにいくつかの段階に分けてきた（Chandler（1925），Doorenbos（1953））[7,8]が，現在ではLangら（1987）[9]の示した条件的休眠，自発休眠，他発休眠の3段階に分けることが多い．

**1） 条件的休眠**（paradormancy）**または相関休眠**（ectodormancy）

条件的休眠（または相関休眠）は，頂芽や葉の影響を受けて芽が発芽できない状態になり，休眠芽を形成する状態であり，芽以外の樹体の他の部位により制御された休眠とされている．たとえば，頂芽がある場合には，腋芽は発芽しないが，頂芽や葉が除去されたり，強風や病虫害で葉が損傷したりすると発芽が開始する．また，樹体の栄養状態や乾燥などにより影響を受ける．日長や低温により誘導されるが，樹種などによりそれらの刺激に対する反応性は異なる．条件的休眠への導入には，頂芽優勢を制御するオーキシンが芽の成長を抑制していると考えられているが，その制御メカニズムには，他の植物ホルモンであるサイトカイニンや，ジベレリン，アブシジン酸（ABA）などが関与することも報告されている．熱帯における温帯果樹の栽培では，摘葉により条件的休眠中に発芽を誘導し，樹体の消耗は大きいが，年に2回の収穫が可能となっている．

**2） 自発休眠**（endodormancy）

自発休眠は芽の中の生理的要因により発芽できない段階であり，環境条件が発芽に適していても芽が動き出さない．自発休眠期には，導入期，最深期，覚醒期があり（図3.3），導入には低温や短日条件が関与することが報告されている．自発休眠の導入には植物ホルモンのABAが関与すると考えられており，ABA処理により休眠芽が形成されるという報告（Elantably, 1967）[11]や，休眠導入時期に

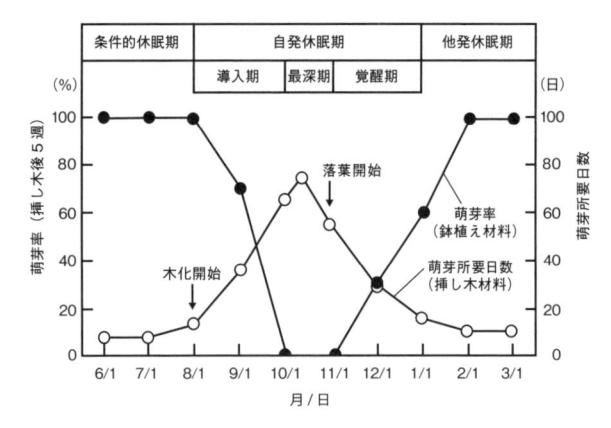

図3.3 ブドウ'デラウェア'における芽の休眠の深さの季節的変化
（堀内ら，1981，一部改変）[10]

芽のりん片内におけるABA蓄積などが起こり，芽内のABAが増加することが報告されている．しかしながら，ABAの消長と休眠状態との関係は明確でないものもあり，芽の生長を抑制する他の化学物質も報告されていることから，導入のメカニズムは解明されてはいない．自発休眠中には芽の中の代謝が変化し，葉に蓄積された養分が枝や幹などに転流して落葉する．また，解糖系を経た呼吸は低下し，ペントースリン酸経路による呼吸代謝系が優位になるため，それに関連する酵素活性が増加する．さらに，自発休眠期の最深期になると，摘葉や温度の変化でも発芽が起こらない状態になる．この時期には，芽の細胞ではタンパク質の合成や細胞内小器官が変化する．

この自発休眠は一定量の低温に遭遇することで打破され覚醒し，他発休眠に移行する．このときに必要な低温量，すなわち低温要求量（chilling requirement）は樹種や品種により異なっている．この低温要求量は，7.2℃以下の低温遭遇時間の積算量であるchilling hour（CH）で表されることが多い．落葉果樹では，リンゴやニホンナシ，オウトウは比較的必要な低温量が多く1400時間程度であり，モモやスモモなどはそれよりは少なく1000時間程度である．冬季の平均気温が低い時期が短い，もしくはほとんどないような地域でリンゴやモモなどの落葉果樹を栽培する際には，必要な低温量が少ない品種・系統が用いられている．たとえば，モモなどでも少低温要求品種の栽培品種や台木では，300時間やそれ以下のものも育成されている．また，温暖な地域で発祥した樹種であるキウイフ

表3.5 落葉果樹の自発休眠打破に必要な7℃（45°F）以下の時間数（Ryugo, 1988）[12]

| 果樹の種類 | 時　間 | 日　数 |
|---|---|---|
| アーモンド | 200～350 | 8～14 |
| アンズ | 700～1000 | 29～41 |
| リンゴ | 1200～1500 | 50～62 |
| 甘果オウトウ | 1100～1300 | 46～54 |
| 酸果オウトウ | 1200 | 50 |
| イチジク | 数時間 | |
| ヨーロッパブドウ | 必要なし | |
| キウイフルーツ | 450～700 | 19～29 |
| モモ，ネクタリン | 1000～1200 | 42～50 |
| アジアナシ | 1200～1500 | 50～62 |
| セイヨウナシ | 1200～1500 | 50～62 |
| カ　キ | 100時間以下 | |
| ヨーロッパスモモ | 700～1100 | 29～46 |
| ニホンスモモ | 700～1000 | 29～42 |
| ペルシャクルミ | 500～1500 | 21～62 |

ルーツ，カキなどでは休眠打破に必要な低温量が少ない（表3.5）．これらの低温打破に必要な低温量は，その樹種の起源とされる地域の気候などと関連することが多い．また，同じ樹の中でも葉芽と花芽の必要低温量は異なっていることが知られている．

施設栽培における加温栽培では，加温開始前の低温遭遇時間が不足した際に，発芽揃いが悪くなるなどの問題がある．また，海外の温暖な地域でナシやリンゴ，モモなどの落葉果樹を栽培する際，低温不足で花芽の壊死や発芽異常などが発生することがある．日本でも，温暖な地域では発芽異常がみられる現象が報告されており，低温不足との関連が議論されている．

一般に休眠打破に必要な低温量は，一定量の低温に遭遇した樹体や切り枝を加温した際の，一定期間後の発芽率から計算する．ただ，実際の休眠打破に必要な低温量は，7.2℃以下の温度がすべて同じ効果をもつのではなく，温度により覚醒に有効な温度は異なる．Richardsonら（1974）[13]は，モモの低温要求量に関する研究の結果，温度により重みづけをし，遭遇時間量の積算をするチルユニット（chill unit）モデルを提案した．このモデルでは，2.5～9.1℃は1ユニットとなり，1.5～2.4℃，9.2～12.4℃は0.5ユニット，1.4℃以下および12.5℃～15.9℃は0ユニット，16～18℃は-0.5ユニット，18℃以上は-1ユニットとしている．

また，杉浦ら（1977）[14]は，ニホンナシの休眠覚醒期を予測するために，自発休眠の覚醒を発育速度論によってモデル化している．そのモデルでは，低温遭遇前の芽の発育ステージを発育指数（developmental index）$DVI = 0$，低温遭遇後，自発休眠から覚醒した時点での発育ステージを$DVI = 1$と定義し，ある時点での発育ステージを，発育速度（developmental rate : $DVR$）の積算として表す．そのために，あらかじめ自発休眠覚醒に必要な温度と自発休眠覚醒までの時

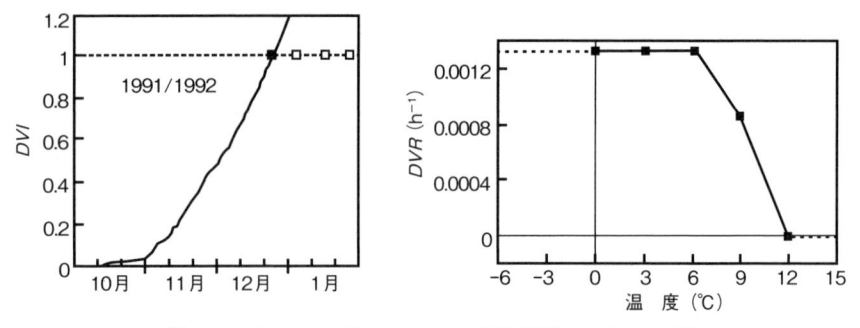

**図 3.4** ニホンナシの芽における $DVI$ 蓄積（杉浦・本條，1997）[15]
左：開花率と $DVI$ の変化（1991～1992 年），右：温度と $DVR$ との関係．

間との関係をそれぞれの樹種や品種で調べ，発育速度（1時間当たりの $DVI$ の変化量）を求め，低温遭遇開始 $n$ 時間後の芽のステージは $DVI = \sum_{h=0}^{n} DVR$ で表すことが可能になる．このモデルを使用することで，休眠覚醒の時期，すなわち $DVI = 1$ となる時期の予想が可能になる．その結果，ニホンナシ'幸水'では，施設を用いた促成栽培における加温開始時期を求めることが可能になっている（図 3.4）．この発育モデルは，他発休眠における温度との関係でも利用されており，施設栽培や露地栽培におけるニホンナシやカキの発芽時期の推定に用いられている．

**3) 他発休眠**（ecodormancy）

自発休眠が打破された芽では，適した環境になるまでは発芽が起こらない．この時期を他発休眠という．この時期には，基本的に，自発休眠打破後の加温により，発芽に向かうが，自発休眠打破直後の他発休眠移行期には低温も発芽率に促進的に働くが，他発休眠覚醒期になると高温が発芽率の増加に促進的に働くようになるため，他発休眠期を二つに分け，他発休眠移行期と他発休眠覚醒期とする場合もある．

**4) 休眠打破剤**

実際の果樹栽培において，自発休眠期の低温遭遇量が不足する地域や施設栽培では，開花の不揃いや一部の芽や芽内の小花の壊死などの問題が起こる．このような場合，休眠打破剤を利用すれば，低温要求量の不足を補うことができる．最もよく利用される休眠打破剤は，シアナミドや石灰窒素（カルシウムシアナミド）で，モモ，ニホンナシ，リンゴ，ブドウ，ブルーベリーなど多くの落葉果樹

の休眠打破の促進に効果的である．シアナミドはアセトアルデヒドデヒドロゲナーゼの阻害剤であり，1%程度の水溶液を樹体に散布もしくは芽に塗布する．シアナミド処理は芽の中の過酸化水素量を増加させ，酸化ストレスが増加することが知られている．しかし，休眠打破促進のメカニズムの詳細は明らかになっていない．シアナミド以外にも，硝酸ナトリウムや過酸化水素の散布により発芽率が促進されることが一部報告されているが，効果はシアナミドのほうが明確なことが多い．芽の中の過酸化物の生成とその除去系の活性化についてはリンゴやニホンナシなどでも報告され，自発休眠打破期にスーパーオキシドジスムターゼや，アスコルビン酸ペルオキシダーゼなどの酵素活性や遺伝子発現が増加することが報告されている．また，還元型グルタチオンが休眠打破に関与することを示唆する報告や，カタラーゼ活性の増加が報告されている．

### 5) 休眠のメカニズム

休眠生理の制御メカニズムに関しては，不明な点が多く，休眠覚醒のメカニズムについても明らかにはなっていない．近年，低温要求性に関する遺伝子座の研究から，休眠関連の制御遺伝子の研究が増えてきている．

その中で，低温要求性に関する量的形質遺伝子座（quantitative trait loci：QTL）の研究や，遺伝子発現の網羅的解析，形質転換体を用いた解析などにより，*DORMANCY ASSOCIATED MADS-box*（*DAM*）遺伝子や，多くの遺伝子が果樹の芽の休眠制御に関与することが明らかになってきている．とくに，モモやウメ，ニホンナシの休眠の制御に関連するとされる *DAM* 遺伝子の発現は休眠導入期の低温により上昇し，その後自発休眠打破期には低下する（図 3.5）．今後は，*DAM* 遺伝子の機能についても解明されることが期待されている．

自発休眠の覚醒時期にみられる花芽ではさまざまな代謝に変化が生じているこ

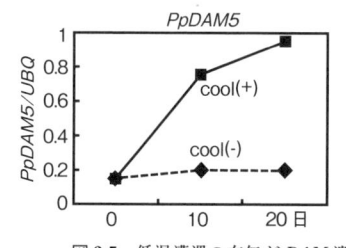

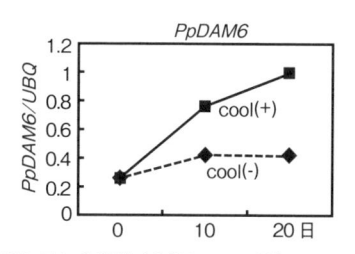

図 3.5　低温遭遇の有無が *DAM* 遺伝子の発現に及ぼす影響（山根ら，2011）[16]
cool(+)：遭遇あり，cool(-)：遭遇なし．

とが知られている．たとえば，活性酸素やその除去系の動態に変化があり，休眠打破にともない活性酸素の除去系の酵素活性の上昇や，それに関する遺伝子発現の変化が報告されている．代謝変化や遺伝子発現の変化を網羅的に調べるオミックス研究により，自発休眠打破時にはストレス関連遺伝子関連の遺伝子発現や，酵素活性に変化がみられることが報告されている．エチレンに関連する遺伝子や，抗酸化に関連する酵素や遺伝子，アミノ酸代謝の変化，植物ホルモン生合成，代謝に関する遺伝子の変化など，多くの報告が行われている．また，休眠打破時には，芽の中の水分動態にも変化がみられることがMRI（核磁気共鳴イメージング）を用いた研究から複数報告されている．

**g. 耐寒性・耐冷性**（cold hardiness, cold resistance）

　果樹の芽の休眠時には，花芽や葉芽は低温に遭遇することになり，低温に対する耐性獲得も進行する．樹種や品種により異なるが，一般的に果樹は－40℃以下になると栽培困難であるとされる．落葉温帯果樹は－15℃程度，常緑果樹のカンキツやビワなどでは－7℃程度が最低極温であり，それ以上の気温が必要であるとされている．

　植物では低温に遭遇した際に，生体内で低温による変化が誘導され低温耐性が高まる現象，すなわちハードニング（hardening）が起こり，糖や生体防御に関する物質が合成される．一方，低温耐性が高まった状態の植物が，再び高い温度に遭遇すると低温耐性関連の物質が減少し，低温耐性が少なくなる．この現象をデハードニング（dehardening）とよぶ．

　果樹でも，気温が低下する秋から冬にかけて，糖やアミノ酸，ソルビトールやマンニトールなどの糖アルコールやラフィノースやスタキオースなどが枝や芽に蓄積し，低温耐性が増加することが知られている．これらの物質は低温馴化過程で蓄積し，適合溶質とよばれる．適合溶質は水和しやすい物質で，細胞内に蓄積することで浸透圧の上昇をもたらし，細胞が凍結する際に起こる脱水を抑制して細胞の傷害を抑える．低温による細胞の傷害は，細胞の中の膜の流動性を低下させ，細胞の機能が失われることで起こるが，低温馴化の過程では細胞膜を構成する脂質の構成や量の変化が起こり，低温耐性が増加する．脂肪酸の不飽和化は膜の流動性を増加させ，耐凍性を増加させる．また，花芽が低温に遭遇した際には，りん片が細胞外凍結を起こすことで発熱し，胚珠や葯などの凍結を防ぐとされている．

一般的に,植物の低温耐性を測定する際には植物体にプログラムフリーザーなどで低温を処理し,その後の障害の発生程度の観察を行うとともに,細胞の電解質漏出率を調べることで細胞膜の障害が起こり始める低温を測定する.また耐凍性について調べる際には,水が凍結する際に生じる熱の発生を検出する示差熱分析法などにより,細胞の凍結を検出する.さらに赤外線サーモグラフィーにより,植物体の凍結が生じた部位を検出することが可能である.これらの研究から,果樹の低温耐性の季節変動や,器官や組織による違いが示されている.

**h. 霜害・凍害**

開花時,もしくは開花後の霜は,深刻な問題になるため,栽培地の気象条件や栽植する品種の選定など栽培的に対策するほか,気象予報技術による低温対策などがあげられる.晩霜害から花器や幼果を守るため,園地で固形燃料や灯油などを燃焼させる燃焼法や,スプリンクラーなどにより散水して花や果実の温度を0℃以上に保つ散水法,または果樹園の高い位置に存在する暖かい空気と地表面の低温の空気をファンにより攪拌する防霜ファンなどによる対策が行われる(図3.6).散水法や防霜ファンなどに比べて低コストの被覆法は,ネットで果樹園をおおい,園内の気温低下や放射冷却を防ぐものである.放射冷却は,日中に暖められた地表面の空気が放射により上昇し,地表面の温度が低下する現象であり,風が少ない晴天時の夜間などに起こりやすい.

また,雹害は果実表面や葉へのダメージが大きいため,ネットなどによる防止策をとる.一方,低温により組織や細胞に障害が生じる凍害は,細胞外で生じた凍結が細胞内に伝播して細胞内凍結が生じる結果,一部の組織が壊死してしまう

図 **3.6** ニホンナシ園に設置された防霜ファン

現象である．近年，温暖化や気候の変化により，モモの若木で凍害による枯死が発生している．これは，気温が高いことで冬季の低温馴化が不十分であることや，低温馴化後の高温による脱馴化が原因であると考えられている．

**i. 病害虫の発生**（disease and pest）

温度環境の変化は，病害虫の発生頻度や程度に影響を及ぼす．発生の要因が明確でない場合もあるが，昆虫媒介性の病害や，分布の北上，冬季死亡率の低下などにより，害虫の分布や発生頻度が変化すると予想されている．

## 3.2 光と果樹の生育

果樹の生育や果実の発育・成熟には，光の量や質が大きな影響を及ぼす．そのため，樹の仕立て方や整枝・せん定などの栽培では，樹種や品種の特性を考慮した管理が重要である．

### 3.2.1 果樹の栽培と日照条件

日本は北半球の中緯度にあり，季節により日照時間が異なるだけでなく，地形や高度により日照条件が大きく異なる．傾斜地では日照条件が平地よりも長くなり，水はけがよくなることなどもあるため，カンキツなどでは傾斜地を利用した果樹栽培が多い．

### 3.2.2 光と果樹の生理・生態

**a. 光合成**

果樹の枝葉の光合成活性は光強度や光質により大きな影響を受ける．果樹の光飽和点（light saturation point）は 30～40 klux であるが，樹種により多くの光を必要とするものもある．光合成に有効な光の波長を補光することにより，より多くの光合成産物が果実に蓄積するようにする施設栽培もある．ブドウの'マスカット・オブ・アレキサンドリア'は，栽培する際の光度が多い方が花芽の形成が多い．そのため，花芽形成時期の光環境に注意が必要である．

**b. 枝条の生長**

果樹の整枝・せん定法には，開心形や，主幹形など多くの方法があるが，日照条件と仕立て方により光環境は大きく変わる．一般的に，光が不足している状態では，枝葉は徒長し軟弱になる．果樹により耐陰性は異なり，イチジクやカキで

は耐陰性が高く，リンゴでは低い．ウンシュウミカンや，ブドウ，クリ，ナシなどは，それらの中間になる．

**c. 着色**

　果皮の着色は，果実の品質の大きな要因であるため，玉回しや葉摘み，袋掛けの有無や，袋掛けに用いる資材の種類，反射シートなどの光環境を改善するための栽培管理が重要になる．アントシアニン生合成の研究からは，品種や系統により光の波長や量に対する感受性が異なるということが明らかになった．ブドウには，太陽光の直射光が必要とされる直光性品種と，棚下などの光，すなわち散乱光でも着色する散光性品種があり，光反応性の異なることが知られている．クロロフィルとカロテノイドは光合成色素でもあり，光によりその生合成が誘導される．クロロフィルは袋掛けにより生成が抑制されるため，リンゴなどではアントシアニンを多く蓄積させるために二重の袋掛けを行い，除袋を2回に分けて行うことで，着色のよい果実を得ることができる．カロテノイドには多量の光エネルギーを吸収し，光障害を防ぐ機能もある．

## 3.3 水　環　境

### 3.3.1 降水（湿度）

　落葉温帯果樹の多くは比較的乾燥した地域に適応しており，世界的に果樹の生産が盛んな地域の気候は夏季に乾燥した地域が多い．日本は，それらの地域と比較して降水量が多い．とくに生育期に梅雨がある地域が多く，果樹栽培では多くの技術や工夫が用いられている．降雨は，果樹の生育する土壌や，樹体生育，果実品質，休眠生理，病害の発生などに関係する．日本の梅雨の時期は新梢生長が盛んな時期であるが，同時に病害の発生が増加するため，適切な防除が必要になる．果実の発育・成熟時の降水は，果実品質への影響も大きい．モモでは収穫時期の降水により糖度の低下が引き起こされる．オウトウやスモモ，ヨーロッパブドウなどでは降雨が直接もしくは間接的に果実の裂果を引き起こすため，施設栽培や雨よけ栽培が必要になる．降雨は果実組織の肥大や生理状態に影響を及ぼすと考えられ，ウンシュウミカンの浮き皮発生などに影響する．

　降雨は果樹が生育する土壌の性質にも影響している．日本では降雨が多いため，酸性土壌が多く，肥料成分や植物残渣からの土壌への溶脱も起こりやすい．

　降雪は，樹体が折れるなどの問題が生じる．それを防止するため，積雪量の多

い地域では異なる整枝法を用いて被害を防いでいる．冬季は雪の中に枝があるため，積雪により低温が0℃程度に抑えられ，凍結が起こりにくい．

### 3.3.2 乾燥ストレス

適度な乾燥は果実品質向上に重要であるが，過度の乾燥は果実の肥大を抑制し，落果や裂果の発生，樹体の枯死などを招くため，かん水の管理が重要である．また，オウトウやカンキツでは乾燥後の降雨による急速な膨圧の変化で裂果が生じる．乾燥条件では病害の発生は抑制されることが多いが，アブラムシやハダニ，アザミウマなどの発生は増加する．

## 3.4 風

強風により果実が落果したり，果皮や葉に傷がつくため，品質低下や病害発生などが生じやすい．そのため，台風などの暴風から木を守るため，防風林や，仕立て法，整枝法の工夫が行われている．また，風通しが悪いと病害が発生し広がりやすくなる．

## 3.5 地形的・地理的条件

日本の国土では，さまざまな地形の土地で果樹が栽培されている．緯度が異なる地域では，平均気温や日照時間・光条件に違いがあり，栽培可能な樹種や系統が異なるが，高度や地形の影響も異なっている．

### 3.5.1 高　度

一般的には，高度が100 m高くなると気温は約0.5℃低くなる．山間地の多い日本では，緯度だけではなく，高度も栽培環境に影響するため考慮する必要がある．

果樹の栽培条件には，多くの地形的・地理的条件が影響する．高度が高い地域でも，放射冷却の影響により，高度が低い地域より夜間温度が高くなる現象が起こり，気温の逆転層が生じることがある．たとえば茨城県の筑波山などではそのような逆転層があり，温暖な地域がある（サーマルベルト）．そのため，本来カンキツの栽培が周辺の平地では難しい地域にもかかわらず，山の中腹ではカンキツ栽培が行われている．

### 3.5.2 地形

　地域や園地により，地形や高度，地理的条件，温度の条件，果樹の生理や生態に及ぼす影響が異なる．冬季に湿度が低下しやすい関東地方や，盆地では，放射冷却による地表面の気温の低下が起こりやすい．一方で，盆地に日射が多くなった際に，その空気が移動せずに高温の空気がたまってしまう現象もある．一方，山地を越え乾いた空気が吹き降ろすフェーン現象がみられる地域もある．河川・海などに近い地域では気温の変化がゆるやかになるなどの影響があり，温暖な気候となることが多い．

　日本では，果樹園の半分は5％以上の傾斜がある農地である．斜面の向きにより光環境が異なり，その結果，果樹の生長や果実の成熟などで大きな違いが生じる．また，斜面の角度により，作業性や栽培条件が異なるほか，排水性はよい一方で土壌の流失などへの対策が必要である．

　平坦地で低い土地では，水位が高く，そのままでは湿度に耐性がない果樹の栽培が難しい．そのため，水田からの転作など，低地での果樹の栽培には暗きょが必要である．また，盛り土や客土で周辺よりも高くする方法もあるが，客土する土壌については考慮する必要がある．

　日本では冬季になると西高東低の気圧配置が日本全体をおおい，日本海側は降雪が多く，一方で関東地方では晴天率が高く，乾燥した北風が吹くようになる．そのため，日本海側の果樹生産地では雪害が起こりやすく対策が必要である．

[菅谷純子]

### ■文　献
1) 小林　章 (1954)：果樹園芸総論，養賢堂．
2) 高谷　悟 (1965)：研究時報，**17**，494-499．
3) 天野勝司ほか (1972)：園学雑，**41**，144-150．
4) 門屋一臣 (1982)：農業技術体系，果樹編1，カンキツ，農山漁村文化協会．
5) Mori, K. *et al.* (2007)：*J. Exp. Bot.*, **58**, 1935-1945.
6) 小林　章・北村利夫 (1968)：果樹園芸の世界史（小林　章著），養賢堂，p. 54．
7) Chandler, W. H. (1925)：Fruit Growing, Houghton Mifflin Co., New York, pp. 67-76.
8) Doorenbos, J. (1953)：Meded. Landbouwhogeschool te Wageningen Nederland, **53**, 1-24.
9) Lang, G. A. *et al.* (1987)：*HortScience*, **23**, 371-377.
10) 堀内昭作ほか (1981)：園学雑，**50**，176-184．
11) El-Anthably, H. M. M. (1967)：*Planta*, **73**, 74-90.
12) Ryugo, K. (1988)：Fruit Culture：Its Science and Art, Wiley, New York.
13) Richardson, E. A. *et al.* (1974)：*HortScience*, **9**, 331-332.

14) 杉浦俊彦ほか（1977）：農業気象, **53**, 285-290.
15) Sugiura, T. and H. Honjo（1997）: *J. Agric. Meteorol.*, **52**, 897-900.
16) Yamane, H. *et al.*（2011）: *J. Exp. Bot.*, **62**, 3481-3488.
17) Yooyongwech, S. *et al.* (2008) : *Physiol. Plant.*, **134**, 522-533.

# 4. 育　　種

## 4.1　果樹育種の現状

　作物を遺伝的に改良し，既存の品種よりも優れた形質を有する新品種を育成することを育種という．他の作物と同様に，果樹においても古くから育種が進められており，今日，私たちが口にするおいしい果実もこれまでの果樹育種の成果といえる．

　人為的な交配による果樹育種は19世紀初頭に英国園芸学会の会長であったThomas Andrew Knight がリンゴやスグリなどで行ったのが最初とされ[1]，それ以前は自生樹や偶発実生からの選抜，あるいは自然突然変異の利用がおもな育種法であった．現在では計画的な交雑育種（cross breeding）が中心であるが，倍数性育種，人為突然変異や細胞工学・遺伝子工学を利用した育種法も実用化されている．表4.1は平成元年から平成25年までの25年間に日本で登録された主要果樹の品種について，その育成法をまとめたものである．全体（894品種）の半数近くにあたる446品種が交雑育種によって育成されている．民間育成の品種には，自然交雑実生・偶発実生からの選抜や枝変わり品種が多い．また，多胚性を示すウンシュウミカンでは，枝変わりと珠心胚実生による育種が中心であり，交雑育種はほとんど行われていない．カンキツ類では，キメラ育種や細胞融合育種によって育成された品種も登録されている．

　育種の目標となる形質は，生産者に有益な形質と消費者に有益な形質に分けることができる．生産者に有益な形質とは，豊産性，耐病虫害性，成熟期の拡大などであるが，生産者の高齢化が進むにつれ，省力化につながる形質（自家和合性や樹形のコンパクト化・わい化など）も重視されている．消費者に有益な形質としては，食味（糖酸度，肉質）や見た目（果実着色，大きさ），機能性などに加え，食べやすさ（無核性，皮の剥きやすさなど）も重視される．果樹育種は長い年月を要する事業であるが，時代とともに変化する消費者や生産者のニーズに対

## 4. 育種

表 4.1 日本で登録された果樹品種の育種方法（平成元年〜平成 25 年）

| | 交雑育種 | 自然交雑偶発実生 | 枝変り | 珠心胚実生 | 人為突然変異 | キメラ | 細胞融合 | 倍数性 | その他* | 計 |
|---|---|---|---|---|---|---|---|---|---|---|
| ウンシュウミカン | 6 | | 23 | 22 | | | | | 9 | 60 |
| その他カンキツ類 | 61 | 8 | 7 | 6 | 1 | 16 | 6 | 5 | 6 | 116 |
| リンゴ | 96 | 59 | 8 | | 1 | | | 2 | 3 | 169 |
| ニホンナシ | 58 | 10 | 5 | | 2 | | | | 2 | 77 |
| カ キ | 15 | 4 | 14 | | | | | 1 | 3 | 37 |
| ブドウ | 83 | 15 | 9 | | | | | 4 | 2 | 113 |
| モ モ | 51 | 46 | 32 | | 2 | | | | 12 | 143 |
| ウ メ | 10 | 9 | 2 | | | | | | 4 | 25 |
| キウイ・サルナシ | 10 | 17 | 1 | | | | | | | 28 |
| スモモ | 16 | 22 | 3 | | | | | | 1 | 42 |
| オウトウ | 17 | 22 | 4 | | | | | 1 | 1 | 45 |
| ク リ | 6 | 13 | | | | | | | | 19 |
| パイナップル | 9 | | | | 1 | | | | | 10 |
| ビ ワ | 8 | 1 | | | | | | 1 | | 10 |
| 計 | 446 | 226 | 108 | 28 | 7 | 16 | 6 | 14 | 43 | 894 |

＊：由来が明確でない変異樹や変異株はその他に含めた．

応する品種の育成が必要であり，育種の効率化は重要な課題である．

### 4.2 果樹育種の特徴

多年生で栄養繁殖を基本とする果樹の育種には，種子繁殖される 1・2 年生作物の育種とは異なる，以下のような特徴がある．

①幼若相（juvenile phase）が長く，種子から得た個体は果実形質の評価が可能になるまで長い年月を要する．

②個体が大きくなるため，大規模な育種を進めるには広大な圃場が必要になると同時に，交雑後代の維持管理に多大な労力と経費を要する．

③果実形質は環境や樹齢の影響を強く受けるため，複数年度にまたがって形質調査を行う必要がある．

④雑種性が高く，世代促進が困難であるため，遺伝学的研究の蓄積が少なく，計画的育種が進めにくい．

⑤自家不和合性，他家不和合性，無核性，多胚性，雌雄異株や雄性・雌性不稔性などの性質をもつ品種が多く，交雑可能な品種の組合せが制限されることが多い．

⑥交配や突然変異によって優良個体が得られれば，その個体を栄養繁殖により

増殖することができるため，種子繁殖する作物のように遺伝形質の固定のために世代を重ねる必要がない．

## 4.3 育種方法

### 4.3.1 交雑育種

前述したように，現在の果樹育種はおもに交雑育種によって進められている．果樹の交雑育種は，①交配親の選定，②交配，③実生育成，④優良個体の選抜，⑤品種登録という手順で進められる．公的機関における果樹育種では，④優良個体の選抜の後に，全国の生産地の試験機関において「系統適応性検定試験」が実施され，さらに選抜・淘汰が行われる．交配親には，既存の優良品種が用いられることが多く，また交配可能な組合せが制限されることもあり，育種素材として利用される品種には偏りがみられることが多い．カンキツ類では多胚性や雄性不稔性を示す品種が多く交雑育種の大きな障壁となっているが，単胚性の‘清見’（‘宮川早生’בトロビタオレンジ’）の育成以降，‘清見’に由来する品種が多く作出されている（図4.1）．ニホンナシの交雑育種では，交雑育種第3世代の育成品種の交配親をたどると7品種の在来品種にたどりつき，とくに‘二十世紀’はすべての育成品種に関与していることが示されている[2]．また，カキでも農研機構果樹研究所（旧農林水産省果樹試験場）で育成された完全甘ガキ11品種の交配親の祖先をたどると，5品種の完全甘ガキ在来品種に由来することがわかる（図4.2）．このように，限られた品種間で交配を繰り返すと近交弱勢（inbreeding depression）が現れやすくなるため，育種素材の遺伝的多様性を高める試みが進められている．

**a. 交雑育種の効率改善**

果樹交雑育種の効率化は，交配から選抜までに要する時間と労力をいかに削減するかにかかっている．つまり，長い幼若相をいかに短縮するか，苗の育成に必要な栽培面積と労力をいかに削減するか，がポイントとなる．

**1) 開花促進**

交雑実生は成木に高接ぎすることにより，幼若相の期間が短縮され早期に開花することが知られている．さらに，高接ぎした枝の誘引や環状剝皮により，花芽がつきやすくなる．育種現場では，1本の成木に複数の実生を高接ぎし，限られた圃場面積でより多くの実生の形質を確認している．

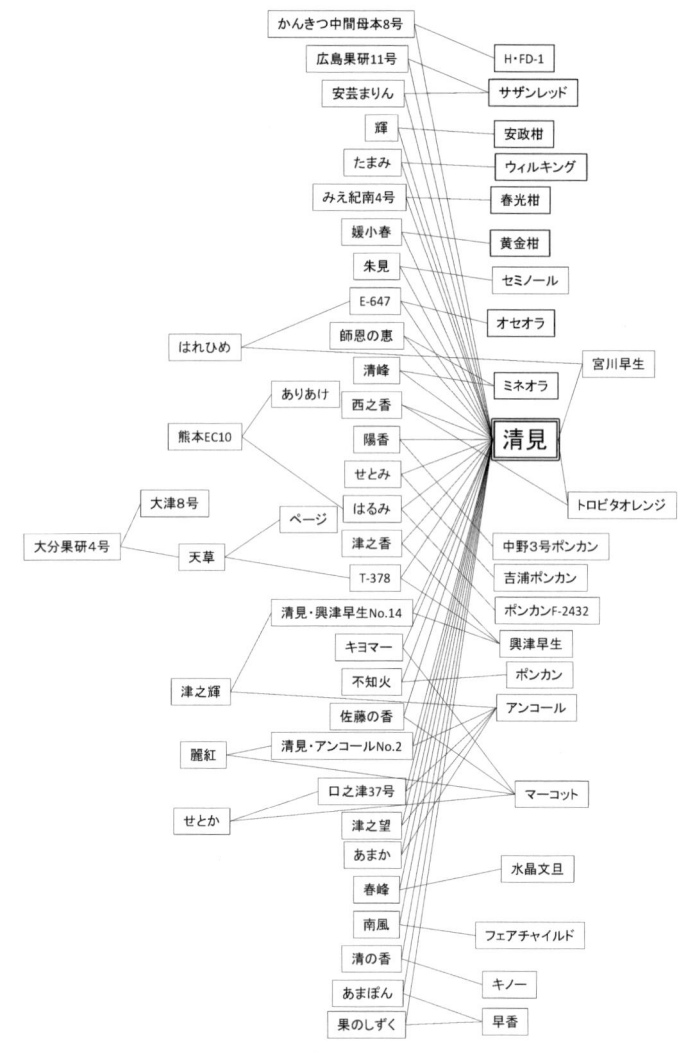

図 4.1　タンゴール'清見'に由来するカンキツ品種の系統図

## 2)　早期選抜

①早期検定：耐病性や樹形など，開花結実を待たなくても検定可能な形質は，実生の早い段階で早期検定による選抜を行うことが可能である．ニホンナシの黒斑病と黒星病，およびリンゴの斑点落葉病と黒星病の抵抗性は，実生の葉に病原菌胞子の懸濁液を接種することにより早期検定を実施している．

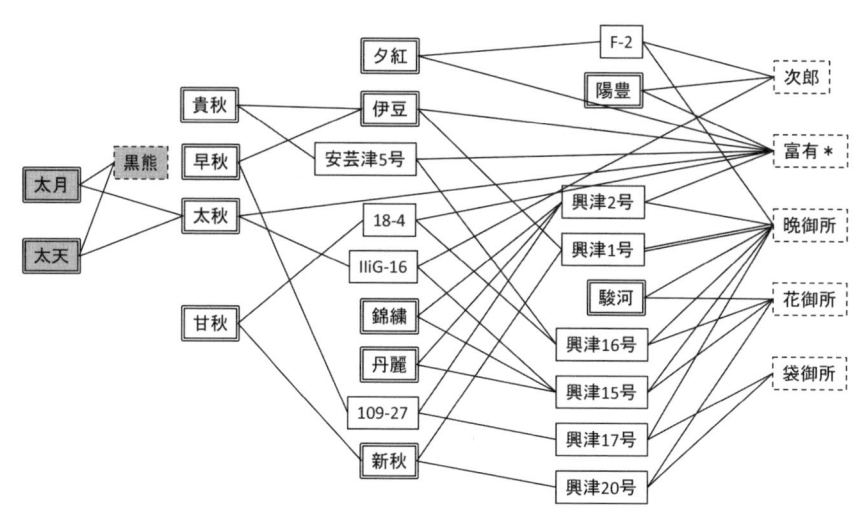

**図 4.2**　果樹試験場（現農研機構果樹研究所）で育成されたカキ品種の系統図
＊：'富有' は '松本早生富有' を含む．破線枠は育種素材として用いた既存品種，二重線枠は登録品種，灰色背景は非完全甘ガキを示す．DNAマーカーによる完全甘ガキ個体の早期選抜が可能になったことから，非完全甘ガキを育種素材として用いた交雑育種が進められている．

② DNAマーカーを用いた早期選抜（marker assisted selection：MAS）：育種目標となる形質が1遺伝子支配の質的形質である場合，その遺伝子と密接に連鎖したDNAマーカーが得られると，交雑実生の葉から抽出したDNAを解析することで目的の形質をもつ個体の判別が可能となる．これまでに，耐病性や果皮色，自家不和合性，果実の貯蔵性などの形質に連鎖したDNAマーカーが開発され，実際の育種に利用されている．カキでは，果実の甘渋性に連鎖したDNAマーカーが開発されたことにより，従来完全甘ガキ品種・系統のみを交配親として用いてきた育種計画に完全甘ガキ以外の品種を利用することが可能となり，これまでとは異なる育種素材を用いた交配が進められている（図4.2，図4.3）．

早期検定やDNAマーカーによる早期選抜は直接的に育種年限を短縮するものではない（図4.4）．早期選抜により軽減されるのは個体の選抜が完了するまでに必要な圃場面積と維持管理コストである．かりにDNAマーカーにより50％の個体が淘汰できるとすれば，必要な圃場面積を半分にすることができるが，逆に圃場面積を変えなければ，播種時の交雑実生数を2倍に増やすことが可能となる．したがって，早期選抜により選抜の母集団を増やすことが，結果として育種年限の短縮につながる可能性はある．

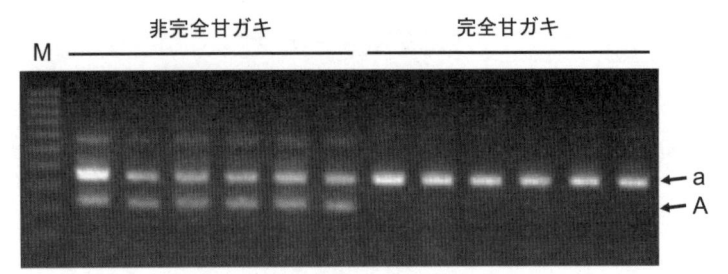

**図 4.3** DNAマーカーによるカキの甘渋性の識別（Kanzaki *et al.*, 2010，一部改変）[3]
Aのマーカーは非完全甘ガキ形質と連鎖しており，このマーカーを有する個体は非完全甘ガキと判断される．aのマーカーはPCRのコントロールになっている．M：100bp ladder marker.

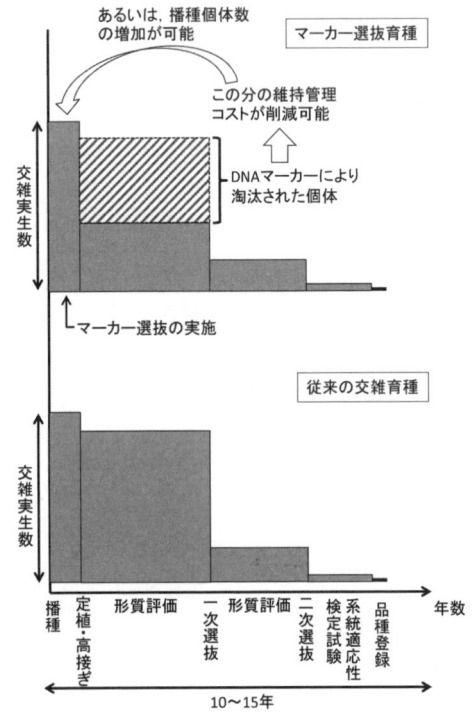

**図 4.4** 交雑育種における実生の選抜過程（模式図）
マーカー選抜により淘汰される個体の割合は利用するマーカーの数や種類によって変わる．定植・高接ぎ前に選抜することで圃場の維持管理コスト削減が可能であるが，削減せずに同じ労力を費やすと播種個体数の増加が可能となる．

**b. ゲノム育種**

果実の重要形質の多くは複数の遺伝子によって制御される量的形質であるが，近年果樹類でも高密度連鎖地図が作成され，量的形質遺伝子座（quantitative trait loci：QTL）の解析が進められるようになってきた．また，モモ，リンゴ，ブドウ，オレンジなどでは全ゲノムシーケンスが解読されており，大量のDNAマーカーを短時間で解析することができるDNAチップの開発も進んでいる．重要なQTLに連鎖したマーカーを大量に解析し，理想的な遺伝子型を有する個体を早期選抜することが可能になれば，果樹育種の大きな障壁である「実生苗を育成するための広大な圃場と膨大な労力」は不要となり，育種効率は劇的に改善されることになる．このようにゲノム情報に基づいて育種を進める手法をゲノム育種とよぶ．

**c. 胚培養**

交雑育種においては，種間交雑や属間交雑，倍数性の異なる品種間での交雑などを行うこともあるが，こうした交雑から生じた胚は発育途中で生育不良となり，正常な種子に発達しないことも多い．また，無核性を示すものからも正常な種子を得ることが困難である．このような場合でも，受精後の未熟胚を取り出して試験管内で培養する（胚の救助培養）ことで交雑個体を得ることができる．リンゴとナシの属間交雑において，受精胚を救助培養することにより属間雑種が得られている[4]．また，ブドウ'ナガノパープル'や'BKシードレス'は二倍体品種と四倍体品種の交雑により生じた未熟胚を救助培養することにより作出された三倍体の無核品種である．

### 4.3.2 突然変異育種

突然変異育種（mutation breeding）は，自然に生じた，または人為的に誘起された突然変異体から，もとの品種とは異なる有用形質をもつ個体を選抜する方法である．

自然突然変異は枝変わりや芽条変異（bud sport, bud mutation）とよばれる．枝変わり品種の多くは果樹園で生産者によって発見されたものであり，果実の大きさ，果皮色や成熟期，あるいは樹勢や樹形など，目で見てすぐにわかる変異体が選抜されやすい．カキでは，'平核無'の早生化枝変わり品種として'刀根早生'が選抜され，さらに'刀根早生'が早生化した'中谷早生'が選抜されてお

り，'平核無'と比べて'中谷早生'では収穫期が約1カ月程度早くなっている．また，染色体数が変化した突然変異体も多く発見されている．四倍体ブドウ'巨峰'の親である'石原早生'と'センテニアル'はそれぞれ二倍体の'キャンベルアーリー'と'ロザキ'が自然に四倍体化した枝変わり品種である．

人為的突然変異の誘起には，X線，γ線，中性子線などの放射線や重イオンビームの照射，あるいはコルヒチンなどの化学物質が用いられる．ニホンナシでは，γ線照射した'二十世紀'から黒斑病抵抗性の枝が得られ，これを'ゴールド二十世紀'として品種登録している．またオウトウでは，放射線照射した花粉を受粉して得られた自家和合性の個体を育種素材として自家和合性品種'ステラ'が作出され，さらに'ステラ'の休眠枝にX線照射することで半わい性品種'コンパクト・ステラ'が得られている．一方，変異原化学物質を処理することにより突然変異を誘発する方法も用いられる．コルヒチンは植物の染色体を倍加させる作用をもち，ブドウ，カンキツ，リンゴなどで倍数体の作出に利用されている（次項参照）．

### 4.3.3　倍数性育種

生物が生存するのに必要な最小の染色体のセットをゲノムとよぶ．多くの果樹は体細胞にゲノムを2セットもつ二倍体であるが，2セット以上のゲノムをもつ倍数体も優良品種として広く利用されている．

人為的あるいは自然に発生した倍数性変異体を利用して品種を作出することを倍数性育種（ploidy breeding）という．自然に発生する倍数性変異には，枝変わりによる突然変異の他，自然交雑実生が倍数性変異を示すこともある．多胚性のカンキツ類では珠心胚実生が倍数性変異を示すこともある．人為的に倍数性変異体を作出するにはコルヒチンを用いた突然変異育種と倍数体を交配親に用いた交雑育種が利用される．カンキツ，ブドウ，リンゴなどでは，えき芽や培養組織にコルヒチン処理することにより四倍体品種が作出されている．ブドウの四倍体品種は二倍体品種と比べて果実が大きくなることから，生食用ブドウでは大粒で品質のよい四倍体品種の育成が進められている．

無核化は多くの果樹で育種目標となっており，無核品種育成を目的とした三倍体の作出が進められている．三倍体は四倍体と二倍体の交雑から得られ，カンキツ，ブドウ，ビワではこの方法で無核品種が育成されている．三倍体では減数分

裂が異常になり、正常な種子ができないため無核になるが、同時に単為結果性を兼ね備えていないと結実や果実肥大が悪くなる。カキは通常六倍体であるが、'平核無'などの無核品種は自然に発生した九倍体である。近年カキにおいて、非還元花粉（核相が$2n$の花粉）の交雑から得られた胚を救助培養することにより、九倍体で無核の完全甘ガキ品種が育成されている[5]。

### 4.3.4　細胞融合育種

植物の細胞融合は、①植物組織や培養細胞の細胞壁をペクチナーゼやセルラーゼなどの酵素で分解してプロトプラストをつくる、②ポリエチレングリコールなどを用いる化学的融合法あるいは電気パルスを用いる電気的融合法によりプロトプラストどうしを融合させる、③融合したプロトプラストを培養しコロニーを形成させる、④形状や色、栄養要求性などの違いを利用してコロニーから目的とする雑種を選抜する、⑤雑種カルスを植物体に再生する、という手順で行われる。果樹では、プロトプラストや培養細胞からの個体再生が困難な場合が多いが、カンキツ類では珠心組織由来の細胞から効率的に個体再生させる技術が確立していたことから、細胞融合に関する研究が早くから進められた。1985年に木本植物で世界初となる細胞融合雑種'オレンジカラタチ中間母本農1号'（オレンジとカラタチの属間細胞融合雑種、通称'オレタチ'）が報告された[6]。それ以降、カンキツ類で細胞融合雑種がいくつか作出されており、近年ではそれらの細胞融合雑種を交配親にもつ品種（'KKM 7号'および'KKM 8号'）も登録されている。カンキツ類以外ではカキやブドウで細胞融合雑種が作出されているが、品種登録には至っていない。

細胞融合育種の利点は、通常の交雑では雑種を得ることが困難な組合せでも雑種形成が可能な点であるが、一方で、遠縁な植物間の融合雑種では個体再生が困難であったり、染色体の一部が脱落して不稔になったりすることが多い。カンキツ類では、優良品種に多胚性や雄性不稔性などを示すものが多く、比較的近縁な植物間でも交雑が難しいことがあるため、細胞融合育種の有用性が高いといえる。

### 4.3.5　遺伝子組換え育種

#### a.　果樹における遺伝子組換え育種の現状

遺伝子組換え技術は、1983年に植物（タバコ）で世界初の成功例が報告され

て以来，有用形質を付与するための遺伝子を生物種の壁をこえて直接導入できる画期的な方法として，さまざまな作物で品種育成に利用されている．果樹においても，カンキツ，リンゴ，キウイ，カキなど多くの樹種で遺伝子組換え体が作出されており，生理学的研究や遺伝子の機能解析を進めるために欠かせない技術の一つになっている．

しかし，実際に果実生産するための栽培化にまで至った遺伝子組換え果樹は少ない．遺伝子組換え先進国であるアメリカでも，商業栽培されている遺伝子組換え果樹はパパイヤリングスポットウイルス（PRSV）抵抗性を付与したパパイヤ'Rainbow'のみであり，プラムポックスウイルス（PPV）抵抗性を付与した遺伝子組換えプラム'HoneySweet'は，アメリカでの栽培の承認は得られているものの，商業栽培はまだ広まっていない．このように，果樹の遺伝子組換え育種の実用化はほとんど進んでいないのが現状であるが，育種に膨大な時間と労力を要する果樹において，遺伝子組換え育種の有用性は他の作物より高いといえる．近年では，遺伝子組換えの概念を変える，c項に示すような新しい組換え技術も開発されており，実用化が期待される．

**b. 遺伝子組換え法**

遺伝子組換え育種は，①目的遺伝子のクローニング，②遺伝子の導入，③遺伝子組換え細胞の選抜，④個体再生，⑤形質調査，⑥安全性評価，⑦品種登録，という手順で進められる．

②の遺伝子の導入には，エレクトロポレーションやパーティクルガンにより目的遺伝子を直接細胞内に導入する方法もあるが，土壌細菌であるアグロバクテリウムを介して目的遺伝子を組みこむ方法が一般的である（図4.5）．アグロバクテリウムは植物に感染して腫瘍を形成する土壌病原菌で，菌がもつTiプラスミド上の *vir* 領域にある遺伝子群の働きにより，同じTiプラスミド上のT-DNAとよばれる領域を宿主植物の核ゲノムに組みこむ．T-DNA領域は，LB，RBとよばれる境界配列に挟まれていて，これら境界配列が遺伝子を転移する際の目印となっている．LBとRB配列の間にあるDNA配列は，どのような配列でも植物に組みこまれるため，T-DNA領域に目的遺伝子配列を挿入したTiプラスミドをアグロバクテリウムに導入すると，目的遺伝子が植物の核ゲノムに組みこまれることになる．*vir* 領域とT-DNAは同じプラスミド上にある必要はないので，大腸菌にも導入可能なバイナリーベクターにT-DNA領域を組み込み，T-DNA領域を除

去した改変 Ti プラスミドとバイナリーベクターをアグロバクテリウム中に共存させるバイナリーベクター法が開発されており，遺伝子操作が行いやすくなった．

③の遺伝子組換え細胞の選抜では，目的遺伝子と同時に除草剤や抗生物質耐性の遺伝子を選抜マーカーとして細胞に導入し，組織培養の際，除草剤や抗生物質を含む培地で培養することで組換え細胞を選抜している．選抜マーカーに使う耐性遺伝子が組換え体に残ることを懸念する声も多く，選抜マーカーを除去するための手法も開発が進んでいる[7]．

#### c. 新しい遺伝子組換え育種法
#### 1) 遺伝子組換え台木の利用

果樹では古くから接ぎ木繁殖が一般的であり，台木の種類が穂木の形質に影響を及ぼすことがよく知られているが，近年遺伝子組換え台木を利用した新しい育種法が注目されている[9]．

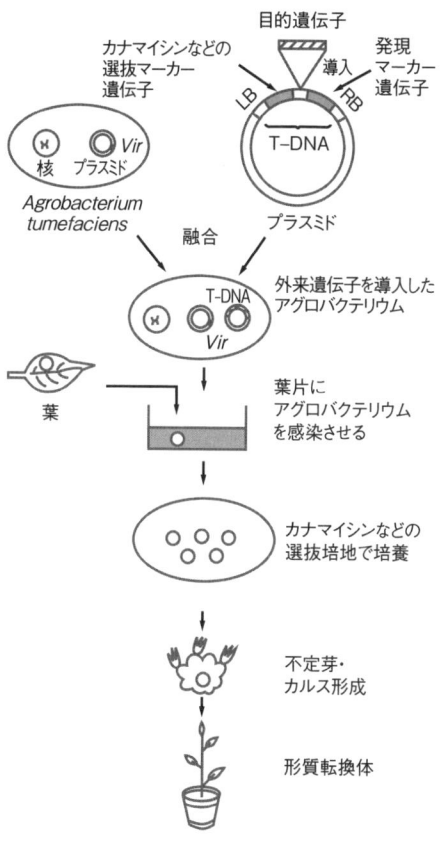

図4.5 アグロバクテリウムを用いたバイナリーベクター法による遺伝子組換え植物の作出方法（伴野，2002）[8]

接ぎ木による新しい遺伝子組換え技術には2通りの方法がある．一つは，遺伝子組換え台木で産出される組換えタンパク質や siRNA 分子が穂木側に移動して作用することにより，穂木に新たな形質を付与するものである．この場合，接ぎ木個体はキメラとして遺伝子組換え体の扱いを受けるが，非遺伝子組換え穂木に着果した果実は外来遺伝子を含まないため，従来の遺伝子組換え作物の範疇には入らない．もう一つは，特定の遺伝子配列にメチル化を誘導する siRNA を遺伝子組換え体内で生産させ，これを接ぎ木により非遺伝子組換え体に輸送し，非遺伝子組換え体ゲノム中の特定の遺伝子にメチル化によるジーンサイレンシングを誘発する方法である[9]．このようにしてつくられた変異体には遺

伝子組換えの痕跡が残らず，自然に生じた変異体と区別することができないので，突然変異育種との違いはない．放射線や変異原化学物質を用いた突然変異育種では変異が生じる遺伝子を人為的に制御することができないが，遺伝子組換え体を利用することで変異箇所を特定した突然変異育種が可能になる．

2) ウイルスベクターの利用

　感染しても植物に影響しない弱毒性のウイルスをベクターとして利用し，外来遺伝子をウイルスが感染した部位で一過性発現させることにより，有用形質を付与する育種法の開発が進められている[10]．従来の遺伝子組換え法では，遺伝子導入した細胞を脱分化してから再分化することで組換え体を得るのが一般的であったが，ウイルスベクターを利用すると，ウイルスが感染した部位で導入遺伝子をすぐに発現させることができるため，とくに果樹類では迅速な遺伝子導入法として注目されている．リンゴでは，ウイルスベクターにより実生に $FT$ 遺伝子を導入することで早期開花させることに成功しており，育種年限を短縮させるツールとしての利用が期待される．

3) ゲノム編集

　近年，zinc finger nuclease（ZFN）や transcription activator like effecter nuclease（TALEN）などの人工ヌクレアーゼを利用して，ゲノム上の遺伝子を改変する技術が開発されている[9]．この手法を用いることで，ゲノム上の狙った位置に変異や外来遺伝子を導入することが可能となり，またマーカー遺伝子の除去も容易にできるようになる．植物ではモデル植物での研究が始まったばかりであるが，果樹育種への応用が期待される．

d.　遺伝子組換え作物の安全性

　開発された遺伝子組換え作物が実際に栽培されるためには，厳密な安全性評価を受けて，国際的な安全基準を満たすことが確認されなければならない．遺伝子組換え作物のリスク評価には，遺伝子組換え作物を栽培する際の環境影響評価と食品・飼料として利用する際の安全性評価がある．環境影響評価は「遺伝子組換え生物等の使用等の規制による生物の多様性の確保に関する法律」（通称：カルタヘナ法）に基づき，まず第二種使用（実験室，閉鎖系温室や特定網室などで遺伝子組換え生物等の拡散防止措置をとりつつ実施される実験）において，アグロバクテリウムの残存や花粉量，組換え体がつくる化学成分組成，生育特性，導入形質の発現と遺伝性，花粉の飛散状況や風媒・虫媒による交雑率などが調査され

る．ついで第一種使用（拡散防止措置をとらない隔離圃場での栽培）において，周辺環境や生態系への安全性の評価が行われる．第一種使用には所管大臣（農林水産大臣と環境大臣）から承認を受ける必要がある．また，食品としての安全性は内閣府の食品安全委員会において審査され，もとの作物との実質的同等性，急性毒性や発がん性，アレルギー性などについてのリスク評価が行われている．輸入される遺伝子組換え作物においても食品としての安全性評価が同様になされている．

c項で示した新しい遺伝子組換え育種法でつくられる植物には従来の遺伝子組換え作物の範疇に入らないものも多く，従来の遺伝子組換え作物の規制対象となるかどうかの議論が始まったところである．こうした技術は交雑育種に長い年月を要する果樹にとって有用な技術となりうるが，実用化に向けては，従来の遺伝子組換え作物や自然突然変異との違いを消費者にわかりやすく説明し，新しい育種法に対する社会的許容を高めていくことが重要になるだろう．

## 4.3.6　その他の育種法
### a. 珠心胚育種
カンキツ類の多胚性を示す品種では，種子を播いても受精胚由来の交雑実生が得られることはまれで，おもに珠心胚実生が得られる．珠心胚は母樹の体細胞（珠心細胞）に由来するため基本的には母樹のクローンとなるが，珠心細胞に突然変異が生じて母樹とは異なる形質をもつ珠心胚実生が得られることがあり，そのような変異実生を選抜して品種とするのが珠心胚育種である．ウンシュウミカンでは，珠心胚実生から興津早生や瀬戸温州など数多くの品種が登録されている．

### b. キメラ育種
カンキツ類ではキメラを利用した育種法も利用されている．キメラとは，同一個体内に異なる遺伝子型をもつ組織が混在することをいう．植物では，混在キメラ，区分キメラ，周縁キメラの3種類がみられるが，カンキツの育種で利用されるのは比較的安定している周縁キメラである．植物の茎頂分裂組織は3層の起源層からなり，外側からL-1層（表皮），L-2層（内皮），L-3層（心皮）となっている．これらの起源層間で遺伝子型に違いのあるものが混在している個体が周縁キメラとよばれる．キメラは枝変わりや接ぎ木の癒合部から発生することが知られ

ており，カンキツでは効率的にキメラを発生する接ぎ木法が開発されている[11]．この手法により，可食部である砂じょう（L-1層由来）とフラベド（L-2層由来）やアルベド（L-3層由来）で異なる遺伝子型をもつキメラが作出されている．耐病性や寛皮性などL-2，L-3層の遺伝子型に依存する形質を，品質良好な砂じょう（L-1層）をもつ品種に導入したいときに有効な手法である．カンキツ以外でも，ブドウ，リンゴ，ナシなどで枝変わりによるキメラ品種が確認されている．

## 4.4 品種登録制度

品種の育成者の権利を適切に保護するために，種苗法に基づく品種登録制度が設けられている．国際的な品種保護のルールである「植物新品種保護に関する国際条約（UPOV条約）」に対応するように，国内でも改正種苗法が制定され，収穫物段階の育成者権侵害にも罰則を適用する，政令で指定する加工品にも育成者権の効力を拡大する，育成者権存続期間を永年性の果樹などでは30年とする（平成17年法改正前は25年），育成者権侵害の罰則を引き上げるなど，育成者権保護を強化する法整備が進んでいる．

品種登録出願されると，栽培試験や現地調査により既存品種との区別性や品種としての安定性・均一性が審査され，名称の適切性や未譲渡性などの要件とともに登録の可否が判断される．品種登録されている果樹の苗木生産や販売を行う場合には，権利者から増殖・販売の許可をもらう必要がある． ［神崎真哉］

### ■文　献

1) 鵜飼保雄（2003）：植物育種学，東京大学出版会．
2) 梶浦一郎・佐藤義彦（1990）：果樹試報特別報告，**1**，1-329．
3) Kanzaki, S. *et al.*（2010）：*J. Japan Soc. Hort. Sci.*, **79**, 150-155.
4) 伴野　潔ほか（1993）：園学雑，**62**（別1），138-139．
5) 千々和浩幸・朝隈英昭・石坂　晃（2013）：園学研，**12**, 263-267．
6) Ohgawara, T. *et al.* (1985) : *Theor. Appl. Genet.*, **71**, 1-4.
7) Ebinuma, H. and Komamine, A. (2001) : In Vitro Cellular & Developmental Biology-Plant., **37**, 103-113.
8) 伴野　潔（2002）：最新果樹園芸学（水谷房雄ほか），pp. 58-81，朝倉書店．
9) 江面　浩・大澤　良編（2013）：新しい育種技術を理解しよう，国際文献社．
10) Yamagishi, N. *et al.* (2011) : *Plant Mol. Biol.*, **75**, 193-204.
11) Ohtsu, Y. (1994) : *Ann. Phytopath. Soc. Japan*, **60**, 82-88.

# 5. 繁　　殖

## 5.1　種子繁殖と栄養繁殖

　植物の繁殖には種子繁殖と栄養繁殖の2種類があるが，果樹は苗木品種の特性を維持するためほぼすべて栄養繁殖されており，種子繁殖された苗木はほとんど流通していない．その理由としては，果樹は遺伝的に雑種性が強く，アポミクシス（受精をともなわない種子生産）を生じていない限り，種子から発生した実生からは母樹と同じ形質をもつ個体群が得られないためである．よって種子繁殖は，接ぎ木用の台木を養成する場合のみ用いられるが，それは実生が根を有するという理由からであり，挿し木繁殖や取り木繁殖などの容易な優良台木の出現により，栽培に有益性をもたらさない実生は利用価値がなくなる．なお，アポミクシスを示すカンキツやマンゴーの実生は母樹と同じ形質を示し，遺伝的に均一な台木として利用されている．

## 5.2　栄養繁殖

　果樹の一般的な繁殖方法である栄養繁殖は，親と遺伝的に同じ形質をもつ枝や芽などの栄養器官の一部を用いて新しい個体を育成し繁殖する方法であり，接ぎ木や挿し木，取り木などに加え，最近では組織培養も行われている．

### 5.2.1　接ぎ木繁殖

　果樹の繁殖で最も広く用いられている繁殖方法であり，古くからさまざまな接ぎ木方法が開発されている．また，接ぎ木には枝接ぎと芽接ぎがある．接ぎ木は台木（rootstock）と穂木（scion）を接ぎ合わせて新しい植物体をつくる方法である．台木は穂木に接がれる方を指し，中間台木を除いて根を有しており，また穂木は芽または枝の部分で接ぐ方を指し，品種として果実生産を行う部分である．

## a. 接ぎ木の目的

接ぎ木には必ず台木が必要であり，台木の利用によってさまざまな特性を付与できる（表5.1）．接ぎ木には以下のような利点がある．

①挿し木や取り木で発根困難な果樹を繁殖させる．

②優良台木の選択により，ゆず肌病などの生理障害の軽減や糖度上昇などの果実品質の向上ができる．

③樹勢調節台木の選択により，樹勢や樹形を調節し，結果年齢を早くする．

④抵抗性台木の選択により，耐水性，耐乾性，耐寒性，石灰抵抗性などの形質

表5.1 主要果樹類の繁殖方法と使用台木の特性（伴野（2002）[1]）を一部改変，追加）

| 種類 | 苗木の繁殖方法 | 使用台木 種類 | 繁殖方法 | 台木の特性 |
|---|---|---|---|---|
| リンゴ | 接ぎ木 | マルバカイドウ | 挿し木 | 繁殖容易，強勢，耐乾性，耐水性 |
|  |  | M系（M.9, M.26） | 取り木，二重接ぎ* | わい性，耐水性弱い |
|  |  | JM系（JM1,2,5,7） | 挿し木 | わい性，耐水性 |
| ニホンナシ | 接ぎ木 | ホクシマメナシ | 実生 | 耐寒性，耐水性，耐乾性，耐ゆず肌性 |
|  |  | マメナシ | 実生 | 耐水性，耐乾性，耐ゆず肌病 |
|  |  | 共台（ニホンヤマナシ） |  | 耐乾性・耐水性弱い |
| セイヨウナシ | 接ぎ木 | ホクシマメナシ | 実生，組織培養 | 強勢，耐寒性，耐乾性，接ぎ木不親和性 |
|  |  | マルメロ** | 挿し木，取り木 | わい性 |
| モモ | 接ぎ木 | 共台 | 実生 | （おはつもも，ひだ国府紅しだれ，筑波系など系統によりネコブセンチュウ抵抗性などの特性が異なる） |
|  |  | ニワウメ | 挿し木，実生 | わい性，接ぎ木不親和性 |
|  |  | ユスラウメ | 挿し木，実生 | わい性，渋味果の発生，接ぎ木不親和性 |
| スモモ | 接ぎ木 | 共台 | 実生 |  |
|  |  | モモ | 実生 |  |
| ウメ，アンズ | 接ぎ木 | 共台 | 実生 |  |
| オウトウ | 接ぎ木 | アオバザクラ | 挿し木 | 強勢，接ぎ木部脆い |
|  |  | コルト | 組織培養 | 接ぎ木親和性 |
| ブドウ | 接ぎ木 | グロアール，101-14，3309，テレキ5BB，テレキ5C | 挿し木 | フィロキセラ抵抗性 |
| カキ | 接ぎ木 | 共台 | 実生 |  |
|  |  | マメガキ | 実生 | 耐寒性 |
| クリ | 接ぎ木 | 共台 |  |  |
| イチジク | 挿し木 |  |  |  |
|  | 接ぎ木 | 共台（株枯病抵抗性） | 挿し木 | 株枯病耐性 |
| キウイフルーツ | 接ぎ木 | 共台 | 実生 |  |
| ブルーベリー | 挿し木 |  |  |  |
|  | 接ぎ木 | ラビットアイ | 挿し木 | 土壌適応性，耐暑性 |
| キイチゴ類 | 株分け 取り木 |  |  |  |
| カンキツ | 接ぎ木 | カラタチ | 実生 | わい性 |
|  |  | ヒリュウ | 実生 | 極わい性，果実糖度上昇 |
| ビワ | 接ぎ木 | 共台 | 実生 |  |

\*：マルバカイドウを台木とする．
\*\*：セイヨウナシ'オールド・ホーム'などを中間台として接ぎ木不親和性を回避する．

を付与し，不良環境における栽培を可能にする．

⑤抵抗性台木の選択により，フィロキセラやネコブセンチュウなどの害虫および株枯病やウイルスなどによる病気を回避する．

**b. 高接ぎによる品種更新**

接ぎ木は，高接ぎによる品種更新の手段としても用いられている（図5.1）．成木の枝に新品種の穂木を接ぎ木するこの方法では，短期間で品種を更新できるため，苗を植えた場合と比較して無収益期間の短縮ができるという利点がある．ただし，1樹の複数箇所に接ぎ木するため大量の穂木が必要となる．ウイルスなどを保毒した穂木を使用すると，高接ぎ病などの病気を発症して樹を伐採することにもなりかねないので，健全な穂木を使用することが必須である．

**c. 接ぎ木の方法**

接ぎ木は紀元前より行われており，国や地方，樹種により主流の方法は異なるものの，接ぐ穂木の形態によって枝接ぎと芽接ぎに大別される．

枝接ぎには多くの種類があるが，日本では春の切り接ぎが主流である（図5.2）が，他国においては切り接ぎ以外の方法が用いられている（図5.3）．未熟な接ぎ木操作は接ぎ木成功率の低下のみでなく，接ぎ木後の穂木の成長にも悪影響を及ぼすため，果樹苗木生産の現場では接ぎ木技術に熟達した者が行っている．

芽接ぎは，T字芽接ぎとそぎ芽接ぎに大きく分けられるが，日本ではそぎ芽接

図5.1 高接ぎにより品種更新したニホンナシ樹（石村原図）
以前はマメナシ台の'幸水'樹であったが，'なつしずく'を高接ぎしている．この場合，'幸水'を中間台木とよぶ．

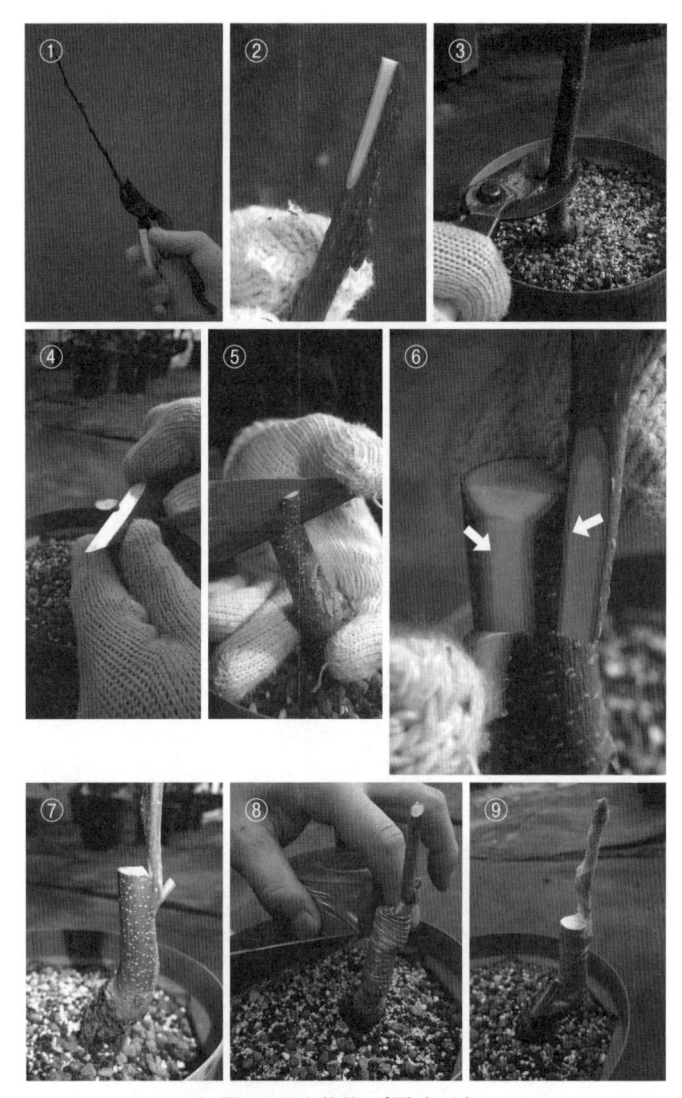

図5.2 切り接ぎの手順（カキ）

①穂木は枝中央部の充実した部位から，2～3芽つけ切り取る．②切り取った穂木の基部を小刀で2～3cm程度に木質部にかかる程度に削いだ後，反対側を45°くらいの角度に切り落とす．③台木は地表5cm程度の高さで切る．④台木の肩部を45°くらいの角度に切りあげる．⑤切りあげた部分に小刀を入れて2～3cm程度切り込む．⑥切り出した部分には形成層が見えるようにする．矢印は台木および穂木の形成層を示す．この部分が密着するように貼り合わせる．⑦貼り合わせた状態．穂木を奥まで十分にさし込む．⑧丈夫なテープを用いて接ぎ木部をしっかり固定する．⑨穂木が乾燥しないよう伸長性テープで全体をおおう．ビニルや土をかぶせてもよい．

**図 5.3** カキの割接ぎの実演（左，イタリア）と舌接ぎされたマンゴー苗（右，オーストラリア）

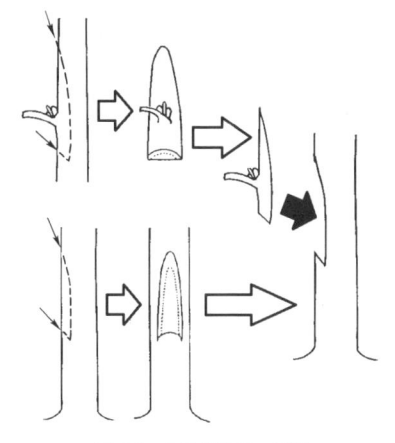

**図 5.4** そぎ芽接ぎの手順
破線はナイフを挿入する場所を示し，点線は形成層を示す．
左上：穂木から芽をそぎ取る．左下：台木は接ぎ芽がはまるように切り傷を入れ，舌状部を取り除く．右：接ぎ芽をはめた後は，接ぎ木用テープを巻いて固定する．活着していないと，葉柄基部に離層は形成されず，固着したままとなる．

ぎ（図5.4）が主流であり，樹液が流動し樹皮が容易に剝離できる8月下旬～9月にかけて行われる．芽接ぎは枝接ぎに比べて技術的に容易であり，1本の台木に対して1芽の接ぎ穂を使用するため，穂木を経済的に利用できることなど多くの利点を有し，モモやカンキツ類で行われている（図5.5）．

#### d. 接ぎ木の活着過程

　接ぎ木は，穂木と台木の樹皮と木部の間にある形成層どうしを接着させて行う．台木と穂木は太さが違う場合が多く，切り口に露出した形成層すべてを接触させることは難しいが，接触面が多くなるよう操作することが重要である．なぜならば，分裂組織である形成層は師部放射組織などとともに接ぎ木後よりカルスを形成するが，台木と穂木のそれぞれから形成されたカルスが機械的に結合することが活着に必要だからである．その後，カルス中に台木と穂木の形成層を結ぶ連絡形成層が分化し，ついで内側に木部，外側に師部を分化し，台木から穂木への養水分の供給が始まって活着する（図5.6）．

図5.5 芽接ぎ1年後のカンキツ苗 芽接ぎ部より上の台木部は，活着後，切除する．

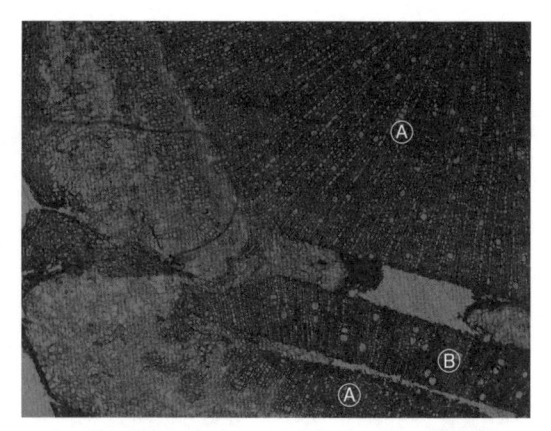

図5.6 接ぎ木6日後のカキ切り接ぎ部横断面の顕微鏡写真（石村原図）
Ⓐ：実生台木，Ⓑ：'富有'穂木．接ぎ木後に発生したカルスが台木と穂木の隙間を埋め始めている．一方，カルス内には新たに分化した形成層や木部などが見える．

### e. 接ぎ木親和性

　活着後，台木と穂木は1個体として成長するが，長期間に渡り結実する場合を接ぎ木親和性があるという．また同種の台木を共台というが，一般的に植物分類学上近縁なものほど接ぎ木親和性が高いので，接ぎ木親和性だけを考えると共台が理想である．一方，接ぎ木不親和性にもいろいろ種類があり，接ぎ木そのものが不可能であったり，活着するがその後の成長が不良だったり，見た目は不親和性の兆候を示しているものの成長は良好で果実生産も問題ない場合まで多様である．接ぎ木不親和の原因は多数示されているが，決定的なものはなく，台木と穂木の組み合わせによって原因が異なると考えられている．

　カラタチ台に接ぎ木されたカンキツ類の台勝ちや，ブドウで見られる台負けは不親和性の様相を呈している．しかし栽培上の問題はなく，むしろカラタチ台を利用した樹はわい化して結果年齢が早くなり，高品質の果実を生産するなど，果樹栽培に有利な特性を有する．カキのわい性台木にも台勝ちや接ぎ目こぶの発生が見られ，その程度は穂木品種により異なるが，わい化程度との関係は明らかではない．

　わい性台木には異種あるいは異属のものが用いられる場合が多い．これは，ある程度の接ぎ木不親和性がわい性だけでなく果実品質の向上など，栽培に好ましい形質をもたらすと考えられているからである．しかし，一時モモのわい性台木

として注目されたニワウメやユスラウメは，接ぎ木不親和性による樹の枯死などが問題となり，広く使用されるまでに至っていない．一方，セイヨウナシのわい性台木として異属のマルメロが世界的に用いられているが，品種によっては強い不親和を示すので，基本的にはマルメロと親和性の高いセイヨウナシ品種（'オールド・ホーム'など）を中間台木として使用している．なお日本では，リンゴなどにおいて挿し木発根の困難なわい性台木を中間台木として使用しわい化栽培が行われていたが，根を有する台木部は旧来の強勢台木を使用しているため，期待されたほどのわい化効果が得られない場合が多く，現在はあまり推奨されていない．

**f. 優良台木の開発**

台木は穂木と比べ，その特性を調査するのに時間がかかり，さらに穂木との接ぎ木親和性は品種により異なるため，それらを評価し有用性を判断するには多大な労力および土地を要する．また，優良台木がその遺伝的特性を安定して発現するためには，挿し木や取り木などにより根を形成する能力もしくはアポミクシス性が必要である．そのため台木の育種では，穂木品種の育種ほど急速な進展はみられない．しかし，リンゴのわい性台木が世界中で使用されているように，優良台木の利用は実際栽培に非常に有益であるので，最近ではカキのわい性台木やイチジクの耐病性台木の研究などが精力的に行われており，今後の成果が期待される．

### 5.2.2 挿し木繁殖

挿し木は，枝，葉，根などの栄養器官の一部を母樹から切り離し，挿し床で不定根や不定芽を発生させて独立した個体を育成する繁殖法である．用いる器官により呼び名があり，カキなどでは葉芽挿しや根挿しも可能であるが，果樹の繁殖には枝挿しがおもに用いられている．枝挿しは，挿し穂の採取時期により，休眠枝挿し（熟枝挿し），緑枝挿し，半熟枝挿しに分けられる．

**a. 休眠枝挿し（熟枝挿し）**

完全に成熟硬化した枝を用いる挿し木を熟枝挿しとよぶが，果樹の場合は落葉果樹の萌芽前の休眠枝を挿し穂として3月頃に挿し木する場合がほとんどなので，休眠枝挿しとよばれる．リンゴやブドウの台木，ブルーベリーやイチジクなど，発根能力の高い挿し穂を用いることが重要であるが，葉のない挿し穂を用い

るため，後述の緑枝挿しに比べ挿し木操作が簡便であり，挿し穂内の貯蔵養分の蓄積が多いため，発根後の生育が良好であるという利点を有す．

**b. 緑枝挿し**

伸長中，あるいは伸長停止直後の新梢を用いる挿し木であり，葉から過度の蒸散を防ぐため，余分な葉を取り除いた挿し穂に調整した後挿し木する．新梢が緑色を失い，硬化し始めた挿し穂を用いると半熟枝挿しに分類されるが，葉を着けたまま挿し木する場合は緑枝挿しとよばれることが多い．挿し木中，発根していない挿し穂は容易に乾燥するため，ミスト装置で頻繁にかん水したり，挿し床を透明のフィルムでおおい空中湿度を高めたり（密閉挿し）することが必要である．発根能力の低い挿し穂を用いる場合は発根促進剤（合成オーキシン）を処理するが，挿し穂は生理活性が高い状態なので，その効果は高い．

**c. 不定根の形成**

挿し木によって挿し穂より発生する根は不定根であるが，不定根の起源は根原体（根原基）である．根原体の由来や発生部位は樹種により異なり，形成層や師部である場合が多い（図5.7）．挿し穂基部切断面などから発生したカルス内に根原体が形成されることもあるが，カルス発生の有無やその発達程度は不定根形成とは直接の関係はない（図5.8）．

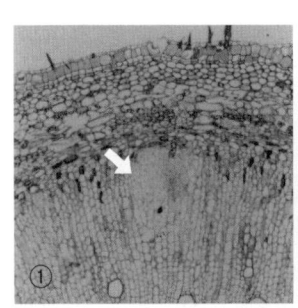

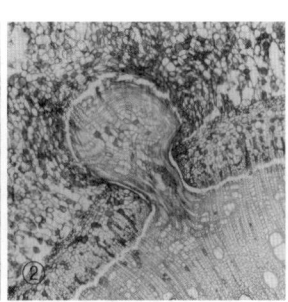

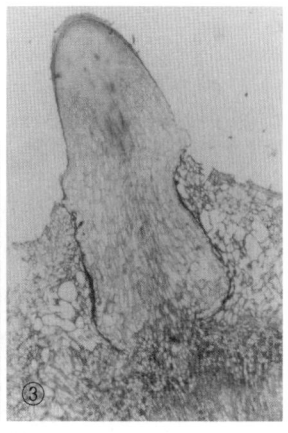

図5.7 カキ'次郎'緑枝挿し穂内の発根の様子
①挿し木20日後．形成層内に発生した根原体．細胞分裂を活発に行っており，核が染色液に染まり道管等の組織と区別がつきやすい．②挿し木25日後．根原体は発達し，その先端が師部および厚壁組織を突き破り皮層内に入っている．③挿し木30日後．表皮を突き破って発生した根．挿し穂の形成層と根の形成層はつながっている．

**図 5.8** ミスト装置内で挿し木したニホングリ'丹沢'実生の緑枝挿し穂

挿し木後，2 カ月目の状態．カルス形成も発根も見られない挿し穂もあり，挿し穂基部のカルス形成と発根とは関連がない．またニホングリの挿し木の場合，挿し木中の新梢の発生も発根とは関連しない．

　ブドウやイチジクは発根容易な果樹であるが，挿し木後に根原体が分化する．それに対し，もともと枝の組織内に根原体を分化しているマルメロやスグリは，挿し木後にその根原体が発達し発根するのに加え，新たに根原体を分化し，それらも発達し発根する．リンゴの枝にも根原体は分化しているが，挿し穂の発根はやや困難であり，枝内の根原体の有無は発根の難易とは関連しない．

　不定根形成にはオーキシンが主要因となり，ほかの発根要因物質が補助的に関与すると考えられており，挿し穂の遺伝子型に加え，生理的条件（採取時期や部位，母樹の幼若性など）および挿し床の環境条件（温度や湿度など）に大きく影響される．しかし，それらの影響は複雑であり，分子生物学的な研究はほとんど進展していない．

### 5.2.3　株分け繁殖

　株分けには 2 種類あり，根から発生した不定芽が伸長し，ひこばえになったものを根をつけたまま分割し，独立した個体を得る方法がキイチゴ類やヘーゼルナッツで，株元の土中から発生した新梢のうち，根を有しているものを分割し，独立した個体を得る方法がスグリ類で用いられている．

### 5.2.4 取り木繁殖

　取り木は，母樹についた枝を人為的に発根させた後，切り離して独立した個体を育成する繁殖法である．自然に発根した枝を利用する株分けとは異なり，発根させるための処理を行うが，挿し木とは異なり母樹から養水分の供給を受けながら発根させるため，枯死する危険性の少ない安全な繁殖方法である．しかし繁殖効率は低く，挿し木もしくは接ぎ木できない果樹にのみ使用される．リンゴのわい性台木では圧条法（横伏せ法）や盛り土法が用いられ（図5.9），ライチなどの（亜）熱帯果樹では高取り法が用いられている．

### 5.2.5 マイクロプロパゲーション（ミクロ繁殖）

　植物細胞は分化全能性を有し，茎頂を含め葉や茎，根などの器官や脱分化したカルスも植物体を再生する潜在能力をもつ．組織培養を利用した試験管内大量増殖（マイクロプロパゲーション，ミクロ繁殖）は草本性園芸作物で盛んに行われているが，果樹においてもその利用が広まってきている．マイクロプロパゲーションは，挿し木などでは発根しない優良台木を繁殖するためや，育種されたばかりの新品種を迅速に大量増殖するためなどに用いられている．

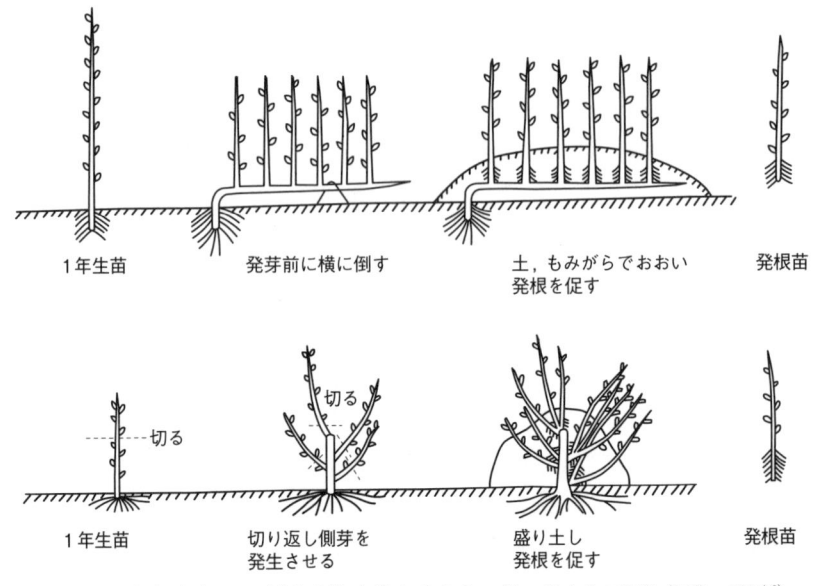

図5.9　圧条法（上）および盛り土法（下）によるリンゴわい性台木の繁殖（仁藤，1991)[2]

### a. 茎頂培養を利用したマイクロプロパゲーション

茎頂培養はウイルス罹病植物からウイルスフリーの植物を作出する目的で開発されたが，分裂組織（メリステム）を有する茎頂部は自己増殖能力が高く，遺伝形質が安定していることもあり，大量増殖用の手段としてもその利用が広まった．茎頂培養によるマイクロプロパゲーションは，次の四つの過程から成り立っている．

①培養確立（定着）過程：茎頂を無菌的に試験管内に導入し（初代培養），健全な葉条（シュート）を得る．

②増殖過程：シュートを切り分けながら繰り返し培養し，増殖する（継代培養）．

③発根過程：シュートを培養器内で発根させる．

④順化過程：発根したシュートを培養器外へ出すため順化し，順化完了後，移植する．

ブドウなどでは②と③，ブルーベリーなどでは③と④が同時に行われる場合がある．培養体は，ミネラル，糖類，ビタミンなどを含んだ培地より栄養分が供給されることで成長する．①および②の過程でおもに使用される植物成長調整物質はサイトカイニン類，③ではオーキシン類である．オウトウやセイヨウナシなどの優良台木はこの方法で繁殖されており，栄養繁殖体（クローン）はメリクロンとよばれる（図 5.10）．

### b. 不定芽や不定胚形成を利用したマイクロプロパゲーション

花き類では，葉や茎，根などの器官やこれらの器官から脱分化したカルスから不定芽や不定胚（体細胞胚）を発生させ，植物体を再生するマイクロプロパゲーションが行われている．多くの果樹においても，器官培養やカルス培養による不定芽形成に成功しており，アグロバクテリウムを用いた形質転換などに利用されている．一方，果樹の不定胚形成は，子葉や胚軸，珠心など非常に若い組織を利用したものがほとんどであり，成熟した組織から成功した例はほとんどない．不定芽や不定胚経由で再生した植物は，親植物体とは遺伝的に異なる場合がある．これは体細胞変異（ソマクローナルバリエーション）とよばれ，その原因は突然変異だけでなく，植物材料がキメラである場合も指摘されている[3]．よって，不定芽や不定胚形成を利用した果樹の栄養繁殖を行うには，体細胞変異の発生を制御する技術や手法などを確立する必要がある．

**図 5.10** 茎頂培養を利用したカキわい性台木 'MKR1' の大量増殖

①茎頂を得るための休眠枝．成長中の枝からも茎頂を採取することはできるが，休眠枝を冷蔵庫に保存しておけば，いつでも培養を開始することができて便利である．この休眠枝より芽を切り取り，茎頂を切り出す．②管ビン内に植え付け直後の茎頂（矢印）．ウイルスフリー化を目的としないので大きさは1 mm 程度である．③継代培養中の葉条（シュート）．ゼアチン（サイトカイニン）を培地に添加してシュートの伸長を促す．④発根したシュート．高濃度の IBA（合成オーキシン）溶液にシュート基部を数秒間浸漬後，植物成長調節物質無添加の培地に植え付けると発根する．⑤順化中の幼植物体．培養器内は高湿度なので，外気（低湿度）に徐々にならす．⑥プラ鉢植えのメリクロン苗．この後，屋外の光・温度環境に徐々にならし，苗木として完成する．

## 5.3 ウイルスフリー（無毒）苗の生産

植物ウイルスは基本的には種子繁殖では伝染しない．しかし，接ぎ木や挿し木

などの栄養繁殖が行われている果樹では，台木や穂木，挿し穂などがウイルスに汚染されていると，繁殖した苗木はすべてウイルス保毒苗となり，これらはウイルス伝搬の原因にもなる．また，植物ウイルス病に効く農薬は存在しないので，ウイルス保毒樹は病気の蔓延を防ぐため伐採するしかなく，その経済的損失は大きく，果樹の繁殖にはウイルス除去と確認のための検定が重要である．ウイルスフリー苗の作出方法はいくつかあり，複数の方法を組み合わせている場合もある．

### 5.3.1 熱処理法

一般にウイルスは熱に不安定であるので，植物体の生育限界に近い高温（約38℃）に鉢植え苗を置き，処理期間中に伸長した新梢の芽を切り取りウイルスフリーの台木に接ぎ木すれば，ウイルスフリー苗を生産することができる．樹種やウイルスの種類によって処理期間などは異なるが，この方法のみによって除去できるウイルスは限られている．

### 5.3.2 茎頂培養法

植物体がウイルスに感染していても茎頂部はウイルスに汚染されにくいことは古くより知られていたが，その理由は明らかでなかった．現在では，植物はRNAサイレンシングという遺伝子発現制御機構を使ってウイルス防御を行っていることがわかっており，茎頂部ではそのRNAサイレンシングが強く働き，ウイルス感染が妨げられると考えられている[4]．ウイルスフリー化を目的とした茎頂培養では1 mm以下の茎頂部を切り出すが，除去するウイルスの種類によって切り出す茎頂部の大きさは異なり，除去しにくいウイルスを対象とするほど小さくする必要がある．

### 5.3.3 茎頂接ぎ木法

カンキツ類の多くは茎頂培養そのものが難しいが，そのようなカンキツ類に対して開発された方法である．試験管内で無菌的に育成した実生台木に0.2～0.3 mmの茎頂を接ぎ木し，活着すればウイルスフリー個体が得られる．熱処理を併用することで，除去が困難であったウイロイドなども無毒化することができるようになった．現在では，鉢で育て黄化した実生に，非無菌状態下で茎頂接ぎ

木を行う簡易茎頂接ぎ木法が主流となっている（図5.11）.

### 5.3.4 その他の方法

ウイルスやウイロイドは種子伝染せず，多胚性のカンキツは珠心胚実生を育成すれば遺伝的に均一なウイルスフリー苗が得られるため，カラタチの実生は茎頂接ぎ木用の台木として使用されている．また茎頂培養の際，ウイルス除去を目的として，リバビリンなどの抗RNAウイルス剤を培地に添加することが試みられている．

### 5.3.5 ウイルス検定

ウイルスフリー化操作により育成された苗では，実際にウイルスが除去されているか確認することが必要である．果樹のウイルス検定には，接ぎ木検定法，酵

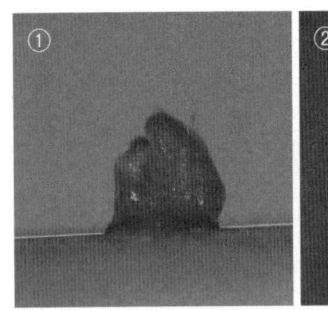

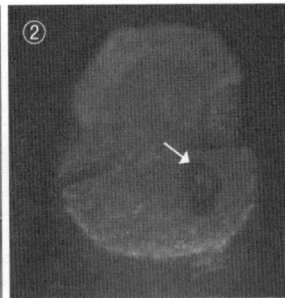

**図5.11** ウンシュウミカンの簡易茎頂接ぎ木（牛島原図）
①大きさ0.2mm程度に切り出した茎頂．②暗黒中で生育させたカラタチ実生の胚軸を横切りし，形成層の上に切り出した茎頂（矢印）を置く．このあと，切り口や茎頂が乾燥しないようにパラフィルムでおおう．③活着し，展葉したウンシュウミカン．

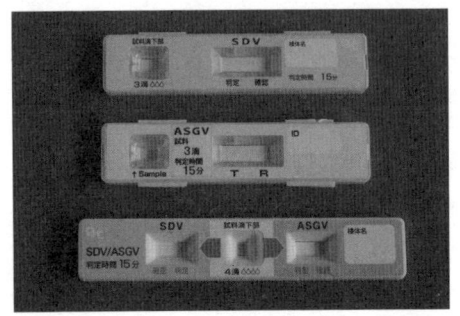

**図5.12** 温州萎縮ウイルス（SDV）およびリンゴステムグルービングウイルス（ASGV）診断キット（牛島原図）
上の二つは，それぞれのウイルスを診断するキット．下は，1試料で2種類のウイルスを同時に診断するキット．試料滴下部に磨砕したサンプルを滴下すれば，15分後に判定できる．

素結合抗体法（ELISA法），RT-PCRを利用した方法などがある．接ぎ木検定法は，特定のウイルスに感受性を示す検定植物に接ぎ木し，病徴の有無を調べて検定する方法で，各ウイルスに対する検定植物が選抜されているが，病徴の発生に時間がかかるのが欠点である．ELISA法は，抗原抗体反応を利用してウイルスの抗血清と被検植物の汁液を反応させ，特異反応の有無によって検定する方法であり，大量の試料の検定に適した方法である．ELISA法を改変したイムノクロマト法は圃場でも使用可能であり，温州萎縮ウイルスやプラムポックスウイルスなどが簡便に検出できるようになった（図5.12）．ウイルスの塩基配列がわかれば，プライマーを作成しPCRを行うことで，その存在の有無を確認できる．ELISA法では使用できない植物材料を利用する場合や，ウイロイド変異株を識別する場合などに用いられる．また，PCRを用いない遺伝子増幅法である，LAMP法によるウイルス検出方法も開発されている．

### 5.3.6 ウイルス再感染の防止

ウイルスの感染は，栄養繁殖によるもののほかに接触感染や虫媒感染などもあり，ウイルスフリー苗が定植後しばらくして再感染する場合もある．その防止を目的として，同じウイルスで病原性がきわめて弱いもの（弱毒系統）を接種し，干渉効果によって強毒系統の被害回避に利用する方法がカンキツ類のカンキツリステザウイルスで行われている．一方，ウイルスの遺伝子を導入し，RNAサイレンシングを誘導してパパイヤリングスポットウイルスへの感染を防止するパパイヤが実用化されている．今後はウイルス抵抗性遺伝子の探索が進み，その利用が広まるものと思われる．

〔鉄村琢哉〕

### ■文　献

1) 伴野　潔（2002）：最新果樹園芸学（水谷房雄ほか），pp. 58-69，朝倉書店．
2) 仁藤伸昌（1991）：新果樹園芸学（杉浦　明ほか），pp. 52-63，朝倉書店．
3) Bairu, W. M. *et al.*（2011）：*Plant Growth Regul.*, **63**, 147-173．
4) 志村華子（2011）：植物の分子育種学（鈴木正彦編著），pp. 144-155，講談社．
5) 町田英夫（1974）：挿し木のすべて，誠文堂新光社．
6) 町田英夫（1981）：接ぎ木のすべて，誠文堂新光社．
7) 猪崎政敏・丸橋　亘（1989）：果樹繁殖法，養賢堂．
8) 今西英雄ほか（1997）：園芸種苗生産学，朝倉書店．

# 6. 開園と植栽

## 6.1 園地の整備

### 6.1.1 果樹園の用地

　果樹は植栽後，長年にわたり栽培されるため，開園用地は果樹の種類・品種の生理生態に適した気象や土壌条件にある場所を選定すべきであるが，日本の気候や土壌条件は多くの果樹において原産地とは大きく異なることから，さまざまな対策を講じていく必要がある．

　また，栽培のコストを下げ，品質を向上させ，計画的・継続的に出荷できる規模の産地を形成するため，園地をできるだけ集団化することが必要である．集団化により，晩霜害や潮風害などの気象災害回避，鳥獣害からの保護を効率的に行うことができ，高品質果実生産のための用水の確保，電源の設置，機械化のための作業道の設置などを共同で進めることが可能となる．病害防除のためのスピードスプレヤー，耕うん・施肥・草刈に乗用型トラクターなどの大型機械を有効に使うには，少なくとも10 ha 以上の集団化が必要とされる．

　地域の自然や地形（図6.1），社会的条件（表6.1）を十分に調査し，栽培樹種・品種を選定したら，調査結果に基づき樹園地造成を計画実施していく．

### 6.1.2 新規開園

　果樹は従来，水田や作物栽培に適さない中山間傾斜地に栽培されてきたが，近年は水田転換地における平坦地（flat field）や，斜面地（hillside field）の大規模造成による緩傾斜園地による栽培が増加している．しかしながら，現在も多くの果樹園地は傾斜度5°以上であり，ウンシュウミカンでは15°以上の傾斜も非常に多い（表6.2）．

**a. 傾斜地**

　果樹園の造成は，傾斜地では傾斜角度15°以下で傾斜に応じて整地する山成工

## 6.1 園地の整備

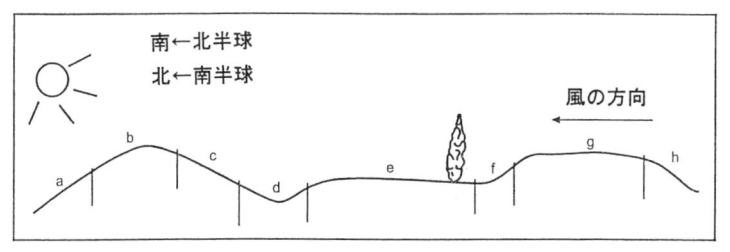

**図 6.1** モデル的な地形における気候 (Jackson and Looney, 1999)[1]

a：より多くの太陽光を受けて暖かい．冷気は下方に動くので，秋の早霜や春の晩霜害はない．風も受けない．
b：高度が高くなるからaの利点が相殺される．
c：秋，春の霜害はないが冷たい．夏は太陽との角度が乏しく，風にさらされて積算温度が低い．
d：まわりから冷気が降りてくるので冷たく，霜害を受けやすい．
e：霜害を受けやすいがdほどではない．防風林によって，風の影響が緩和される．
f：丘のふもとに密に防風林が植えられていると，冷気の流動が妨げられて，霜害を受ける．また，防風林によって日陰ができる．
g：eよりも霜害が少ないが，寒風が吹き，高度が高いと夏の積算温度が低くなる．
h：c以上に冷たい．

**表 6.1** 開園造成で配慮する条件

| 条　件 | 分　類 | 具体的調査項目 |
|---|---|---|
| 自然条件 | 気　象 | 気温：栽培期間の最高・最低・平均温度，冬期の最低極温，低温遭遇時間<br>降水量：栽培期間の降水量（月ごと，積算，最大）<br>その他：積雪量・降雹・降霜期間・風向頻度・最大風速など |
| | 土地条件 | 傾斜（角度・方位）・土性・土層構造など |
| | その他 | 周囲の地形・地質・植生・水源など |
| 社会経済的条件 | 土　地 | 所有および権利・地目・筆などの登記関係 |
| | 適地性 | 栽培技術の難易性・市場・労働力 |
| | その他 | 資金支援・営農技術支援体制・地域の意識 |

平成13年新潟県果樹指導指針より，改変．

法，12°以上で大面積の平坦地を造成するテラス工法や平坦部の幅が狭い階段工法による階段畑（terraced field）とするか，テラス部分を園内道路として斜面部に果樹を植える斜面畑工法などを採用する（表6.3）．なお，テラス部の勾配については，作業機械の効率的な運行を可能とするために8°以下とする．また，斜面地は土壌侵食を受けやすいため，余剰水をすみやかに排水する排水溝を設置する（図6.2）．

斜面を大規模に造成したところは広いテラス部に雨水が滞留しやすくなるた

表 6.2　果樹園の傾斜度別面積割合（平成 14 年）
（単位：%）

|  | 平均傾斜度 | | |
| --- | --- | --- | --- |
|  | 5°未満 | 5〜15° | 15°以上 |
| 果樹全体 | 52 | 27 | 21 |
| ミカン | 22 | 34 | 44 |
| リンゴ | 70 | 24 | 6 |
| ナシ | 77 | 18 | 6 |
| カキ | 54 | 28 | 17 |

資料：農林水産省生産局果樹花き調べ

表 6.3　傾斜地園地の造成工法

| 工　法 | 模式図 | 適用できる傾斜度 | 特　徴 |
| --- | --- | --- | --- |
| 山成法 |  | 0〜8° | 傾斜地をそのまま整地<br>平地および緩傾斜の場合 |
| 修正山成法 |  | 8〜15° | 原傾斜を一部修正して整地 |
| テラス工 |  | 12〜30° | ある範囲内で土量を切り盛りして，テラスを造成する |
| 階段工 |  | 15〜30° | テラス工のうち，テラス長が比較的短く数段続くものをいう |
| 斜面畑工 |  | 12〜25° | 原傾斜をいったん均一な傾斜に一部修正後，段切りを行い，テラス部を園内道路とし，斜面に果樹を植える |

平成 13 年新潟県果樹指導指針より，改変．

め，暗きょ排水（underdrainage）設備（後述）と集水溝を組み合わせた排水設備を設置し，転削により有機物をほとんど含まない土砂が表層になっている場合が多いため，開園時には十分な有機物の供給を行う．また，大規模な地形改変のため微気象が変化するとともに，自然の地被植物が失われ表土の浸食を受けやすいことから，適切な防災施設を必要とする．これには，防風（雪，潮）樹や防風ネット，草生やマルチ敷設などの対策がある．

6.1 園地の整備

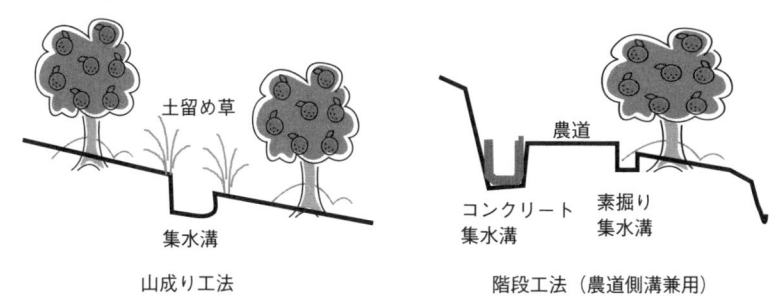

図 6.2 傾斜地園地の集水溝の作り方（平成 13 年新潟県果樹指導指針より，改変）

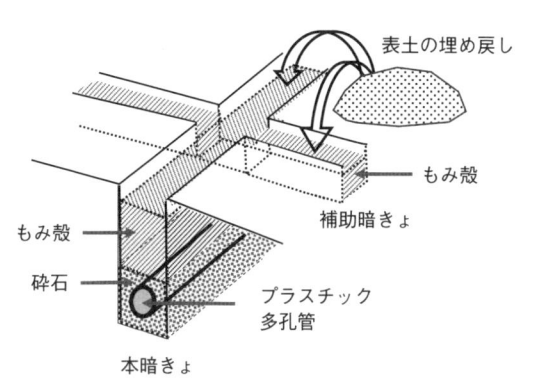

図 6.3 暗きょ排水路の設置例

### b. 大規模造成地

　干拓地や緩傾斜地の大規模造成によって設けられた平坦地では，作業効率が高く大規模栽培が可能となる．海面干拓により造成されたところでは，地中の塩分を低減する除塩対策が必要となる．また，干拓地の土壌は肥沃であるが粘土質の場合が多く，果樹園として利用するには透水性が低いため，客土（soil dressing）による土壌改良（soil improvement）を行う必要がある．

### c. 排水設備

　暗きょ排水路の設置例を図 6.3 に示した．深さ 1 m 程度の本暗きょを園地に植え付ける樹列に沿って平行に掘り，プラスチック多孔管等を利用した排水管を砕石等の透水性資材でおおうように埋設し，そのうえに通気性・透水性の高いもみ殻やパーライト等を充填し，表土を埋め戻す．本暗きょに直角方向に深さ 40～50 cm の補助暗きょを一定間隔で掘り，もみ殻等で充てんして埋め戻すことで，

格子状の暗きょ排水路を設置する．もみ殻は5年程度で分解するため，排水性が低下した場合には定期的に暗きょの補修をする必要がある．なお，暗きょ排水路の設置には，果樹園外周に暗きょより水位が低い排水路があるか，揚水ポンプによる排水ができることが前提となる．

### 6.1.3 既耕地の整備
#### a. 水田転換
　水田の作土層の下部には非常に緻密な耕盤層（すき床）が存在し，それ以下の下層土も硬い場合が多いため，果樹園に転換する際はまずこれを破砕し，深耕（deep plowing）を行う．また，水田は地下水位が高く，土壌が粘土質で透水性が低いため，果樹園に転換するには，干拓地と同様に暗きょ排水を設置することや，盛り土，客土により透水性を向上させる土壌改良を行う必要がある．

#### b. 改　植
　既存の果樹園を別樹種や新品種に改植（replanting）する場合，前作の遺物や特定の土壌病害虫の増加および土壌の物理的・化学的環境の悪化などにより後作が生育阻害を受けたり，衰弱・枯死に至ったりすることがあり，これを連作障害（replant failure）という．とくに，モモやイチジクで問題となることが多い．この原因としては，前作の遺物から浸出する毒性物質（モモやスモモなどの核果類における青酸配糖体や縮合性タンニンなど），土壌線虫（ネグサレセンチュウ，ネコブセンチュウなど），土壌病害（白紋羽病，イチジク株枯病など），不適切な肥培管理による無機栄養元素のアンバランスなどがあげられている．

　連作障害対策には，客土や深耕などの土壌改良，土壌消毒，休耕やイネ科の作物や牧草を栽培する輪作も有効であるが，耕作面積の狭い日本の果樹園では，連続的な収穫を得るために園地を部分的に改植していく場合も多い．改植による収穫量の低下と連作障害の軽減を図る方法として，客土による大きめの植え穴（planting hole）に2年以上育成した大苗を移植（trasplanting）する技術が普及に移されている．また，モモでは土壌線虫抵抗性台木が，リンゴでは耐水性の高い台木が，イチジクでは株枯病抵抗性台木が育成されており，連作障害の原因が明らかな場合は，このような台木に接ぎ木した苗木を利用する対策も有効である．

## c. 耕作放棄地

近年は，高齢化や後継者不足などの理由により集団化産地の中でも耕作放棄果樹園が散見されるようになってきた．これらを放置しておくと鳥獣害の誘引源となるとともに，病害虫の集積場所となって周辺果樹園に悪影響を及ぼすことも考えられるため，産地として果樹園の再生，または他用途への転換を進めていかなければならない．耕作放棄園は放棄以前の管理も不十分となっていた場合が多いため，復元する場合は既存樹の健康状態を見極め，強せん定等により再生が可能であるかを，またブドウ棚などの施設については強度を診断し，補修で対応可能であるかを判断する．耕作放棄地再生の手法として，観光果樹園やワインブドウ園などに転換し，農業者以外の地域の力を集める事例なども注目されている．

## 6.2 栽植の様式

### 6.2.1 栽植樹の配列と植栽間隔

栽植樹の配列はこれまでは正方形植え（square planting）が多かったが，新植園は自走式の大型機械の走行に合わせて長方形植え（rectangular planting）もしくは並木植え（row planting）が適している．栽植距離（planting distance）は，果樹の種類や品種，台木の種類，土壌の肥沃度などから予測される樹冠の拡大範囲によって異なる．単位面積当たりの植栽本数（栽植密度，plant density）が低すぎる場合は，果樹園面積に対する樹冠占有面積が低くなり，単位面積当たりの収量を減らすことになり，反対に高すぎる場合は，隣接樹との相互遮蔽による光量不足が品質低下や花芽形成の不良を引き起こしやすい．

### 6.2.2 混植と単植

モモやブドウのように自家和合性である場合や，ウンシュウミカン，イチジクやカキの一部の品種のように単為結果性がある場合は特定品種の単独植栽が可能である．しかしながら，自家不和合性であるリンゴ，ニホンナシ，ブルーベリーや，雌雄異株のキウイフルーツ，雌性花のみをつける多くのカキ品種において，人工受粉を行わず，省力的な自然受粉による結実を得るためには，受粉樹（pollinizer）を主力品種の 10～20 % 程度混植（mixed planting）する必要がある．受粉樹には，交雑和合性があり果実品質も優れる品種を混植する場合と，着花密度と花粉量は多いが果実生産を期待しない受粉専用樹（リンゴにおけるクラブア

ップル類など）を用いる場合がある．とくに，残留農薬のポジティブリスト制度への対応として，防除スケジュールの異なる品種間で予定外の農薬が付着することを避けるために，単一の優良品種を集団化して栽植する単植（solid planting）の方法が普及されつつあり，低い混植率で十分な量の花粉を供給可能な受粉専用樹の選抜が行われている．

## 6.3　栽植の方法

### 6.3.1　樹種・品種の選定

　果樹栽培の適地を決定する最も重要な気象要因は，温度と降水量である．日本の主要な果樹産地における過去20年間の気象データから得られた，各樹種の栽培に適する自然的条件に関する基準値が農林水産省から示されている（表6.4）．気温は年平均と生育期間（4月1日～10月31日）の平均および冬期の最低極温が示されている．降水量は生育期間（4月1日～10月31日）の積算値が基準値として示されている．また，冬芽の休眠覚醒に必要な7.2℃以下の気温に遭遇する時間が低温要求時間として示されている．この基準を満たしていても気温や降水量にはある程度の年次変動があり，とくに萌芽・開花期の晩霜害は果樹栽培に大きな損害を与えることもあるため，あらかじめ十分な対策を講じ，気象被害の発生を防止することで高品質な果実生産が確保されるよう努めることが重要である．

　これらに加え，過去100年間の気候の温暖化も考慮して樹種品種を選定する必要がある．気象庁の観測では，日本の全国的な年平均気温は2013年までの100年間で約1.14℃の割合で上昇したことが報告されており，今後100年間でさらに2.5～3.5℃上昇し，低緯度より高緯度，夏季より冬季の気温上昇が大きいことが予測されている．また，温暖化が予測通り進行すると，ウンシュウミカンとリンゴの栽培適地が2060年代には大きく北上する可能性があることが示唆されている．

### 6.3.2　苗木の準備

　苗木（nursery stock）は，少量の場合は市販のものか自家生産したものを用いるが，共同で大量の新植を行う場合は，台木の種類，穂木の母樹の指定や，苗の仕上がり形状と納入時期など，事前に苗木生産業者と打ち合わせておく．

## 6.3 栽植の方法

**表 6.4 果樹栽培に適する自然的条件に関する基準**[2)]

| 果樹の種類 | 気温 年平均 | 気温 4月1日～10月31日の平均 | 気温 冬期の最低極温 | 低温要求時間 | 降水量 4月1日～10月31日の積算 |
|---|---|---|---|---|---|
| カンキツ類 | | | | | |
| ウンシュウミカン | 15℃以上 18℃以下 | | -5℃以上 | | |
| イヨカン，八朔 | 15.5℃以上 | | -5℃以上 | | |
| ネーブルオレンジ，甘夏ミカン，日向夏，清見，不知火，ポンカン，キンカン | 16℃以上 | | -5℃以上 | | |
| ブンタン類 | 16.5℃以上 | | -3℃以上 | | |
| タンカン | 17.5℃以上 | | -3℃以上 | | |
| ユズ | 13℃以上 | | -7℃以上 | | |
| カボス，スダチ | 14℃以上 | | -6℃以上 | | |
| レモン | 15.5℃以上 | | -3℃以上 | | |
| リンゴ | 6℃以上 14℃以下 | 13℃以上 21℃以下 | -25℃以上 | 1,400時間以上 | 1,300mm以下 |
| ブドウ | 7℃以上 | 14℃以上 | -20℃以上 欧州種は-15℃以上 | 巨峰は500時間以上 | 1,600mm以下 欧州種は1,200mm以下 |
| ナシ | | | | | |
| ニホンナシ | 7℃以上 | 13℃以上 | -20℃以上 | 幸水は800時間以上 | 二十世紀は1,200mm以下 |
| セイヨウナシ | 6℃以上 14℃以下 | 13℃以上 | -20℃以上 | 1,000時間以上 | 1,200mm以下 |
| モモ | 9℃以上 | 15℃以上 | -15℃以上 | 1,000時間以上 | 1,300mm以下 |
| オウトウ | 7℃以上 15℃以下 | 14℃以上 21℃以下 | -15℃以上 | 1,400時間以上 | 1,300mm以下 |
| ビワ | 15℃以上 | | -3℃以上 | | |
| カキ | | | | | |
| 甘ガキ | 13℃以上 | 19℃以上 | -13℃以上 | 800時間以上 | |
| 渋ガキ | 10℃以上 | 16℃以上 | -15℃以上 | 800時間以上 | |
| クリ | 7℃以上 | 15℃以上 | -15℃以上 | | |
| ウメ | 7℃以上 | 15℃以上 | -15℃以上 | | |
| スモモ | 7℃以上 | 15℃以上 | -18℃以上 | 1,000時間以上(台湾系品種は除く) | |
| キウイフルーツ | 12℃以上 | 19℃以上 | -7℃以上 | | |
| パインアップル | 20℃以上 | | | | |

1. 表中に品種の記載がある場合は当該品種，それ以外は一般に普及している品種および栽培方法によるものとする．
2. カンキツ類の果樹については，冬期の最低極温を下回る日が10年に1回または2回程度発生してもさしつかえないものとする．
3. 低温要求時間とは，当該地域の気温が7.2℃以下になる期間の延べ時間である．
4. 上記の基準については，最近20年間の気象観測記録により評価する．

### a. 自家繁殖

接ぎ木苗の場合，台木を事前に挿し木あるいは実生繁殖して養成しておき，あげ接ぎや居接ぎにより，自園の優良系統を接ぎ木する．挿し木で繁殖できる果樹や台木の育成において，移植時の根痛みを防止するために果樹苗用ポリポットやペーパーポットに用土をつめて挿し木するとよい．

### b. 購入苗

優良な新品種は品切れを起こしやすいため，できるだけ早めに発注する必要が

ある．また，接ぎ木部の高さや穂木の新梢長や側枝の有無などの苗木の形状は，苗木生産業者により異なる場合もあるので，目的に合う形状かを事前に確認しておく．購入苗は掘り取り・輸送の間に根が乾燥するので，到着後は一晩水に浸けてから湿った砂中などに仮植えする．

**c. 大苗育成**

改植時の連作障害防止や早期成園化の目的で，苗床において2年程度育成した大苗を移植する栽培方法が普及している．大苗育苗は苗木生産業者に委託生産する場合と，通常の1年生苗を不織布ポットや遮根透水シートなどを利用してさらに1年間自家育苗する場合がある．大苗移植の場合は根をできるだけ切らずに，育成していたポットごと植穴まで搬入することが必要である．

### 6.3.3　植え付け時期

落葉果樹の植え付け時期は，秋植え（落葉直後）あるいは春植え（萌芽前）とする．萌芽前に新根が発生するリンゴ，ナシ，核果類などは秋植えの方が活着がよい．ただし，寒冷地では積雪や凍結による障害を回避するため春植えが無難である．春植えは必ず苗から新根が発生し始める前に行う．

常緑果樹は，春の萌芽前に植え付けることが一般的である．カンキツ類では春枝の伸長が停止し，新根発生が旺盛となる梅雨時期に植え付けることもできる．

### 6.3.4　植え付けと管理

植え穴は，直径約80 cm，深さ50～70 cmを掘り，掘りあげた表土と下層土に必要であれば客土または透水性を向上させるような土壌改良材を加え，完熟堆肥，適量の熔成りん肥，苦土石灰および化成肥料等とよく混和し，定植に備える．秋のうちに植え穴を掘り，いったん埋め戻してよく馴染ませておくことが望ましい．列状に植え付ける場合は植え付け穴を溝状に掘り，下層に暗きょを設置してから用土を埋め戻すとよい．植え付けは，植え穴の大半は埋め戻した状態として根を浅く放射状に広げ，上から根に密着するように土をかけ，多量のかん水を行う．植え付け後は苗木が沈むので，接ぎ木部が地上部に出るように浅く植え付け，苗周囲の土をやや盛り上げた状態とする．植え付け後は接ぎ木部の固定テープを除去し，支柱を立て，苗周囲に乾燥防止と防草のための藁あるいはポリマルチシートを敷く．苗をプラスチックネットや不織布あるいは直径10 cm程度

の半透明プラスチック製の筒で保護することも，乾燥防止と保温による成長促進および獣害・病害虫防止の効果がある（図6.4）．また，植え付け1年間は適宜かん水と追肥を行い，生育の停滞を引きおこさないようにすることが早期成園化には必須である．合わせて，侵入防止柵の設置など獣害防止設備を設置するとともに定期的な除草，計画的な病害虫防除を行う．

図6.4 新植苗にプラスチック保護筒を設置したブドウ園

## 6.4 樹勢・樹形調節による栽培

### 6.4.1 樹勢・樹形調節の意義

多くの果樹は高木性であり，樹高が高い立木仕立てでは栽培管理に多くの労力と時間を必要とする．また，棚栽培のブドウやナシにおいても更なる軽労化や効率的な栽培法が求められている．そのため，樹勢や樹形を調節し，低樹高で作業効率の高い栽培法が開発されている．低樹高の栽培では，植栽本数が多く，施設を必要とすることもあるので初期コストが大きく，経済樹齢（productive age）は短くなる欠点があるものの，高糖度，大果などの高品質果実生産や早期成園化が期待できる．

### 6.4.2 わい性台木による方法

リンゴ，モモ，オウトウ，カキなどでは，わい性台木を用いることにより低樹高栽培が行われている．一般に，主幹型整枝で並木植えの密植栽培となる．リンゴでは樹高抑制の程度が異なるさまざまなわい性台木が開発されており，台木の種類や穂木との組み合わせ，土壌条件などにより栽植本数が異なる．長野県ではM26台木に接いだ'ふじ'の場合，列間4m，樹間2～2.5mの植栽とし，10a当たり100～125本植えとしている．

### 6.4.3 根域制限による方法

果樹は，根群の広がりに応じて地上部の生長が盛んになって樹が大きくなる．

そのため，根群域を物理的に小さくすることにより低樹高栽培ができる．コンテナ栽培（container culture）は果実収穫用のコンテナやプラスチック製ポットに植え付けて根域制限（root-zone restriction）するもので，植え替えや移動ができるので，自発休眠打破のための山上げや冷蔵施設による低温処理が可能である．また，板枠やコンクリートブロックなどで根域ベッドを作成し，その内側に根の貫通を防ぐ防根シートなどを張って植え付けるボックス栽培や，防根シートなどを張った上に高うねを作って植え付ける高うね栽培（raised ridge planting）などがある．これらは，ハウス栽培や雨水の影響を受けにくい透湿性シート（上部からの雨水は通さないが土壌水分は蒸散する）を用いたマルチ栽培と併用されることが多い．これらの栽培では乾燥ストレスが生じやすいので，かん水施設を設置して適切な水管理を行う必要がある．

### 6.4.4　土壌水分調節による方法

ブドウのハウス栽培では，1樹につき樹冠面積の1/8程度の範囲で主幹中心にかん水チューブを配置し，点滴かん水（drip irrigation）を行って根域を制限することが行われている．これは，樹勢が低下した既存園の改善に有効な方法で，古い根を切除し，制限した根域の集中管理によって多くの細根が発生するため樹勢が回復する．根の切除は5〜6年かけて行い，直径1cm以上の根は樹の衰弱につながるので切除しない．

カンキツでは，露地圃場に点滴かん水チューブを敷設して透湿性シートでおおうマルチ点滴かん水システム（マルドリ方式）が導入されている．このシステムでは，成熟期に適度な乾燥ストレスを与えることにより高糖度の果実生産を行うとともに，その後の十分なかん水による樹勢回復がはかられる．また，自動かん水と同時に液肥の施用ができるので樹勢の調節が効率的に行える．山間傾斜地園での導入では，水槽の設置など水源の確保が必要である．

### 6.4.5　低樹高化

ブドウでは棚栽培が行われているが，果房整形や摘粒作業は不自然な姿勢で長時間行う必要があり，軽労化が求められている．マンズレインカット栽培などの垣根栽培では果房の位置が地上から1m程度の高さとなるため，作業姿勢を改善することができる（図6.5）．この場合，列間，樹間とも2.5〜2.7mが適当で，

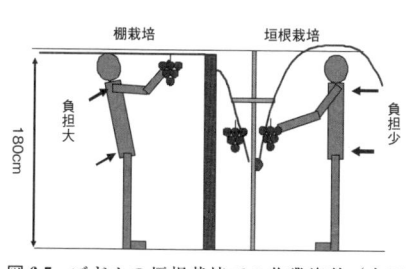

図6.5 ブドウの垣根栽培での作業姿勢（内田ら，2008）[3]

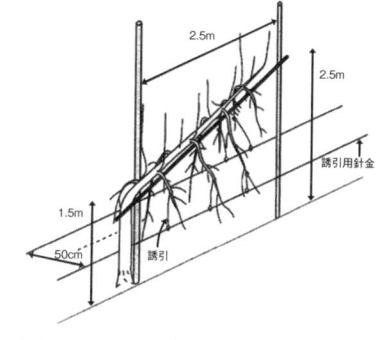

図6.6 リンゴの改良ソラックス樹形（菊池，2004）[4]

10a当たり150本程度の植栽となる．

リンゴにおいて，従来のわい性台木による主幹形栽培では，10年以上経過すると樹高が4〜5mとなって樹形が乱れやすく，その維持には高い技術が求められる．改良ソラックス樹形（図6.6）は主枝を斜立させて2.5mの低樹高で維持し，果実の成枝を下垂させて樹冠内光環境を改善したもので，樹形の維持が容易である．この樹形では，摘心や新梢の下垂誘因を適宜行う必要があり，収量は10a当たり4tとやや少なくなるが，脚立を使う必要がなく作業の効率化をはかることができる．JM7台木に接ぎ木した'ふじ'では，列間4m，樹間2.5mが適当で，10a当たり100本程度の植栽となる．

## 6.5 施 設 栽 培

### 6.5.1 施設栽培の歴史と目的

日本における果樹の施設栽培（protected cultivation）は，1886（明治19）年に岡山でブドウ'マスカット・オブ・アレキサンドリア'をガラス室（glasshouse）で栽培したのが始まりである．1953（昭和28）年には早期出荷と収穫労力の分散を目的として，露地ブドウにプラスチックフィルムを被覆する栽培が始められた．1970年代初めにはウンシュウミカンでプラスチックハウス（plastic house）による加温栽培が開始され，本格的なハウス栽培（cultivation in a plastic house）が普及して促成栽培（forcing culture）による収穫時期の大きな前進化がはかられた．1980年代には，露地ブドウの棚面上部にプラスチックフィルムでトンネル状の屋根をかけて降雨を遮断する雨よけ栽培（rain protected

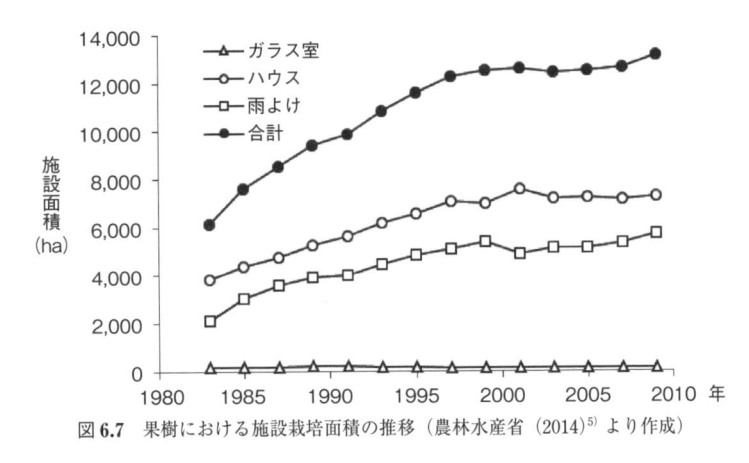

**図 6.7** 果樹における施設栽培面積の推移（農林水産省（2014）[5]より作成）

culture）が普及し，果樹の施設栽培面積は急速に増加した（図 6.7）．その後，ブドウの加温栽培やオウトウの雨よけ栽培，マンゴーなどの熱帯果樹のハウス栽培などが普及した．しかし，2000年以降は暖房コストの上昇などもあり，施設面積の増加は鈍っている．施設別，樹種別でみると，ハウス栽培ではブドウが約 3300 ha と最も多く，ついでカンキツ類である（表 6.5）．雨よけ栽培ではオウトウとブドウが多く，いずれも 2200 ha 以上である．

施設栽培の目的として，①早期出荷による増収，②高品質果実の安定生産，③出荷期間の拡大と労働ピークの分散，④熱帯・亜熱帯果樹の栽培，⑤病害虫の発生抑制などがあげられる．

### 6.5.2 施設栽培の特徴
**a. 作 型**

ハウス栽培では，加温の有無や加温開始時期の違いによって収穫時期が大きく異なり，露地栽培の収穫時期まで連続的に出荷できる多様な作型（cropping type）が発達している（図 6.8）．最近では，暖房コストを低減するため，加温期間の短縮や設定温度をやや低くする準加温や少加温栽培も行われている．加温栽培では，ハウス被覆後に一定期間をおいてから加温を開始するのが一般的である．

**b. 休眠打破と花芽分化**

ブドウやウンシュウミカンにおける超早期加温の作型では，加温後の萌芽・開

## 6.5 施設栽培

**表 6.5** 果樹の施設別・樹種別栽培面積 (ha) と施設化率 (%) (2008～2009 年)[5]

| 種類・品種 | ガラス室 | ハウス | 雨よけ | 合 計 | 施設化率* |
|---|---|---|---|---|---|
| カンキツ類 | | | | | |
| 　ウンシュウミカン | 3.2 | 928.9 | – | 932.1 | 1.9 |
| 　その他 | 0.8 | 867.2 | – | 868.0 | 3.0 |
| 小　計 | 4.0 | 1796.0 | 203.8 | 2003.8 | 2.5 |
| ブドウ | | | | | |
| 　デラウェア | 0.0 | 1340.2 | 394.5 | 1734.6 | 54.8 |
| 　キャンベル・アーリー | 0.0 | 60.9 | 230.2 | 291.1 | 37.7 |
| 　巨峰 | 0.0 | 881.0 | 514.0 | 1395.0 | 25.2 |
| 　その他 | 119.0 | 1006.4 | 1071.6 | 2197.0 | 22.1 |
| 小　計 | 119.0 | 3288.5 | 2210.3 | 5617.8 | 29.0 |
| モ　モ | 0.0 | 108.2 | – | 108.2 | 1.0 |
| ビ　ワ | 0.0 | 87.5 | – | 87.5 | 5.1 |
| オウトウ | 0.1 | 532.4 | 2560.0 | 3092.5 | 63.1 |
| カ　キ | 0.1 | 28.7 | – | 28.8 | 0.1 |
| イチジク | 0.3 | 95.0 | 44.3 | 139.5 | 13.2 |
| ニホンナシ | 0.0 | 243.1 | 293.3 | 536.5 | 3.6 |
| その他果樹 | 1.2 | 593.8 | 397.0 | 992.0 | 1.1 |
| 合　計 | 124.7 | 6773.2 | 5708.8 | 12606.6 | 5.1 |
| 施設別割合 (%) | 1.0 | 53.7 | 45.3 | 100.0 | |

＊：栽培面積に対する割合．

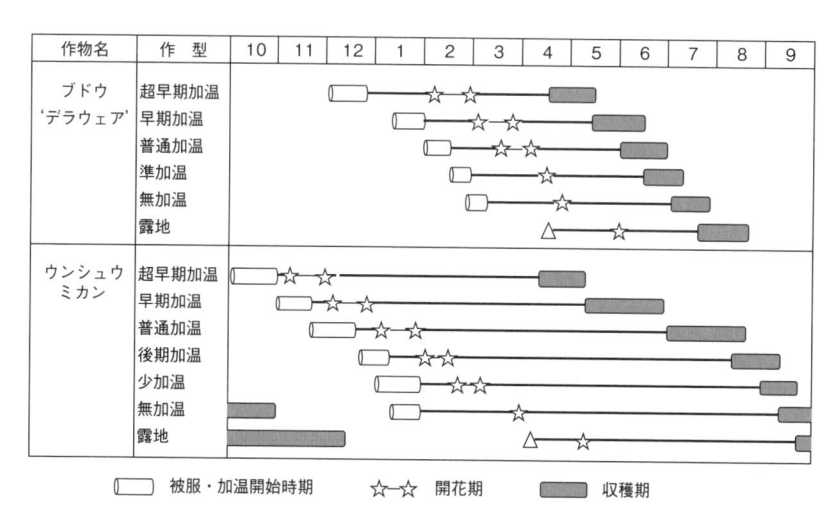

**図 6.8** ブドウとウンシュウミカンの作型（平成 25 年島根県ハウスぶどう栽培指針と岩堀ら（1991）より作成）[5,6]

花の不揃いや着花数不足が生じる場合が多い．ブドウではこの時期にすでに花芽分化しているが，加温により萌芽・開花するためには自発休眠（第3章参照）を完了している必要がある．そのため，超早期加温や早期加温では低温要求量を積算し，自発休眠完了を確認するのが望ましい．ブドウで自発休眠完了前に加温する場合は，シアナミド（hydrogen cyanamid, $H_2CN_2$）液剤，石灰窒素（calcium cyanamide, $CaCN_2$），ニンニク汁液などが休眠打破剤として処理されている．一方，ウンシュウミカンなどのカンキツ類は，自発休眠がないか，あっても非常に弱いので，加温することで萌芽するものの，超早期加温の10月頃は花芽分化が不十分なため必要な着花数が確保できない．ウンシュウミカンは15〜20℃程度の低温に一定期間遭遇することにより花芽分化し，地温の冷却のみでも花芽分化に有効であるため，地下の配管に冷水を循環させる地中冷却などが加温開始に先立って行われる場合がある．

### 6.5.3　施設の設置と植栽方法
#### a.　施設の種類と被覆資材

果樹のハウス栽培では，丸屋根型（quonset style）のパイプハウス（pipe frame greenhouse）や両屋根型（span-roof）の鉄骨（アルミニウム骨）ハウス（steel frame greenhouse）がおもに用いられている．被覆資材（covering material）としては，軟質フィルム（nonrigid plastic film）である農業用塩化ビニルフィルム（農ビ）が一般的であるが，寿命の長い農業用ポリオレフィン系特殊フィルム（農PO）も利用されている．雨よけ栽培ではパイプハウスが利用されており，雨よけが必要な期間だけ軟質フィルムで被覆する場合も多い．加温栽培を目的とする鉄骨ハウスでは，寿命がさらに長く光透過性の優れる農業用フッ素フィルムなどの硬質フィルム（rigid plastic film）も利用されている．被覆資材の選定にあたっては，光透過性，紫外線透過性，保温性，耐用年数，経済性などを考慮する必要がある．ハウスの設置場所は日照条件がよく，降雪量が少なくて強風の当たらない平地が望ましい．果樹では既存の露地圃場を施設化することもあり，傾斜地などの形状に合わせた施設構造となる場合もある．

#### b.　植栽方法

果樹は樹冠や樹高が年々拡大するので，ハウス栽培では樹形や樹勢を調節しやすい植栽方法や，光を有効に利用できる仕立て方や栽植密度などについてとくに

考慮する必要がある．そのため，コンテナ栽培，根域制限栽培，棚栽培，わい性台木の利用など（前述）が行われる場合が多い．

### 6.5.4　施設栽培の今後の展望

　果樹の施設栽培は，大型施設が必要なために初期投資の負担は大きいが，高品質果実生産や早期出荷が可能となるので，その利点も多い．これまでブドウやカンキツ類などを中心に行われていた加温栽培は，低樹高栽培が可能となった他の果樹でも試みられており，今後，多くの果樹で加温栽培による高品質果実生産と早期出荷が大きく進展すると期待される．しかし，連年の安定した高品質果実生産には，それぞれの果樹において休眠，花芽分化，果実の発育・成熟や糖の蓄積，乾燥ストレスなどに関する生理現象を深く理解し，それらを制御できる高い栽培技術が必要である．一方，加温栽培では暖房コストの高いことが普及・拡大の大きな阻害要因となっているので，暖房コスト低減のためのさまざまな省エネルギー技術をさらに開発する必要がある．また，加温栽培は多くのエネルギーを投下する環境負荷が大きな果樹生産であるため，今後は太陽光発電などの自然エネルギーを活用した栽培システムを構築する必要がある．　[**本杉日野・北島　宣**]

### ■文　献

1) Jackson, D. I. and Looney, N. E. (1999) : Temperate and Subtropical Fruit Production, Second Edition, Cabi, Oxon, pp. 7-14.
2) 農林水産省（2010）：果樹農業振興基本方針．
3) 内田哲嗣ほか（2008）：北海道立農試集報，91-95．
4) 菊池秀喜（2004）：農業技術体系　果樹編 1-Ⅱ．リンゴ，農山漁村文化協会．技 200 の 48．
5) 農林水産省（2014）：園芸用施設及び農業用廃プラスチックに関する調査（平成 20 年～21 年）．
6) 岩堀修一ほか（1991）：カンキツ総論，養賢堂．

# 7. 花芽形成と結果習性

## 7.1 果樹の芽の基本構造と種類

　果樹の芽はりん片葉（bract leaf）に包まれており，葉芽（leaf bud）と花芽（flower bud）に大きく分けることができる（図7.1）．花芽は内部に花の原基が含んでおり，萌芽して花を咲かせる芽である．葉芽は枝葉しか含まれない．花芽と葉芽は構造的には類似しており，花芽では芽内部の腋生分裂組織（葉，包葉，またはりん片葉の腋部）もしくは茎頂分裂組織（先端部）が花に分化する．一般に，花芽は大きく葉芽は小さいので，落葉果樹の場合は冬の枝を見て花芽と葉芽

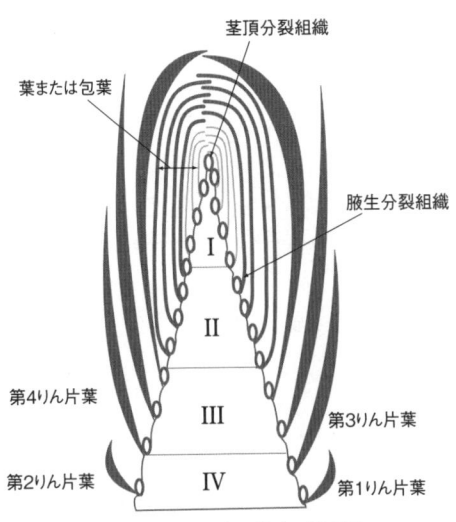

図7.1　果樹の芽の構造の概略図
果樹の種類によって異なるが，茎頂分裂組織，本葉着生部上部（I）と下部（II）の葉腋（腋生分裂組織），またはりん片葉着生部下部（IV）のりん片葉腋（腋生分裂組織）に花蕾が分化する．

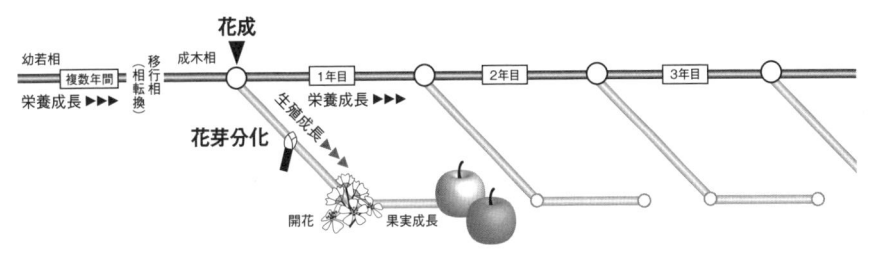

**図 7.2** 果樹のライフサイクルにおける花成と花芽分化

を区別することができるが，樹種によっては必ずしも区別が明確でないので，注意する必要がある．

## 7.2 花成（花芽の誘導）

花芽形成のプロセスは，誘導と分化に区別でき，花芽の誘導を花成（flower induction, flower initiation）とよんでいる（図 7.2）．花成は，植物体の栄養成長（vegetative growth）から生殖成長（reproductive growth）への転換を示している．一年生草本植物の場合は，その生育期間において花成が起きるのは1度のみであるが，果樹の場合は永年性作物であり，成木の果樹では栄養成長を行いながら一部で生殖成長を進行させる．すなわち，成木の果樹では毎年，形成される芽の一部が花成によって花芽になるよう成長スイッチの切り換えが起こる．花成が適切に起こることが，樹内の花芽数の確保につながる．花芽数は，着花数さらには果実収量に影響を及ぼすため，花成は果実生産を左右する最初の重要な樹体内イベントである．

## 7.3 花成が起きるための要因

### 7.3.1 樹の幼若性

果樹を種子から育てた場合（実生という），発芽後一定の年数を経過しないと最初の花成が起こらない．この最初に花成が起こるまでの期間は幼若相（幼木相，juvenile phase）あるいは幼若期間（juvenile period）とよばれ，その長さは果樹の種類によって異なる．幼若期間は栄養成長のみを行う成長段階である．実生樹は幼若期間ののち，移行相（transition phase）とよばれる過渡期を経て成木相（adult phase）に達し，花芽を形成することができるようになる．幼若相の樹では，新梢に刺が発生したり（カンキツ類，ナシ），葉の形や厚さに形態的な特

徴がみられたり，成木相の樹に比べて挿し木発根が容易であったりする．

　果樹の幼若相の期間は2～10年と比較的長く，交配による品種改良を効率よく行ううえでの時間的妨げとなっている（表7.1）．幼若相の長さは，実生個体の生育環境や実生の遺伝的背景により影響を受ける．実生樹の枝を成木相に達した樹に高接ぎしたり，わい性台木へ接ぎ木をしたりすることによって幼若相の期間を短縮することができ，リンゴ，ナシ，カキなどのように長い幼若期間を要する樹種で育種年限短縮のために利用されている．また，グレープフルーツやブンタン類などのカンキツでは，低温に遭遇した実生が数カ月齢で開花することがある．この一過性の現象は幼樹開花（precocious flowering）とよばれるが，本来の成木相に達するまでにはその後5～10年の幼若期間を要する．

　一方，果実生産に使用される苗木は一般的に接ぎ木繁殖される．たとえ幼若相にある実生を台木に用いたとしても，すでに成木相に達した樹から採取した穂木をこれに接ぐため，接ぎ木部より上部はすでに成木相である．しかし，実際には苗木の植え付け直後の数年間は花成が起こらないことが多い（図7.3）．モモ，クリ，ブドウで2～3年，リンゴ，ナシ，カキ，ウンシュウミカンで4～5年に及ぶ

表7.1 植物実生の初開花までに要する期間（幼若相の長さ）（古藤田，2007）

| 植物種 | 期間 |
|---|---|
| シロイヌナズナ | 1カ月 |
| トマト | 2～3カ月 |
| タバコ | 3カ月 |
| クリ | 3～4年 |
| 核果類 | 4～5年 |
| リンゴ | 4～8年 |
| カキ | 5～7年 |
| ナシ | 6～10年 |
| カンキツ類 | 7～10年 |
| アボカド | 15年 |
| ポプラ | 20年 |

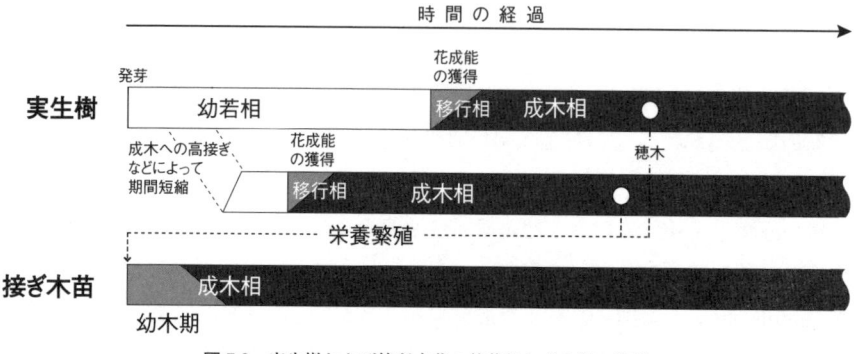

図7.3　実生樹および接ぎ木苗の幼若相と成木相の状態

この期間は，果樹栽培において幼木期（nonbearing vegetative period）とよばれ，実生の幼若相とは質的に異なる．移行相への一時的な回帰もしくは一時的な若返り（rejuvenation）現象といえる．

### 7.3.2　環　境

　果樹の花成を制御する環境要因として，光，温度，土壌水分があげられる．果樹は花成において明瞭な日長反応を示さないが，光強度の影響を強く受ける．リンゴ，ニホンナシ，カキでは遮光処理によって花芽形成率は大きく低下する．モモでは，樹冠外部に比べ光透過量の少ない内部の新梢での花芽着生率は低い．

　温度条件も果樹の花成に影響を与えるが，温度の範囲や影響の程度は果樹の種類によって異なる．ブドウでは気温と花芽形成率に正の相関があることが示されており，アメリカブドウの'デラウェア'では比較的低い温度（21〜22℃）でも花成が起きるが，ヨーロッパブドウの'マスカット・オブ・アレキサンドリア'では25℃以上の高温が花成に必要とされている．一方，ウンシュウミカンなどのカンキツでは，秋から冬にかけての気温の低下によって花成が誘導され，効果的な温度は15〜20℃とされている．オリーブやアボカド，マンゴー，レイシ，リュウガンなども一定の期間15℃以下の低温が花成を促すのに有効であることが知られている．

　適度の土壌乾燥による水分ストレスは，樹体の栄養成長を緩慢にし，花成が起こるのに好適な生理状態をもたらすとみられる．とくにカンキツ，レイシ，マンゴー，ドリアン，コーヒーなどの熱帯・亜熱帯性の常緑果樹において，土壌乾燥による水分ストレスは明らかに花成を促す要因となっている．

### 7.3.3　栄　養

　樹体の栄養状態と花成の関係は，炭水化物（C）と窒素栄養（N）のバランス（C/N率）の観点から古くより議論されてきた（C–N関係説）．樹体内において，炭水化物に対して相対的に窒素の濃度が高い状態にあると，樹は栄養成長に傾き，逆に炭水化物の濃度が高ければ，花成が起こるのに好適な状態になる．カキなどでは，樹幹や枝の基部を環状剥皮することにより，剥皮上部の炭水化物濃度を上昇させて花成を促すことができる．しかしながら，樹体内の窒素濃度が高まるような窒素施肥をすると花芽形成が優れるといった実験データなどもあり，花

成が起こる要因としての樹体内生理条件を,この関係説だけで説明することは難しいと思われる.

### 7.3.4 植物ホルモン

ほかの成長現象と同様,果樹の花成の制御には植物ホルモンが複雑に関与している.そのうちジベレリンは,多くの果樹で花成を抑制する作用をもつことが明らかとなっている.ジベレリンは発育中の果実,とくに若い種子で多く生成される.過剰に着果した樹では,果実から芽や枝にジベレリンが高濃度で拡散し,これによって花成が抑制され,翌年の着果が減少し,隔年結果(alternate bearing)を引き起こすと考えられている(図7.4,図7.5).リンゴやセイヨウナシ,カキなどで単為結果した無核果実は,有核果実に比べてこの作用が小さいといわれている.また,外部から与えたジベレリンは,さまざまな種類の果樹で花成を著しく抑制する.逆に,ジベレリンの生合成阻害剤(CCC,ビーナイン,パクロブトラゾール)を処理すると,栄養成長が抑制され,花成が促進される.

一方で,サイトカイニンは花成に対して促進的に働くと考えられている.ブドウやリンゴにおいて外部から合成サイトカイニンを処理すると,花芽形成が促進されることが観察されている.またニホンナシにおいては,新梢の誘引を行うことでその枝の花芽形成率が上昇することが知られている(図7.6).これは誘引により枝の先端(頂芽)でのオーキシン(IAA)生産量が減少し,基部方向へのオーキシン移動量が低下することにより,枝の側部(腋芽)でのサイトカイニンのレベルが逆に上昇し,花成に好適な生理条件が生じるためと考えられている.

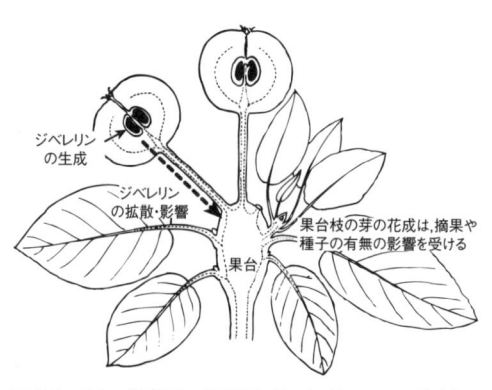

図7.4 リンゴ短果枝の横断面(Luckwill, 1970, 改変)

## 7.3 花成が起きるための要因

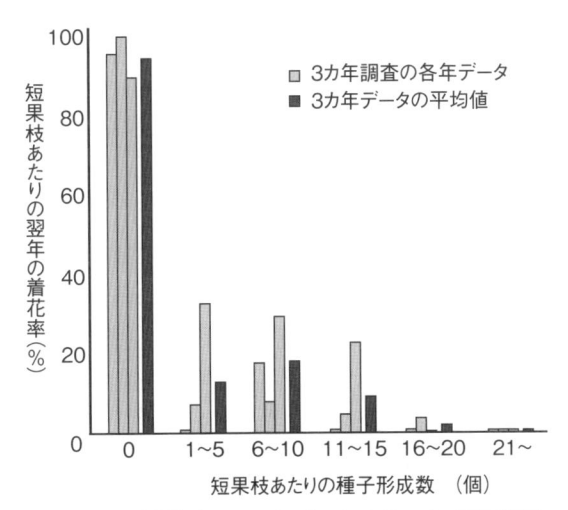

図 7.5 リンゴ品種'Spencer Seedless'を用いて，単為結果した無核果実または人工授粉による有核果実をそれぞれ着果された短果枝上での花芽形成率（翌年の着花率）の調査（Chan and Cain, 1967, 改変）

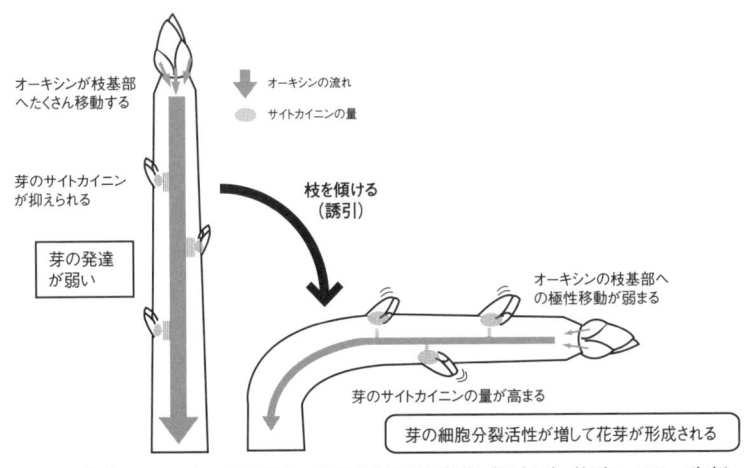

図 7.6 誘引によるニホンナシ側芽の花芽着生率増加機構（概念図）（伊東, 1999, 改変）

　ほかの植物ホルモンの花成への関与もさまざまにあると考えられるが，植物ホルモンのシグナル伝達（植物ホルモン間のクロストーク）に関する詳細な解明が待たれる段階である．最近リンゴなどでは，ジャスモン酸と同じオキシリピンに属する化合物である 9,10-α-ケトールリノレン酸（9,10-ketol-octadecadienoic acid：KODA）が花成に影響を与えることが報告されており，今後，花成を調節する新たな植物ホルモンの発見や合成の成長調節物質（植物生育調整剤）の開発も期待される．

### 7.3.5 花成関連遺伝子の発現

1990年代以降，分子生物学と遺伝学の手法を用いて植物の花成のメカニズムを解明する研究が大きく進展し，花成にかかわる遺伝子が数多く解明された．モデル植物における研究成果を応用する形で果樹でも花成関連遺伝子の研究が進んでいる．中でも *FT* 遺伝子は，Chailakhjan（1937）が提唱した花成ホルモン "florigen（フロリゲン）" の正体であるとして注目されている遺伝子であり，さまざまな果樹でその遺伝子の解析が行われている．

*FT* 遺伝子の発現量や発現変化は，花成の起こりやすさや花成が起こるタイミングと関係しており，カンキツでは翌年の着花数を予測するのに枝中の *FT* 遺伝子の発現量を指標にできることが提案されている．またいくつかの果樹では，遺伝子組換え技術やウイルスベクター技術によって *FT* 遺伝子を樹体内で高発現させることで，花成を劇的に促進できることが示されている．長い幼若相がある果樹において，この劇的な花成促進効果は交雑育種計画の時間短縮に大いに役立つものとして期待されている．しかしながら，*FT* 遺伝子はその種類（塩基配列の違い）や植物種によって作用の仕方や効力に違いがみられる．また，*FT* 遺伝子と構造が類似しているが花成を抑制する作用のある *TFL1* 遺伝子という遺伝子も見つかっており，その発現や機能についても研究が進められている．現時点で，

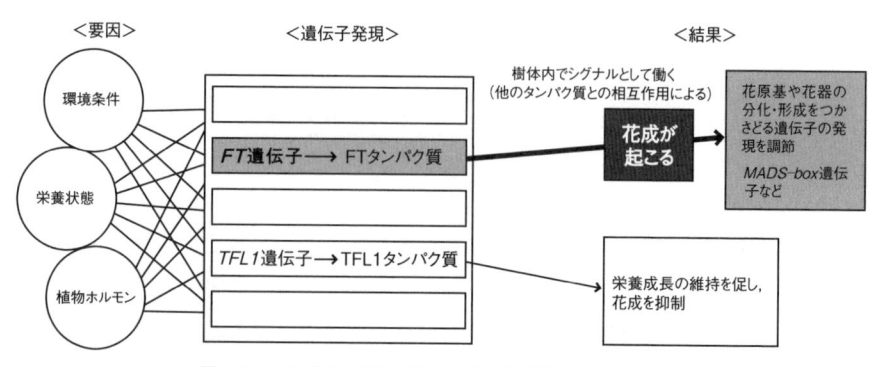

図7.7 さまざまな要因を統合し花成を制御する分子モデル

これら遺伝子の発現や作用は，生育環境条件や樹体の栄養状態，植物ホルモンなど，さまざまな要因を統合して花成を最終的に制御する役割を担っていると考えられている（図7.7）．

## 7.4 花芽分化

花芽の誘導段階である花成が起こると，芽内部の茎頂の成長の規則性に変化が生じ，形態的変化，すなわち分化が開始する．この形態的変化の進行段階を花芽分化（flower differentiation）とよんでいる．花成は形態的に観察することが困難な樹体内の生理的変化であるが，花芽分化は実体顕微鏡や走査形電子顕微鏡などを用いて観察すれば，組織や器官の著しい形態変化をみてとれるドラマチックな発達段階である．果実生産において，花芽形成の良否は果実収量や品質に影響する条件であり，花芽分化において正常で充実した花が花芽の中に形成されることが重要である．

### 7.4.1 花芽分化における形態変化

花成が起こると，茎頂はこれまでの規則的な茎葉形成をやめて，肥厚して扁平あるいは半球状（ドーム状）の形に変化し始める．このときをもって花芽分化の開始（花芽分化開始期）とすることができるが，植物ホルモンの処理や環境条件の影響を受けやすい段階であり，果樹の種類によっては生理的分化期とよばれることもある．これに続いて，花や花序を形作る分化が起こる（形態的分化期）．ドーム状に肥厚した茎頂は，直接全体が花原基（flower meristem）に変化するか，もしくは花序分裂組織（inflorescence meristem）となり，花序を構築しながら複数の花原基を形成するものもある．果樹の種類によって分化の仕方や速度は大きく異なる．花原基における各花器の原基は，がく片，花弁，雄ずい，雌ずいの順に形成される（図7.8）．

### 7.4.2 花芽分化の時期

多くの落葉果樹では6月下旬から9月にかけて花芽分化が開始する（図7.9）．同一樹内でも，芽の着生位置により花芽分化開始期には幅がある．新梢の成長停止時期と関係しており，ナシなどでは長果枝に比べ新梢伸長が早く停止する短果枝の方が花芽分化の開始が早く，花器の分化も早い．

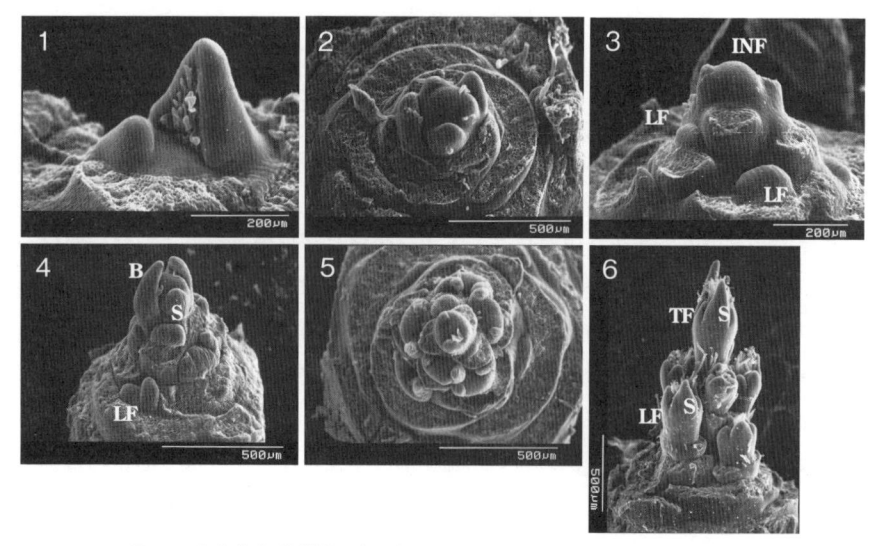

**図7.8** 走査型電子顕微鏡でとらえたニホンナシの花芽分化における形態変化
1) 未分化の茎頂分裂組織, 2) 花芽分化開始期, 3) 側花原基の形成, 4) 頂花原基の形成, 5) すべての花原基の形成が完了した時点での花序上面からの写真, 6) 花器の分化期.
LF：側花（花原基）, INF：花序分裂組織, B：苞葉, S：がく片, TF：頂花.

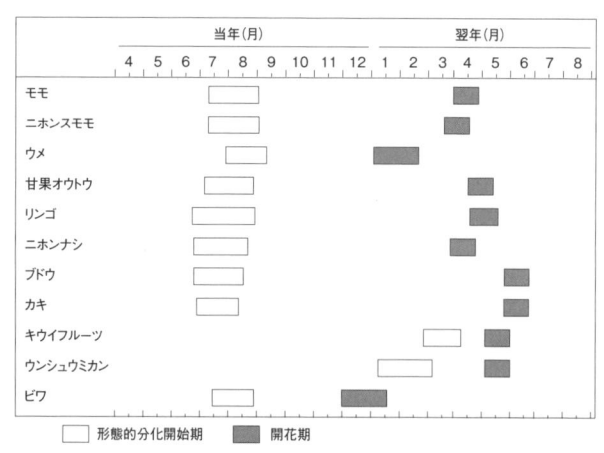

**図7.9** おもな果樹の形態的花芽分化開始期と開花期

## 7.4.3 花芽における形態異常の発生

果樹の種類によっては，花芽分化時の形態異常がその後の果実生産の収量や品質に影響を及ぼす場合がある．たとえば甘果オウトウの'佐藤錦'や'ナポレオ

ン'では，1花中に2本の雌ずい（double pistils）が形成され，これらがともに結実すると双子果とよばれる異常果となる．この原因は，花芽分化時における雌ずい分化期前後の高温遭遇が原因とみられており，夏季に高温に見舞われた翌年や，直射光が当たった結果枝で分化した花芽において発生が多い．

## 7.5 花芽の種類と花芽が着生する枝の名称

### 7.5.1 混合花芽

芽の中に花原基と葉枝も含まれているものを混合花芽（mixed bud）とよぶ．さらに混合花芽には，リンゴ，ナシ，マルメロ，カンキツ類などのように萌芽したときに葉枝の先端に花をつけるタイプと，カキ，クリ，キウイフルーツ，オリーブなどのように葉腋に花をつけるタイプの2通りがある．

### 7.5.2 純正花芽

芽の中に花の原基のみが含まれるものを純正花芽（unmixed flower bud）とよぶ．花芽が萌芽したときには花だけが咲き，枝葉を含まない．モモ，スモモ，オウトウ，ウメ，ビワ，ブルーベリー，イチジクなどの花芽が純正花芽である．

### 7.5.3 結果枝

果実が着生する前年枝を結果枝（bearing shoot, bearing branch）とよぶ．果樹の種類によって違いはあるが，おおよそ30 cm以上の結果枝を長果枝，10〜30 cm程度のものを中果枝，10 cm以下のものを短果枝（spur）としている．モモ，ウメ，オウトウなどでは，純正花芽が形成されるので前年枝に直接果実が着生する．リンゴやナシでは混合花芽が形成されるが，萌芽したときに葉枝の先端に花をつけるタイプであり，葉枝が短いため前年枝に着生しているように見える．

### 7.5.4 結果母枝

混合花芽が萌芽して新梢（結果枝）がある程度伸長したところに果実が着生するカンキツ類，ブドウ，カキ，クリ，キウイフルーツなどでは，その混合花芽が形成される前年枝を結果母枝（fruiting mother shoot）とよぶ．つまりこれらの果樹では，結果枝は当年の新梢であり，結果枝を出す前年枝は結果母枝とな

## 7.6 結果習性

伸長した枝において花芽が形成される位置と，花芽が発達して開花結実した際の花・果実の着生特性を結果習性（bearing habit, fruiting habit）とよぶ（図7.10，表7.2）．果樹の種類によって結果習性は異なるため，この習性を理解した

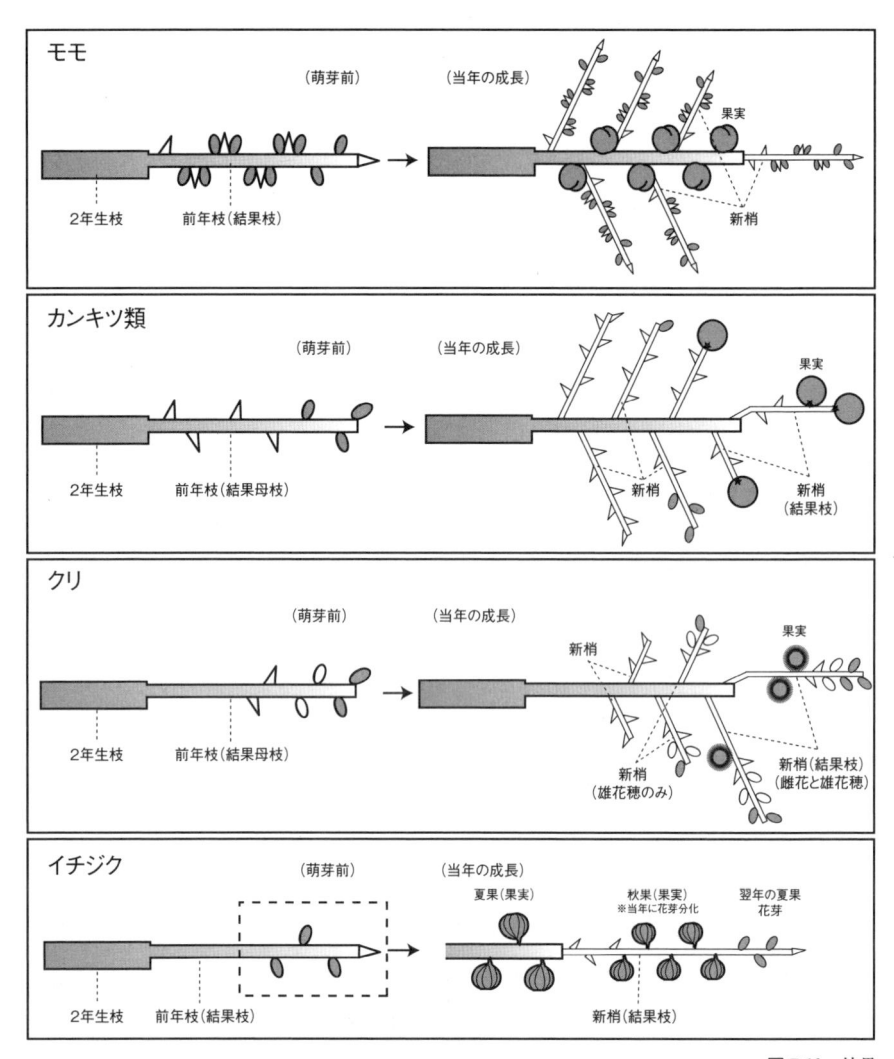

図 7.10 結果

## 7.6 結果習性

うえでの栽培管理が必要である．枝のどの部分に花芽が形成されるのかを考慮せずにせん定を行うと，果実生産に最も大切な花芽を切除してしまうおそれがある．

伸長した枝の先端の芽（頂芽）が花芽になる場合を頂生花芽とよび，頂芽およびそれに近い腋芽が花芽になる場合を頂腋生花芽とよぶ．また，伸長した枝の葉腋に形成される花芽を腋生花芽とよぶ．枝のどの位置の芽が花芽になるかは果樹

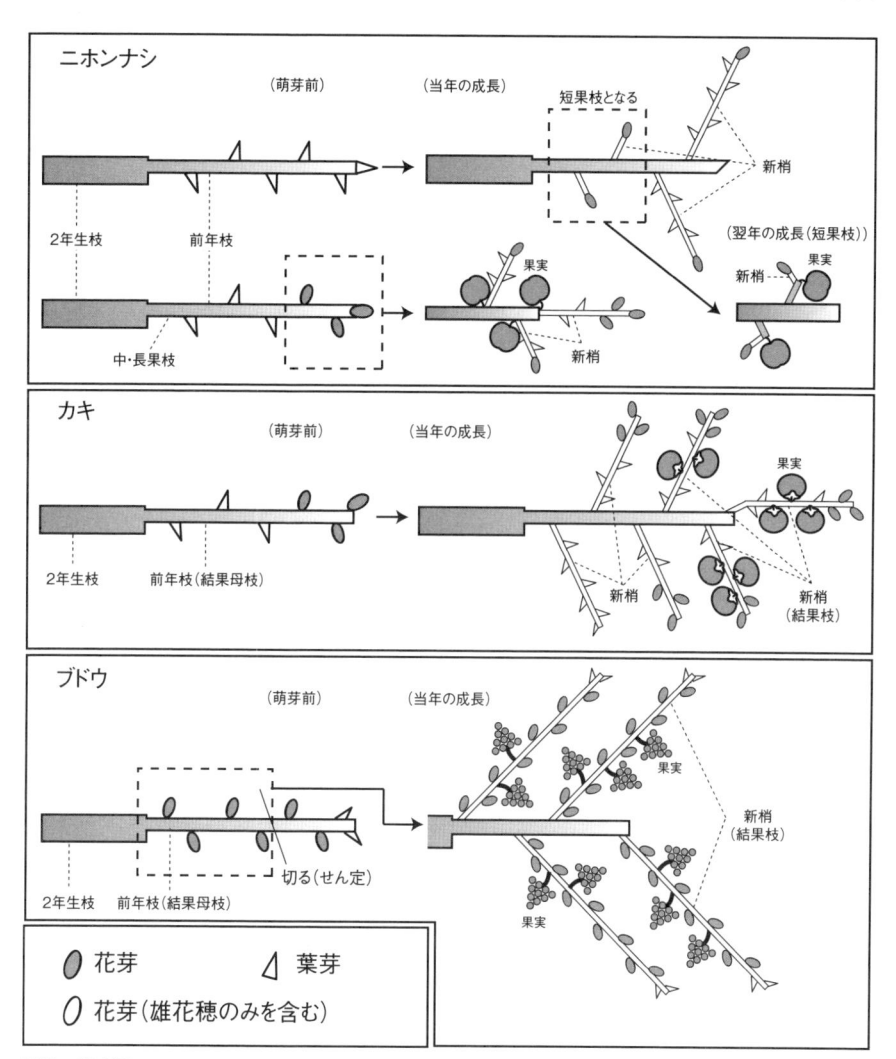

習性の模式図

表7.2 果樹の結果習性の分類（花芽の種類と着生位置）（杉浦ら（1991），水谷ら（2001），伴野ら（2013）を改変）

|  |  | 花芽の種類 | | |
|---|---|---|---|---|
|  |  | 純正花芽 | 混合花芽（I） | 混合花芽（II） |
|  |  |  | 葉枝の先端に花をつける | 葉腋に花をつける |
| 花芽の着生する位置 | 頂生花芽（枝の頂芽が花芽となる） | ビワ | リンゴの中・短果枝 ナシの中・短果枝 | アボカド |
| | 頂腋生花芽（枝の頂芽といくつかの腋芽が花芽となる） | マンゴー（ブルーベリー） | リンゴの長・中果枝 ナシの長・中果枝（カンキツ類） | オリーブ（カキ）（クリ）（キウイフルーツ） |
| | 腋生花芽（枝の腋芽が花芽となる，りん片葉腋生花芽を含む） | モモ スモモ ウメ オウトウ ブルーベリー[*1] イチジク[*3] キンカン | カンキツ類[*1] ブドウ[*2] キイチゴ | カキ[*1] クリ[*1] キウイフルーツ[*1]（ブドウ）（イチジク） |
| 果実の着生状態 | | 前年枝に着果，または着果したように見える | 新梢に着果，ただし枝葉の短い場合には前年枝に着果したように見える | 新梢に着果 |

\*1：ブルーベリー，カンキツ類，カキ，クリ，キウイフルーツは自己せん定（shoot tip abortion）した前年枝の先端数芽が花芽になることから，外見上は頂腋生花芽に似ている．先端の腋芽は充実して擬頂芽（pseudoterminal bud）となる．
\*2：ブドウの新梢では，植物形態学的には葉枝の先端に花（花穂）をつけていること（混合花芽（I））になるが，外観的には混合花芽（II）に似ている．
\*3：イチジクでは，前年枝の腋芽が夏果の花芽（純正花芽）となっているが，前年枝の頂芽は萌芽して伸長しながら葉腋に秋果の花芽を形成していくことから，その頂芽については混合花芽（II）に似ている．

の種類によって異なっている．

　モモ：長・中果枝では葉腋のほとんどに複芽の花芽がつき，頂芽は葉芽となる．短果枝では葉芽は頂芽のみとなり，腋生花芽はすべて単芽となる場合が多い．

　ウメ：モモと似ているが，弱い短果枝では頂芽がなくすべて花芽となることがある．

　オウトウ：結果枝の基部に単芽の腋生花芽がつき，結果枝の頂芽は葉芽である．花束状短果枝では頂芽の葉芽の下に単芽の花芽が密生する．

ニホンナシ：長果枝，中果枝，短果枝の頂芽が花芽となる．長果枝型の品種（'幸水' など）では長果枝の頂芽から中間部までの腋芽が花芽となる頂腋生花芽を示す．

リンゴ：ナシと同じく長果枝，中果枝，短果枝の頂芽が花芽となる．品種によっては長・中果枝に腋生花芽が多数つく．

カンキツ類：発育枝の先端部の数芽が花芽となり，有葉花または葉が発達しない直花になる．果実がついている枝（果梗枝）には花芽がつかない．

カキ：伸長した枝の充実した先端から数芽が雌花をもつ花芽となり，結果母枝ができる．

クリ：伸長した枝の先端部の腋芽が花芽となり，結果母枝ができる．雌花（帯雌花穂）は先端の1～3芽の新梢にしかつかない．

ブドウ：伸長した枝の腋芽が混合花芽となり，結果母枝ができる．

イチジク：伸長した枝の腋芽が純正花芽となり，結果枝ができる． ［江角智也］

## ■文　献

1) 若菜　章，片岡郁雄（2002）：最新果樹園芸学（水谷房雄ほか），pp.146-149，pp.157-163，朝倉書店．
2) 山下研介（1991）：新果樹園芸学（杉浦　明ほか），pp.138-143，朝倉書店．
3) 古藤田信博（2007）：園芸生理学（山木昭平編），pp.61-65，文永堂出版．
4) 伴野　潔・山田　寿・平　智（2013）：農学基礎シリーズ　果樹園芸学の基礎，pp.105-108，農山漁村文化協会．
5) 米森敬三，杉浦　明（1996）：日本ブドウ学（中川昌一監修，堀内昭作・松井弘之編），pp.155-167，養賢堂．
6) 杉浦　明（1991）：新編果樹園芸ハンドブック（杉浦　明編），pp.24-29，養賢堂．
7) Luckwill, L. C. and Cutting, C. V.（1970）: Physiology of Tree Crops, Academic Press, London.
8) Faust, M.（1989）: Physiology of Temperate Zone Fruit Trees, John Wiley & Sons, New York.
9) Ito, A. *et al.*（1999）: *HortScience*, **34**, 1224-1228.
10) Kittikorn, M. *et al.*（2010）: *Sci. Hortic.*, **124**, 225-230.
11) 西川美美恵（2014）：最新農業技術　果樹，Vol.7，pp.301-306，農山漁村文化協会．
12) Yamagishi, N. *et al.*（2011）: *Plant Mol. Biol.*, **75**, 193-204.
13) Esumi, T. *et al.*（2007）: *J. Japan. Soc. Hort. Sci.*, **76**, 210-216.
14) 別府賢治（2000）：京都大学学位論文．

# 8. 受精と結実

## 8.1 受精による種子形成と結実

　果樹の多くの種類・品種では，開花後受粉・受精が行われ胚（種子）が発達することにより，果実は樹に着生した状態を保ち発育することができる．したがって，結実の確保には受粉・受精の過程と条件について理解しておくことが必要である．

### 8.1.1 開花前の花器の発達

　芽に形成された花芽の原基は，萌芽とともにさらに発達して花蕾となり，やがて開花する．落葉果樹のうちリンゴ，ナシ，モモなどでは，夏に花芽分化を開始して秋までにはほぼ花器の各器官を形成するが，カキなどでは花弁形成頃に冬を迎え，翌春に花器の各器官の分化が進む．いずれの場合も，花粉（pollen）と胚珠（ovule）は翌春の発芽以降に分化し，開花前後に完成する．

　被子植物に分類される果樹の花粉は，葯の内壁の胞原細胞から発生する花粉母細胞（pollen mother cell）が，減数分裂（meiosis）を経て，4個の花粉を形成する（図8.1）．また胚珠は，単一あるいは複数の心皮（carpel）の融合によって形成されている子房（ovary）の子室（locule）内に形成される．果樹の種類によって子房を形成する心皮の数は異なる．胚珠は萌芽期以降急速に発達し，珠心（nucellar）を珠皮（integument）が包み込んだ構造で，一方が溝状に開いて珠孔（micropyle）となる．珠心の中央あるいは珠孔より胚のう（embryo sac）が形成される．胚のうには胚のう母細胞（embryo sac mother cell）があり，花粉母細胞と同様に減数分裂を経て4個の細胞になる．この4個の細胞のうち1個（大胞子）が3回の核分裂を経て，1個の卵細胞と2個の極核（中央細胞の核），2個の助細胞と3個の反足細胞に発育する．裸子植物の果樹における花器の発達は，被子植物の花器の発達とは異なる．イチョウなどでは，せん毛をもつ雄性配偶子

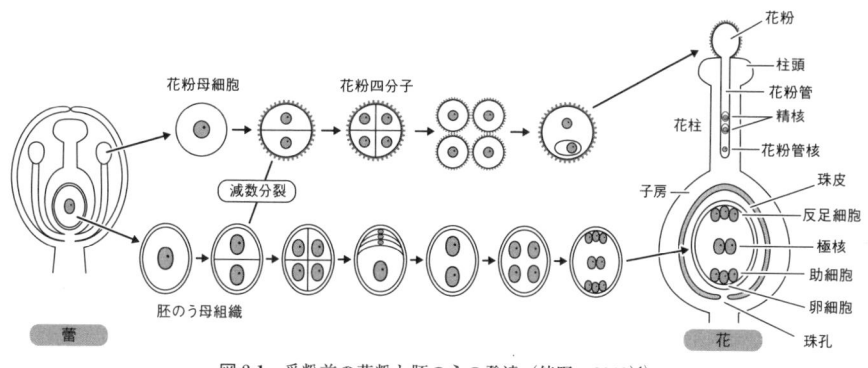

図 8.1 受粉前の花粉と胚のうの発達（伴野，2013）[1]

（精子）が形成され，また胚のう細胞（大胞子）からは造卵器が形成される．

胚のうの発達と完成の時期は果樹の種類によって異なり，ブドウやカキでは開花2～4日前には完成しているが，カンキツやオウトウ，スモモでは開花2～3日後，モモでは5日後と遅い．高温や低温，樹体栄養条件などさまざまな要因で胚のうの発達異常が生じ，着果率の低下をまねくことがある．

## 8.1.2 受粉と受精の仕組み

開花すると，乾燥によって葯は裂開し（開葯），花粉が出てくる．花粉は，風や訪花昆虫によって柱頭（stigma）に運ばれて着床し，発芽する．風や訪花昆虫による受粉が十分でない場合には，安定した果実生産のため人工受粉を行う．柱頭上に受粉した花粉は，乳頭細胞から分泌される粘液の養水分を吸収して発芽し，花粉管（pollen tube）を伸ばす．花粉の発芽と花粉管の伸長は温度に大きく影響され，花粉発芽と花粉管伸長の適温は果樹の種類によって異なる．花粉管は，花柱内の誘導組織（transmitting tissue）や花柱溝（style canal）にそって伸長し，やがて子室に達し珠孔を通過する．花粉管内の二つの精核のうち，一つは卵細胞と，もう一つは融合した極核と合体して受精（fertilization）が完了する．受精した卵細胞は分裂し，胚（embryo）へと分化する．また，精核と融合した極核は胚乳（endosperm）へと発達する．このように，リンゴ，ナシ，モモなど，多くの被子植物の果樹では重複受精が行われる．一方，イチョウやナツメヤシなど，裸子植物の果樹では卵細胞は精細胞（精子）と受精するが，胚乳をつくる核は受精しない．したがって，被子植物の核相は胚が$2n$，胚乳が$3n$であるの

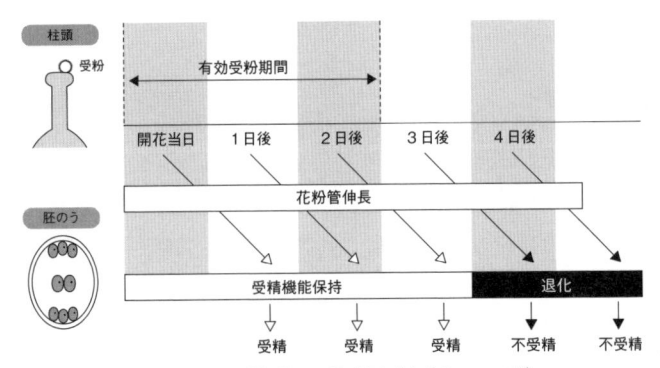

**図 8.2　有効受粉期間の模式図（水谷ら，2002）[2]**
開花3日以降に受粉した場合，花粉管が胚のうに達したときには胚のうはすでに退化しているので，受粉の可能性はない．

に対し，裸子植物では胚が $2n$，胚乳（一次胚乳）が $n$ である．

　開花後日数がたつと，柱頭は花粉を受容することが困難となる．また開花時には完成していなかった胚のうは，完成後，数日で退化を始める．したがって，柱頭の機能が保持されている間に受粉し，胚のうの機能が保持されている間に花粉管が胚のうに達しなければ受精の機会は失われる．受精が可能な開花後の期間を有効受粉期間（effective pollination period）といい，通常は2〜5日であるが，環境や樹の栄養状態により変動する（図 8.2）．多くの果樹で花粉管の伸長は 25℃前後で活発となり，低温では抑制される．一方，胚のうの生存は比較的低温で長く維持され，高温では退化が早い．また胚のうの生存期間は，秋季の窒素施用により延びるが，ホウ素の欠乏により短縮される．

## 8.2　受精に影響する要因

　果樹の種類によっては，遺伝的な要因や生理的な要因のために，開花しても受精しないため種子が形成されず，結実しないことがある．これには，遺伝的要因と生理的条件が相互に関係している．

### 8.2.1　雌雄性と雌雄異熟性

　植物の性表現は，花のレベル，個体のレベル，そして種のレベルで定義することができる．果樹の多くは両性花を着生するが，雌雄異株（dioecy）の果樹（キウイフルーツ，ヤマモモ，ヤマブドウ）や雌雄同株（monoecy）で雌雄異花の果

## 8.2 受精に影響する要因

樹(クリ,クルミ,カキ)もある.結実には,雄花を着生する受粉樹の混植や雄花と雌花の着生量比が適切であり,かつ開花時期が同調していることが重要である.植物の雌雄性(sexuality)に関する研究は,動物の性表現に関する研究と比較して遅れていたが,最近ではパパイヤやキウイフルーツ,カキの雌雄性を決定する染色体領域の解析が進んでおり,いずれも雄ヘテロ型の性決定様式をもつことが明らかになっている.

アボカドやチェリモヤなどでは両性花を着生するが,雌雄器官の成熟時期が異なり,雌ずいが花粉を受容できる期間と雄ずいの花粉放出の時期がずれる.これは植物が自殖を避けて他殖を促し,遺伝的多様性を維持するために発達させてきた機構であり,雌雄異熟性(dichogamy)とよばれている.受精を確実に行い,効率的な果実生産を行う果樹栽培の場面では十分に注意しなければならない現象である.

### 8.2.2 不和合性

モモやブドウ,クルミなど多くの果樹の品種は,自己花粉による自家受粉(self-pollination)によって結実する.この性質は自家和合性(self-compatibility)とよばれているが,これらの果樹では他品種の花粉による他家受粉(cross-pollination)によっても結実する.一方,果樹の種類や品種によっては,花粉,胚のうともに正常な形態と機能をもっているにもかかわらず,自家受粉によっては受精できない自家不和合性(self-incompatibility)を示すものもある.リンゴやナシ,オウトウやスモモなどバラ科の果樹の多くの品種が自家不和合性であり,自家結実しない.これらの果樹では,組み合わせによってはほかの品種の花粉でも受粉しない交雑不和合性も示すので,受粉樹を選ぶ際には注意が必要である.バラ科以外の果樹でも,オリーブやカカオ,ゴレンシなど,多くの果樹で自家不和合性の存在が知られている.自家不和合性は,前述の雌雄性や雌雄異熟性と同様に植物が自殖を避けて他殖を促し,遺伝的多様性を維持するために発達させてきた機構であるが,果樹栽培の場面では種子形成と結実にかかわる問題であるので,十分に注意しなければならない.

果樹類の自家不和合性の中で,分子レベルで研究が精力的に進められているのがバラ科果樹の示す配偶体型自家不和合性(gametophytic self-incompatibility)である.バラ科果樹の自家不和合性は,古典遺伝学的には自家不和合性($S$)遺

## 8. 受精と結実

サクラ属　SLFL3 — SLFL1 — **S-RNase** — SFB — SLFL2
　　　　　　　　　　　　　S遺伝子座

リンゴ・ナシ　FBX1 — FBX2 — **S-RNase** — FBX3 — Other-FBX
　　　　　　　　　　　　　　S遺伝子座

■ 雌ずいS遺伝子　　● 花粉S遺伝子　　○ 花粉で発現するF-box遺伝子

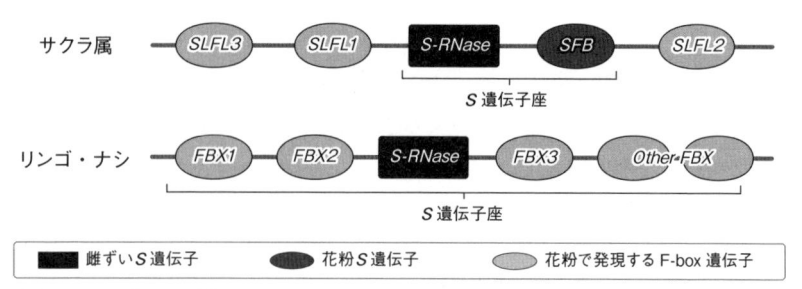

**図8.3** バラ科サクラ属およびリンゴとナシのS遺伝子座の模式図（Tao and Iezzoni, 2010）[3]

伝子座（S locus）に座乗した複対立遺伝子を想定し，同じS遺伝子型の品種間の受粉で不和合性反応が生じるとするとうまく説明ができる．しかしながら，実際S遺伝子座には，雌ずい側と花粉側の不和合性の特異性をそれぞれ決定する雌ずいS遺伝子と花粉S遺伝子の2種類の遺伝子が，組換えが生じないほど強く連鎖して存在していることが明らかになっている（図8.3）．雌ずいS遺伝子と花粉S遺伝子の組み合わせによって不和合性反応の特異性が決定されているので，最近ではこれらの遺伝子の組み合わせをSハプロタイプとよぶ．バラ科サクラ属の核果類では，雌ずいS遺伝子はRNA分解酵素（*S-RNase*）遺伝子であり，花粉S遺伝子はSハプロタイプ特異的F-box遺伝子（*SFB*）であることが明らかにされている．リンゴやナシの雌ずいS遺伝子も同様に*S-RNase*であることが示されているが，花粉S遺伝子については候補となるF-box遺伝子がいくつか単離されてはいるものの，その中のどの遺伝子が花粉S遺伝子なのか，あるいはそのいずれもが花粉S遺伝子として機能するのかは明らかにされていない．

　自家不和合性を示す果樹では，同じSハプロタイプの品種間の交雑時には不和合性反応が生じるので，受粉樹の選択にはSハプロタイプが同じ品種によって構成されている交雑不和合群を考慮する必要がある（表8.1）．従来，各品種のSハプロタイプは交雑と花粉管伸長試験によって決定されてきたが，現在では雌ずいS遺伝子あるいは花粉S遺伝子のDNA分析により，Sハプロタイプを迅速に，かつ開花時期にとらわれず一年中いつでも決定することが可能になっている．

　核果類では*S-RNase*あるいは*SFB*のいずれかの変異によって，自家和合化することが明らかになっている．たとえば，ウメの自家和合性品種では*SFB*に変

表 8.1 オウトウの不和合群の分類（Yamane and Tao, 2009）[4]

| 不和合群 | S 遺伝子型 | 品種 |
|---|---|---|
| I | $S^1\ S^2$ | Early Rivers, Summit |
| II | $S^1\ S^3$ | Gil Peck, Van |
| III | $S^3\ S^4$ | ビング, ナポレオン |
| IV | $S^2\ S^3$ | Sue, Velvet |
| V | $S^4\ S^5$ | Late Black Bigarreau, Turkey Heart |
| VI | $S^3\ S^6$ | 佐藤錦, Governor Wood |
| VII | $S^3\ S^5$ | Hedelfingen, Nadino |
| VIII | $S^2\ S^5$ | Vista, Malling Black Eagle |
| IX | $S^1\ S^4$ | レーニア, 大正錦 |
| X | $S^6\ S^9$ | Lyons, Jaboulay Bigarreau |
| XI | $S^2\ S^7$ | Hinode, Guigne d'Annonay |
| XII | $S^6\ S^{13}$ | Noble, Turca |
| XIII | $S^2\ S^4$ | Schmidt, Sam |
| XIV | $S^1\ S^5$ | Seneca, Alma |
| XV | $S^5\ S^6$ | Colney, Erianne |
| XVI | $S^3\ S^9$ | Burlat, Moreau |
| XVII | $S^4\ S^6$ | 紅秀峰, 香夏錦, Merton Glory |
| XVIII | $S^1\ S^9$ | Smoky Dun, Norbury's Early Black |
| XIX | $S^3\ S^{13}$ | Reverchon, Wellington A |
| XX | $S^1\ S^6$ | 紅さやか, 紅てまり, 高砂 |
| XXI | $S^4\ S^9$ | Inge, Merchant |
| XXII | $S^3\ S^{12}$ | Schneiders, Princess |
| XXIII | $S^3\ S^{16}$ | Strawberry Heart, Rodmersham Seedling |
| XXIV | $S^6\ S^{12}$ | Aida, Flamentiner |
| XXV | $S^2\ S^6$ | Arcina, Great Black Delicious |
| XXVI | $S^5\ S^{13}$ | Ferbolus, Goodnestone Black |
| 和合性品種<br>（S 遺伝子変異） | $S^1\ S^{4'}$ | Lapins, Celeste, Skeena |
| | $S^3\ S^{3'}$ | 9239-1 |
| | $S^{3'}\ S^{3'}$ | JI 2434 AH |
| | $S^3\ S^{4'}$ | Stella, Sunburst, Newstar, Sonata, Sandra Rose, Sweetheart |
| | $S^{3'}\ S^4$ | JI 2434 |
| | $S^4\ S^{4'}$ | JI 2420 |
| | $S^{4'}\ S^{4'}$ | A 53 |
| | $S^{5'}\ S^6$ | Kronio |
| 和合性品種<br>（非 S 遺伝子変異） | $S^3\ S^6$ | Cristobalina |

同じ不和合群の品種どうしは交雑できない．

異があることが明らかになっている．リンゴやナシでは花粉 S 遺伝子は同定されていないが，*S-RNase* の変異によって自家和合化することが明らかになっており，ニホンナシ'二十世紀'の変異体である'おさ二十世紀'では *S-RNase* が

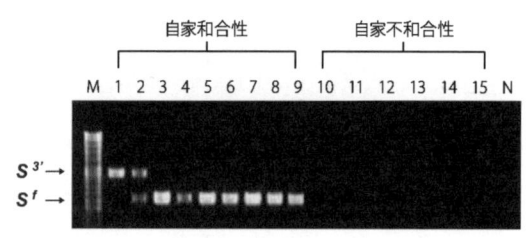

図8.4 PCRによる自家和合性の判別（Yamane et al., 2009）[5]
自家和合性のものは，$S^{3'}$あるいは$S^f$ハプロタイプのS-RNase由来のバンドの増幅がみられる．$S^{3'}$および$S^f$はいずれも変異型の自家和合性Sハプロタイプであり，これら由来のバンドが増幅するものは自家和合性であると判定される．Mは分子サイズマーカーであり，Nはネガティブコントロール．

欠失している．現在，これら変異型のS遺伝子を利用して，自家和合性品種のマーカー選抜育種が行われている（図8.4）．

## 8.3 単為結果と単為生殖

多くの果樹は，通常受粉と受精を経て果実形成を行うが，受精しないで結実することがある．こういった不受精で果実が形成される現象には，単為結果（perthenocarpy）や単為生殖（apomixis）がある（表8.2）．単為結果では，受精せずに果実が形成されるが，種子形成は行われない．一方，狭義の単為生殖とは受精せずに発芽力のある種子ができる現象（種子単為生殖, p.116参照）を指し，この場合も不受精で果実形成が行われる．広義の単為生殖は，受精なしに行われる生殖（栄養繁殖を含む）のすべてを含む．

表8.2 結実の種類と単為結果と単為生殖（中川, 1978）[6]

| 結実 (fruiting) | | | | | | |
|---|---|---|---|---|---|---|
| 受精 (fertilization) | 受精による結実 (zygotin fruiting) | | | | | 有種子 |
| | 偽単為結果 (pseudo-parthenocarpy) | | | | | 無種子 |
| 不受精 (non-fertilization) | 単為生殖による結実 (apomictic fruiting) | | | | | 有種子 |
| | 単為結果 (parthenocarpy) | 自動的 (automatic) | | | | 無種子 |
| | | 他動的 (stimulative) | 受粉の刺激 | | | |
| | | | 理化学的刺激 | 物理的 | | |
| | | | | 化学薬剤 | オーキシン | |
| | | | | | ジベレリン | |
| | | | | | サイトカイニン | |
| | | | | | そのほか | |

## 8.3.1 単為結果

　野生植物では単為結果を行うものは多くない．種の存続にとって，種子形成は非常に重要なので，単為結果は野生植物にとっては好ましい形質ではない．一方果樹についてみると，種なしの果実は利用価値が高いので，種なしの突然変異体が大切に栄養繁殖により保存されてきており，単為結果を行うものが多くみられる．単為結果は，自動的単為結果（automatic/vegetative perthenocarpy）と他動的単為結果（stimulative perthenocarpy）の2種類に大別される．また単為結果に似た現象として，偽単為結果（pseudo-parthenocarpy/stenospermocarpy）が知られている．

### a. 自動的単為結果

　受粉などの外部からの刺激なしに果実形成が行われるのが自動的単為結果であり，イチジク，カキ，ウンシュウミカン，ネーブルオレンジ，バナナ，パイナップルなど，果樹類には自動的単為結果を行うものが多い．

　カキでは，品種によって自動的単為結果力が異なることが古くより知られており，各品種の種子形成力と単為結果力の関係が整理されている．しかしながら，'富有'など単為結果力が低いとされる品種でも，一樹に着生する有種子果の種子数が少ない場合は，無種子果の着果率が上昇することが示されている．これは，果実間の養分競合により説明ができる．有種子果において無種子果よりもシンク力が強く，また種子数が増加するにつれて果実のシンク力が強くなる．このためシンク力の強い種子数が多い果実が多く存在する場合は，シンク力の弱い無種子果が選択的に落果するが，有種子果の種子数が少なくシンク力が弱い場合は，無種子果も着果するのである．

　最近では，単為結果の分子機構についても知見が得られつつある．'スペンサー・シードレス'などいくつかの種なしリンゴ品種は，花弁と雄ずいを欠き，2組のがく片と心皮をもった花を咲かせ，その後単為結果により果実を発達させる．この形質は劣性遺伝子によって支配されていることが知られていたが，分子生物学的手法を用いた近年の研究により，これら単為結果性のリンゴ品種ではシロイヌナズナにおけるABCモデルのBクラス遺伝子に相当する遺伝子に変異があり，転写阻害が生じていることが明らかになっている．この変異が単為結果性形質の獲得に関与していると考えられているが，その作用機作については不明である．

**b. 他動的単為結果**

　外部刺激によって果実形成が行われるのが他動的単為結果である．自然界で他動的単為結果を誘発する刺激としては，受精に有効でない花粉の受粉，高温や低温などの温度条件，および気象条件がある．受精をともなわない受粉によって無種子果実の着果が促進される例は，カンキツ類やブドウ，またリンゴなどで知られている．たとえば，四倍体ナツダイダイの花粉をヒュウガナツやハッサクに受粉すると無種子果実が得られることが報告されている．また自動的単為結果性を有するブドウの品種では，受粉の刺激で単為結果が著しく促進される．一方，温度や気象条件による他動的単為結果の例も知られており，ナシやリンゴは開花期に霜害を受けると単為結果することがある．またカリフォルニアにおいて'バートレット'は受粉なしで単為結果によって結果するが，これはカリフォルニア特有の気象条件のためであると考えられている．植物ホルモン処理により他動的単為結果を人為的に誘発する試みも行われており，ブドウのジベレリン処理が有名である．

　優良な無核ブドウ品種をもっていなかった日本では，ジベレリン処理による単為結果の誘発による無核ブドウの生産技術の開発が積極的に進められ，昭和30年代に有核品種である'デラウェア'の無核化に成功した．'デラウェア'のジベレリン処理では，開花2週間前と満開10日後に花房を100 ppmのジベレリンで処理する．開花前の処理によって花穂の伸長，開花や無核化が促進され，開花後の処理によって果粒肥大が促進される．開花前のジベレリン処理によって，花粉稔性が著しく低下するとともに（表8.3），開花時の胚のうの完成が遅れるため（表8.4），受精が妨げられて無核になると同時に，高濃度のジベレリンの作用によって単為結果と果実着果が促進されるものと考えられている．ジベレリン処理による無核果技術は，処理時期や処理濃度などに変更を加えることで'マスカット・ベーリーA'や'巨峰'，'ピオーネ'などの品種にも適用することが可能になっている．

　抗生物質であるストレプトマイシンによっても，ブドウ果実の無核化ができる．ストレプトマイシンは単独処理でも無核化を誘導するが，ジベレリン処理と併用すると処理適期が拡大して，処理効果が安定する．ストレプトマイシンの無核化の効果は，受精後の胚乳核の分裂を阻害することによる．この技術は，モモのセンコウ細菌病の防除に用いるストレプトマイシンが，隣接するブドウ樹に飛

表8.3 ブドウ'デラウェア'の開花前のジベレリン処理が花粉発芽に及ぼす影響 (Sugiura et al., 1966)[8]

| 処理年<br>(年) | 処理日<br>(月/日) | 無処理の開花日<br>(月/日) | 開花日までの日数<br>(日) | 発芽率 無処理 | 発芽率 GA処理 |
|---|---|---|---|---|---|
| 1962 | 5/21 | 6/2 | 12 | 16.5 | 0.0 |
| 1963 | 5/10 | 5/29 | 19 | 14.0 | 〃 |
|  | 5/15 | 〃 | 14 | 〃 | 〃 |
|  | 5/20 | 〃 | 9 | 〃 | 〃 |
|  | 5/27 | 〃 | 2 | 〃 | 6.4 |
| 1964 | 5/4 | 5/17 | 13 | 11.5 | 0.0 |
| 1965 | 5/28 | 6/5 | 8 | 14.6 | 〃 |

表8.4 ジベレリン処理花蕾における開花当日の胚のうの状態 (杉浦, 1969)[9]

| 処理日 | 花蕾数 | 胚のうの発育状態 ||||| 
|---|---|---|---|---|---|---|
|  |  | 1〜2核性 | 4核性 | 4〜8核性 | 8核性 極核合一前 | 8核性 極核合一後 |
|  |  | 全体に対する割合（%） |||||
| 満開20日前 | 80 | 26.3 | 17.5 | 45.0 | 7.5 | 3.8 |
| 〃 15日前 | 106 | 19.8 | 23.6 | 30.2 | 14.2 | 12.3 |
| 〃 10日前 | 44 | 15.9 | 27.3 | 22.7 | 15.9 | 18.2 |
| 〃 5日前 | 67 | 11.9 | 6.0 | 11.9 | 11.9 | 58.2 |
| 無処理 | 90 | 2.2 | 7.8 | 5.6 | 5.6 | 78.9 |

散して無核化したことから偶然発見され，確立された．

#### c. 偽単為結果

種なしブドウの'トムソン・シードレス'などでは，通常は受精しないと結実しない．これらの品種は健全な花粉を有するが，珠皮が異常であり，異常な胚のうを有するものも多く，子房内の四つの胚珠のうち少なくとも1個以上で受精は行われるが，その後の種子発達が異常になり停止する．このように，受精胚の発育が途中で停止して種なし果実を形成する性質を，単為結果とは厳密に区別して偽単為結果とよんでいる．

'トムソン・シードレス'などのブドウでみられる偽単為結果は，とくにstenospermocarpyとよばれていたが，現在ではこの用語が偽単為結果全般を指す専門用語として用いられるようになってきている．偽単為結果性は，カキ'平核無'やバンレイシなどでもみられ，とくにバンレイシの偽単為結果性については，最近その原因遺伝子が特定され，種なし品種育成への応用が期待されている．

### 8.3.2 単為生殖と多胚性

種子単為生殖（agamospermy）は受精によらない種子形成をいう．一般に用いられる単為生殖は，厳密には挿し木などの栄養的な生殖も含めたものである．種子単為生殖は，配偶体単為生殖と不定胚形成によるものに分けられる．リンゴ属の植物では，減数分裂を経ない配偶体からの胚形成が起こることがある．一方，カンキツ類やマンゴーに見られる不定胚は珠心細胞から発生する．カンキツの不定胚は珠孔付近の胚のうをとりまく珠心組織から形成される．

1種子中に受精胚を含めて複数の不定胚が存在することを多胚性（polyembryony）という．カンキツでは，ブンタン類のように1種子に一つの胚のみしか形成されない単胚性のものから，ウンシュウミカンのように10個以上の胚を含むものまである（図8.5）．マンゴーにも単胚性と多胚性の品種がある．

通常，珠心胚は受精胚に比べて成長が旺盛で，受精胚の発達を阻害する．このため，カンキツの交雑育種においては交雑種子の妨げとなる．一方，珠心胚より

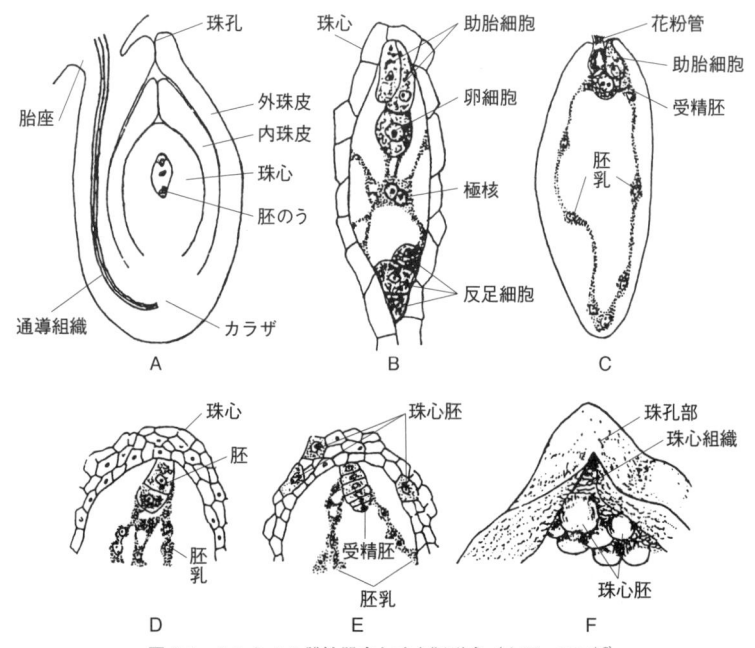

図8.5 カンキツの雌性器官と珠心胚形成（山下，1991）[7]
A：胚珠，B：胚のう，C：受精数日後の胚のう（胚乳は分裂しているが受精胚は未分裂），D：受精胚分裂開始（受精後約1カ月），E：珠心胚分裂，F：珠孔部に群生した珠心胚（開花後2カ月）．

得られた個体は成木相から幼若相に相転換しており，開花結実までの期間が接ぎ木繁殖などの栄養繁殖と比べて長くなるものの，基本的には母体と同じ遺伝子構成をもち，ウイルスフリーとなるために栄養繁殖の手段として用いることができる．しかしながら，ウンシュウミカン'宮川早生'の珠心胚実生より得られた'興津早生'や'三保早生'のように，若干の変異を生じる場合もある．

## 8.4 生理的落果

果樹において，病害虫による落果や強風などの物理的損傷による落果ではなく，生育環境や栄養条件によってもたらされる樹体の生理的変動が原因で発生する落果を生理的落果（physiological fruit drop）という．

### 8.4.1 生理的落果の様相

果樹の生理的落果の発生は，開花直後から幼果期にかけてみられる早期落果と収穫直前の後期落果（収穫前落果）に分けられる（図8.6）．早期落果は開花直後のものが多く，ブドウでは花振るい（花流れ）とよばれる．リンゴやモモ，カキなどにおいては，6月にも多くの落果が見られ，ジューン・ドロップとよばれて

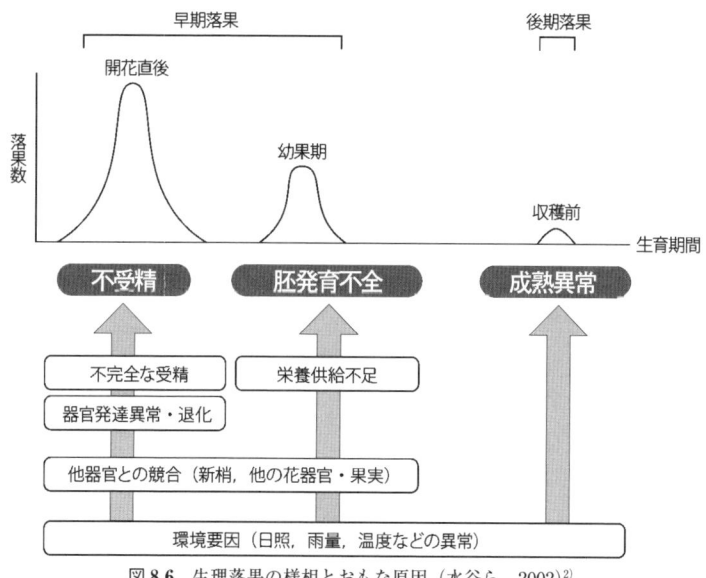

図8.6 生理落果の様相とおもな原因（水谷ら，2002）[2]

いる.

### 8.4.2 生理的落果の原因

　開花直後の生理的落果は，胚珠や胚のうの発達異常や退化，さらに受粉条件の不良などによる不受精がおもな原因となる．幼果期の落果には，果実間および果実と枝葉の間の栄養的な競合が主因となる．樹体の養分転換期までは，前年に樹体に蓄えた貯蔵養分を利用して，果実の成長と肥大，そして枝葉の生育が行われる．このため種子を含めた急激な果実発育が栄養不足と栄養的競合を招き，落果を誘導する．落果を防止して幼果の発育を促進するには，貯蔵養分を多くする管理と養分の浪費を避けて幼果への貯蔵養分の配分を多くする管理が重要である．前年のせん定が適切でなかったり，摘花や摘果が十分でなかったりすると，早期落果を招くのみならず養分転換期に枝葉の生育停滞を招くことになる．高品質の果実生産のためには，枝葉の生育が養分転換期に停滞しないように着果量を管理することも重要である．日本では，多くの果樹の幼果期が梅雨期にあたる．梅雨期には，日照不足から新葉の光合成速度が遅くなり養分供給の不足が生じ，果実間および果実と枝葉の間の競合関係は激しいものとなり，落果を招く．梅雨期までに仕上げ摘果を行っておくことが，この時期の落果を防ぐために重要である．収穫前落果は，高温や土壌乾燥，窒素過多などの条件により促進される．

### 8.4.3 生理的落果の防止

　生理的落果を軽減するためには，まず確実な受粉が必要である．複数の種子が形成される果樹の種類では，種子数の多少も生理的落果に影響する．このため，花器に障害を及ぼす凍害や栄養不足を回避することも重要である．一方，果実間の栄養的競合を軽減するためには，摘蕾や摘花，幼果の摘果が有効である．新梢の摘心や成長抑制物質の処理などによる栄養生長の抑制や環状剝皮は，果実への養分供給を増加させることで生理的落果を軽減する．逆に過剰な窒素施用は栄養成長を促し，生理的落果を助長する．リンゴなどの収穫前落果の防止には，オーキシン系の薬剤の散布が行われている．

## 8.5　隔年結果

　経営上，連年安定した果実生産が維持されることが望ましいが，ウンシュウミ

## 8.5 隔年結果

カンやカキ，リンゴのように着花量が隔年で大きく変動し，成り年または表年 (on-year) とよばれる結実の多い年と，不成り年または裏年 (off-year) ともよばれる結実の少ない年が，1年おきに繰り返される現象を隔年結果 (alternative/biennial bearing) とよぶ．隔年結果を防ぎ連年安定した生産をするためには，隔年結果の原因を理解してそれを防ぐ工夫が必要である．

### 8.5.1 隔年結果の原因

隔年結果の現象は樹体の生理的な条件や栄養的な条件によって制御されているが，気象条件の変動もしばしばその要因となる．ウンシュウミカンでは，開花から着果期の高温による異常落果，夏秋期の乾燥による樹勢の低下と過剰着果，凍害による落葉にともなう花数の減少などが隔年結果のきっかけとなる．

隔年結果を栄養面からみると，成り年は過剰に結実した果実に多くの養分が奪われるために花芽の分化と発達が抑制されて，翌年の着花数を減らす．ウンシュウミカンでは，収穫を遅らせると翌春の着花量は減少するが，晩生の品種ほどこの傾向が強く，貯蔵養分の現象が花芽の分化と発達を制限するものとみられる．カキなど果実生長期間が長い落葉果樹では，当年の果実の生長と花芽分化が並行して進むので，過剰着果させると同化養分の競合が生じ，花芽分化が抑制される．

樹体生理の面から隔年結果をみると，樹体内のジベレリン濃度の変化も隔年結果の調節にかかわっていると考えられる．発育中の果実中の種子からのジベレリンが樹体に移行すると考えられているが，単為結果のウンシュウミカンでもジベレリン濃度が上昇することから，種子のみがジベレリン上昇の原因ではないことは明らかである．植物ホルモンによる隔年結果の調節については，最近急速な発展を遂げた植物ホルモンの機器分析技術を利用して再検証する必要があるだろう．

### 8.5.2 隔年結果の防止と積極的利用

隔年結果を防止するには，摘蕾，摘花，摘果により着果量を調節し，さらに施肥管理やせん定によって総合的に樹体の生理状態を適正に保つことが必要である．適正な葉果比が各果樹で定められているので，それを参考にして着果量を調節し，また気象条件による樹体への影響も考慮して，栽培管理を行う必要があ

る．着果量および樹体の適切な管理は，生理落果や隔年結果の制御に非常に重要である．

一方，最近では'青島温州'など高糖系ウンシュウミカンの品質向上と生産安定を狙い隔年結果を防止しながら，同時に品質を向上させるための栽培体系も考案されている．この栽培体系は交互結実栽培とよばれ，園地ごとあるいは園内の樹を半数ずつに区別して，生産樹と遊休樹を作って果実生産を行い，果実品質の向上と隔年結果の制御を行う．カキ'太秋'では樹勢が低下すると雌花が減少して，雄花が増加して収量低下を招くので，これを防ぐために隔年交互結実栽培による安定生産が検討されている．　　　　　　　　　　　　　　　　　[田尾龍太郎]

■文　献
1) 伴野　潔・山田　寿・平　智（2013）：農学基礎シリーズ　果樹園芸学の基礎，農山漁村文化協会．
2) 水谷房雄ほか（2002）：最新果樹園芸学，朝倉書店．
3) Tao, R. and Iezzoni, A.（2010）: *Scientia Hort.*, **124**, 423-433.
4) Yamane, H. and Tao, R.（2009）: *J. Japan. Soc. Hort. Sci.*, **78**, 137-157.
5) Yamane, H. *et al.*（2009）: *J. Japan. Soc. Hort. Sci.*, **78**, 4-48.
6) 中川昌一（1978）：果樹園芸原論，養賢堂．
7) 山下研介（1991）：新果樹園芸学（杉浦　明ほか），pp. 138-152，朝倉書店．
8) Sugiura, A. *et al.*（1966）: *J. Japan. Soc. Hort. Sci.*, **35**, 233-241.
9) 杉浦　明（1969）：植物の化学調節，**4**, 63-67.

# 9. 果実の発育

## 9.1 栽培化と果実発育

　一般に，野生種に比べて栽培種の果実は大きい．人類が果樹類を栽培化してから可食部位が増加してきたのであり，野生種の果実と栽培種の最も大きな果実の大きさを比較すると，1000倍以上の差に達するものもある（図9.1）．その大きな要因の一つは，枝変わり，すなわち突然変異体の利用と考えられる．栽培化の歴史において，人はより大きな果実，より甘い果実を突然変異体の中から見出し，経験的に選抜し，栽培してきた．近年の近代的育種においてもその傾向がみられる．

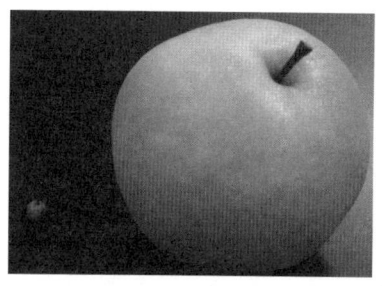

**図9.1** ナシ野生種と栽培種の果実の大きさの違い
左：野生種：マンシュウマメナシ，右：栽培種：ニホンナシ'新雪'．果樹の栽培化にともなう形質の大きな違いに果実サイズの差が認められる．

　野生種と栽培種の果実の大きさの違いは，少なくとも10以上の複数の遺伝子，すなわち量的形質遺伝子座（quantitative trait loci：QTL）によって支配されている．主要QTL遺伝子として，最初にトマトから単離された *fw2.2* 遺伝子は細胞分裂（cell division）期に発現し，細胞分裂の負の調節因子となっている．野生種においては，栽培種に比べて果実成長の初期に高い発現を示し，細胞分裂を抑制している（図9.2）．アボカドやオウトウにおいても，果実サイズへの *fw2.2* ホモログ遺伝子の関与が考えられている．しかし，果実サイズの促進または抑制に関与する遺伝子については，まだ不明な点が多い．

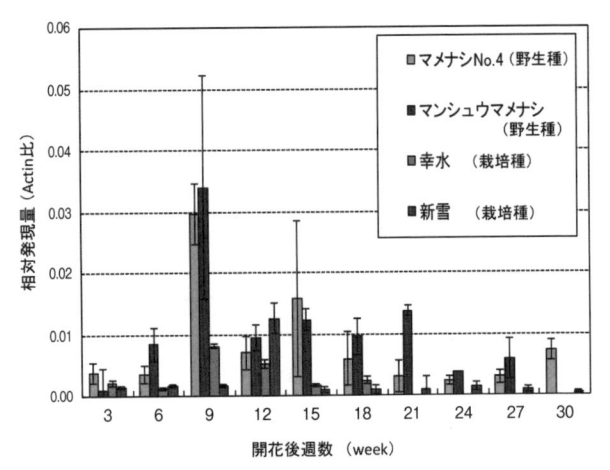

**図 9.2** ナシ野生種および栽培種における *fw2.2* 遺伝子の経時的な発現量の変化

野生種の発現量が栽培種より高く，野生種の発現のピーク時期が栽培種より早い．

## 9.2　細胞分裂と細胞肥大

　果実の大きさは，一般に果実中の（細胞数）×（細胞の大きさ）で決定される．すなわち，果実細胞の分裂と肥大（cell expansion）によって決定される．細胞分裂は開花・受精前より始まり，開花期から活発になり，果実成長の初期の段階で終了する場合が多い．細胞分裂期間は，果実の種類によって大きく異なっている．たとえば，ブドウでは開花後1～2週間，オウトウやモモのような核果類やリンゴ，カキ，ウンシュウミカンでは3～4週間，またニホンナシでは，早生品種では4～5週間，晩生品種では6～7週間となっており，種類に加えて品種によっても大きく異なる．アボカドのように収穫期まで細胞分裂が続くものや，キイチゴ類のように開花期に終了するものもある．

　果実表皮の細胞分裂は一般に遅くまで続き，果実内のすべての細胞が同時期に停止するものではなく，部位によって大きく異なる．カキ果実では，果頂部に比べてへた（がく）に近い部分の細胞の分裂は遅くまで続く．このように，果実初期成長はおもに細胞分裂による影響が大きく，細胞分裂終了後は，個々の細胞の肥大が成長の中心的役割を果たしていくことになる．

　一般に倍数性が増大すると，細胞や器官が大きくなる傾向が認められる．二倍

表 9.1　各果樹の収穫時における果肉細胞の倍数性（Chevalier *et al.*, 2011)[1]

| 果肉細胞の倍数性 | 果樹の種類 |
| --- | --- |
| 2C | リンゴ，セイヨウナシ，ブドウ，カキ，アボカド，キウィフルーツ |
| 32C | スモモ |
| 64C | オウトウ，モモ，アンズ |

体果実であるにもかかわらず，モモ，アンズ，オウトウなどの核果類の果実では，果実成長中に細胞分裂によらず染色体が数十倍になる核内倍加が起こり，細胞の倍数性の増加と細胞肥大との関連が示唆されている（表9.1）．ただ，カキ，リンゴ，ナシでは核内倍加は見られず，細胞肥大には別の要因が関与しているものと考えられる．リンゴなどでは，細胞肥大にともなって細胞間隙が発達し，収穫時には品種によって異なるが全体の容量の20〜35％を占める．細胞分裂，細胞肥大に加えて，細胞間隙の大きさも果実のサイズを決める要因の一つとなっている．

## 9.3　発育曲線

受精後，結実した果実は成熟期まで成長を続ける．開花から成熟までの期間は果樹の種類，品種によって大きく異なるが，それぞれの果実の成長を果径，新鮮重，容積といったパラメーターを縦軸とし，成長期間を横軸とすると，二つの成長パターンに分類することができる（図9.3，表9.2）．一つは単一S字型成長曲線（single sigmoid growth curve）を示すもので，ゆるやかな初期成長ののち，成長中期には著しく成長し，成熟期前になると肥大速度が鈍くなる．リンゴ，ナシ，カンキツ，ビワなどの果樹がこの成長パターンを示す．

もう一つのパターンは二重S字型成長曲線（double sigmoid growth curve）を示すもので，開花後のゆるやかな成長に続き，その後急激な肥大を示すが，途中でいったん肥大速度が鈍り，一時的な成長停滞期を迎えた後，再び成長が活発になり，成熟期前になると肥大速度が鈍くなる．このグループでは，初期の急速な肥大期を果実成長第1期，途中の成長停滞期を第2期，成熟前の肥大期を第3期として区分する．核果類のモモ，スモモ，オウトウやブドウ，イチジク，カキなどの果樹がこの成長パターンを示す．第2期の成長停滞期はブドウやカキなどでは種皮が硬化し，モモやオウトウなどの核果類では核（内果皮）がリグニン化す

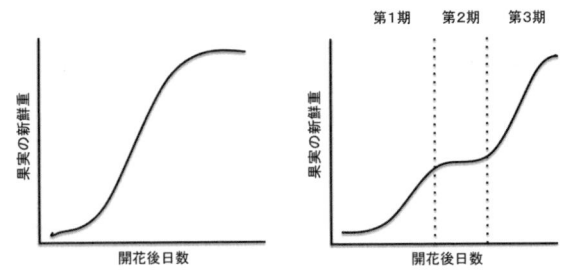

図 9.3　果実の成長曲線（左：単一S字型成長曲線，右：二重S字型成長曲線）

表 9.2　果実の成長パターンによる果樹の分類

| 単一S字型成長曲線 | リンゴ，ナシ，ビワ，カンキツ類，バナナ，パイナップル，アボカド，マンゴー，ナツメヤシ |
|---|---|
| 二重S字型成長曲線 | アンズ，イチジク，オウトウ，オリーブ，カキ，スモモ，モモ，ブドウ，ラズベリー，ブルーベリー，クロフサスグリ，ウメ |

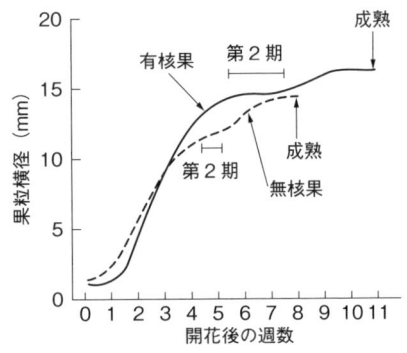

図 9.4　ジベレリン（$GA_3$）処理による無核'デラウェア'果粒と無処理の有核果粒の成長曲線（稲葉，1975）[2]
ジベレリン処理により第2期は短縮し，収穫期もかなり早くなっている．

る硬核期（stone hardening）にあたる．この時期には，種子内部の胚などが発達し，発芽可能な状態に成長する．さらにブドウやカキの無核品種やジベレリンなどで単為結果させた果実では，第2期が認められにくくなることから（図9.4），種子成長に多くの養分が奪われ，果肉に養分がまわらないことが大きな要因と考えられている．しかし，カキなどの無核果実では第2期が認められにくくなるもののなくなるわけではないので，なんらかの要因で果実への光合成産物の流入が少なくなることが関与していると思われる．

また，モモにおいては品種の熟期の早晩性について，早生，中生，晩生とも第

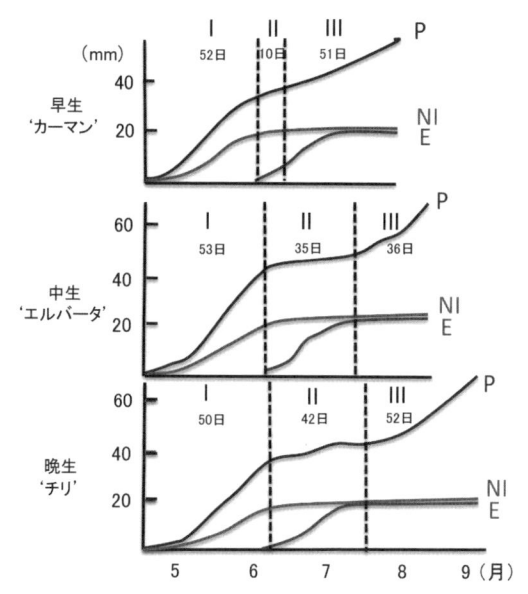

図 9.5 モモ早生，中生，晩生品種の果実，種子，胚の成長曲線 (Tukey, 1933)[3]
I：第1期，II：第2期，III：第3期，P：果実（縦径），NI：種子（縦径），E：胚（縦径）．
早生，中生，晩生で第1期の期間はほとんど変わらないが，第2期の期間の差が見られる．

1期の期間には差が認められないが，第2期の期間は大きな差異が認められ，第2期の期間の差が成熟期の早晩性の大きな要因となっている（図9.5）．

## 9.4 植物ホルモンとの関係

オーキシン，ジベレリン（GA），サイトカイニン，アブシジン酸（ABA），エチレン，ブラシノステロイド，ジャスモン酸類などの植物ホルモンは，植物組織の分化や環境応答などの重要な因子として働いている．果実の成長においても，これらのホルモンは重要な役割を担っている．

種子の存在は果実の成長に大きな影響を及ぼす．一般に，果実の大きさは種子数と関連し，種子数の多い果実ほど果実が大きい．また同じ果実の中で，種子の存在する部位は存在しない部位に比べ果肉の発達が促進され，変形果の原因となっている．その要因として，種子で生成される植物ホルモンの存在が考えられる．種子には，珠心，胚乳，胚といった組織があり，その順に発達させるが，そ

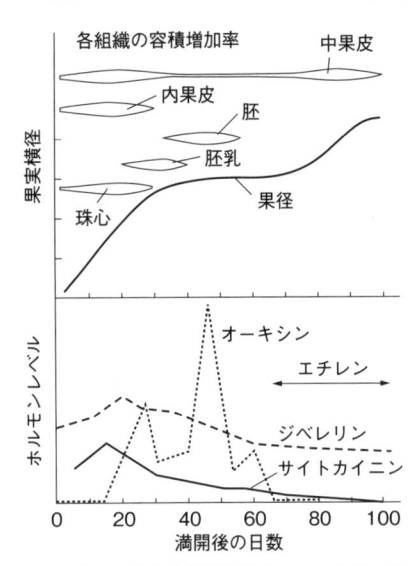

図9.6 モモ果実成長と植物ホルモン含量の経時的変化との関係（Crane, 1969）[4]

れらは植物ホルモンの生成の場であり，種子で生成される植物ホルモンが果実成長のための細胞分裂・細胞肥大を制御し，さらには光合成産物やアミノ酸などのさまざまな物質を果実に引きつける牽引力（シンク力）となっている．果実中の植物ホルモン含量を測定すると，成長初期，中期にはサイトカイニン，ジベレリン，オーキシンの含量が高く，後期になるとABAやエチレンの生成がみられることが多い（図9.6）．

外生処理として果実肥大促進に最も利用されるのはジベレリンであり，ブドウの無核果生産および果実肥大促進・熟期促進には$GA_3$が利用されている．一方，ニホンナシにおいては$GA_4$に効果が認められ，開花後40日までに$GA_4$を含むペーストを果梗に処理することによる果実肥大促進・熟期促進効果が実用化されており，果樹の種類によって利用されるジベレリンの種類が異なっている．またカキにおいては，果実成長の第2期以降に$GA_3$を処理すると果実肥大および成熟が抑制される．このように，ジベレリンの効果は樹種や処理の時期によっても影響を受ける．

サイトカイニンは，果実発育初期の細胞分裂による細胞数増大に深くかかわり，カキ，ブドウやキウイフルーツの開花期頃の子房に合成サイトカイニン（4-PU30またはCPPU）を処理することにより，細胞数増大にともなう顕著な果実肥大促進がみられると同時に熟期を遅延させる．現在，合成サイトカイニンの利用は，ブドウ，キウイフルーツ，ビワなどの果実肥大促進に利用されている．

オーキシンについては，イチゴの果托の成長には，痩果からのオーキシン供給が鍵になっていることが示されており，以降果実肥大との関連が調査され，モモでは成長第3期に上昇がみられる．一方，ブドウにおけるオーキシン処理は，第3期の開始を遅延させ成熟過程を抑制することが知られている．リンゴ，ナシ，カキ，晩生カンキツでは後期落果が見られるが，オーキシン処理が落果防止効果

をもつことが示されており，オーキシン活性を示す物質である NAA（ナフタレン酢酸），ジクロロプロップ（2,4-ジクロロフェノキシプロピオン酸），MCPB（2-メチル-4-クロロフェノキシ乳酸）が実用化されている．

　ブドウは果実成長第 3 期に ABA 含量が上昇し，果実肥大の促進と糖含量の上昇がみられる．またブドウに外生的に ABA を処理すると着色が促進されることから，ABA が後期肥大に関与していると考えられている．ジャスモン酸類によるリンゴの着色および成熟促進も実用化されている．

## 9.5　水分生理および炭水化物代謝との関係

　クリやクルミなどの種子を食料とする堅果類を除いたほかの果実では，成熟期の新鮮重の 80～90％近くは水分であり，細胞が肥大するためには，どれだけ水分を果肉細胞内に取り込むかが重要となってくる．また，細胞分裂期の果肉細胞と成熟期の果肉細胞は構造的に大きく異なっているが，その最も顕著な差は液胞（vacuole）の大きさである．果肉細胞は肥大にともない液胞を発達させ，成熟期には，細胞の容積の 90％近くが液胞で占められるようになる．この液胞は，水分だけではなく糖，有機酸を高濃度で蓄積し，さらにはアミノ酸，無機成分，色素などの二次代謝産物，貯蔵タンパク質などを蓄積する．果汁の成分はほとんどが液胞に由来すると考えられる．果実の品質は，糖度や酸度を指標とすることが多く，液胞への糖および酸の蓄積の制御が果実品質向上および果実肥大のためには必要となってくる．

　一般に果実は，発育にともない糖を蓄積していき，一方で酸は成長中期に含量が上昇し，その後成熟期にかけて低下していく．またデンプン含量も成熟期にかけて低下していき，可食適期を迎える．糖の蓄積については，リンゴやカンキツ類のように発育中徐々に蓄積するタイプと，ブドウやモモのように発育後半に急激に蓄積がみられるタイプがある．ブドウにおいては，成長第 3 期の開始点であるベレゾーン（veraison）以降，果糖およびブドウ糖含量が急激に上昇する（図 9.7）．

　果実に蓄積する糖は，ソース（source）器官である葉でつくられた光合成産物を転流（translocation）糖という形にして師部にのせ（ローディング，loading），シンク（sink）器官である果実で師部からおろす（アンローディング，unloading）ことによって蓄積していく．転流糖の形態としては，カキ，ブドウ，

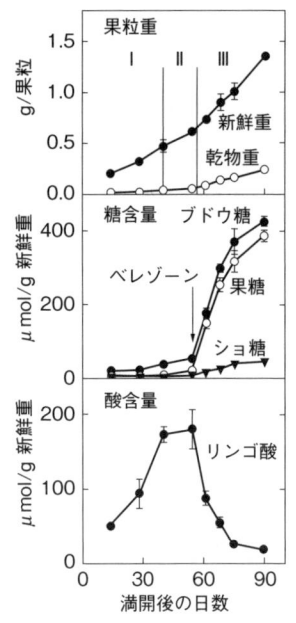

図 9.7 ブドウ'ピノ・ノワール'果粒の成長曲線と糖・酸含量の経時的変化 (Famiani et al., 2000)[5]

カンキツ類ではショ糖，リンゴ，ナシ，モモなどのバラ科果樹では糖アルコールでのソルビトールである．

転流糖のローディングとアンローディングの経路には，シンプラスト（symplast）経由による場合とアポプラスト（apoplast）経由による場合の2通りが存在する．シンプラスト経由におけるローディングは，転流糖が葉肉細胞から伴細胞，そして師管まで原形質連絡（plasmodesmata）を通って移動する経路であり，アポプラスト経由では，転流糖は一旦細胞壁外に出たのち，ふたたび伴細胞や師管に取り込まれる．ローディングの際，シンプラスト経由あるいはアポプラスト経由どちらの経路をとるかについては，転流糖の形態と関係があり，ショ糖およびソルビトール転流型の果樹ではアポプラスト経由（図 9.8），オリゴ糖（ラフィノース，スタキオース）転流型のメロンやキュウリではシンプラスト経由になると考えられている．アンローディングの際も，シンプラスト経由とアポプラスト経由，両方の経路が存在する．ブドウ果実では，果実成長初期はシンプラスト経由であるが，ベレゾーン以降，アポプラスト経由に変わり，急激な糖蓄積をもたらすとされている．一方，ヨーロッパブドウ（*Vitis vinifera*）とアメリカブドウ（*V. labrusca*）では利用経路が異なり，品種や成長段階で異なる制御を受けているとの可能性も示されていて，ローディング経路に比べて不明な点が多い．

シンプラスト経由では，師管と果肉柔細胞の間の原形質連絡を通って移動し，転流糖であるショ糖やソルビトールがそのままの形で液胞に取り込まれる場合と，細胞質インベルターゼやソルビトール脱水素酵素によって，果糖やブドウ糖に変換された後液胞に取り込まれる場合がある．液胞には，液胞膜に存在するそれぞれの糖に対応したトランスポーター（transporter：輸送体）が働き，液胞内に糖が取り込まれる．アポプラスト経由では，糖のトランスポーターによりいったん師部から細胞外に輸送され，ショ糖やソルビトールがそのままの形で，あ

## 9.5 水分生理および炭水化物代謝との関係

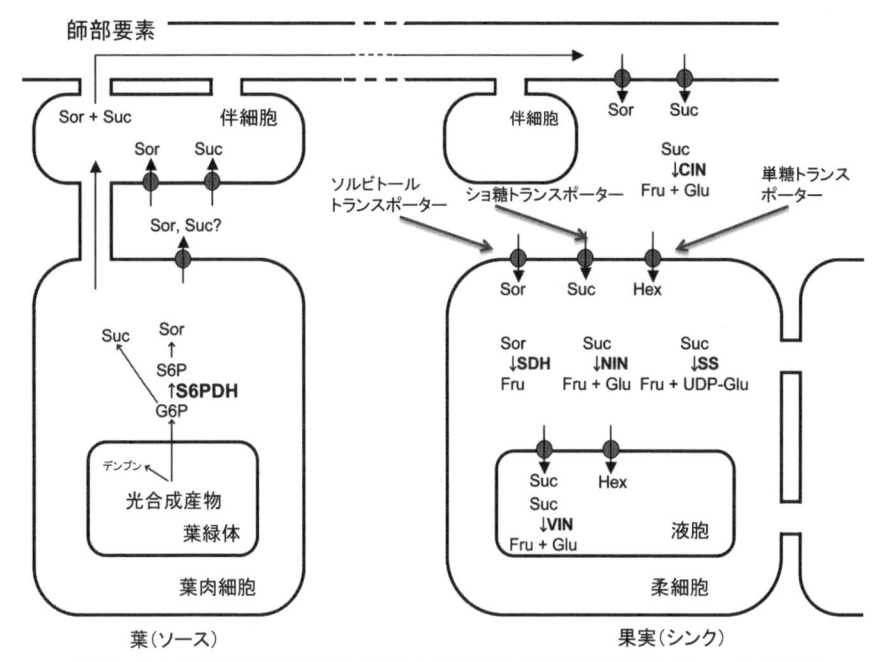

**図 9.8** リンゴの葉および果実における炭水化物代謝と転流経路の模式図 (Teo et al., 2006)[6]
シンプラストおよびアポプラスト経由のローディングとアンローディング.
G6P：グルコース-6-リン酸，S6P：ソルビトール-6-リン酸，Suc：ショ糖，Sor：ソルビトール，Fru：果糖，Glu：ブドウ糖，Hex：単糖，S6PDH：ソルビトール-6-リン酸脱水素酵素，SDH：ソルビトール脱水素酵素，CIN：細胞壁インベルターゼ，NIN：細胞質インベルターゼ，VIN：液胞インベルターゼ，SS：ショ糖合成酵素.

るいは細胞壁インベルターゼによって果糖やブドウ糖に変換され，果実柔細胞に取り込まれる．液胞への取り込みは，シンプラスト経由と同じである．

種子は果肉との間で原形質連絡をもたないため，種子への輸送はアポプラスト経由となる．糖のトランスポーターによる輸送はATPのエネルギーに依存し，プロトン（$H^+$）を輸送するプロトンポンプ（proton pump）が形成する電気化学的勾配を駆動力として行われる．

糖の蓄積とともに，水分の吸収は細胞肥大および果実の肥大に重要な役割を果たしている．ソース組織からシンク組織への水の移動は，水ポテンシャル理論で説明される．水ポテンシャル（$\Psi_w$）は，圧ポテンシャル（$\Psi_p$）と浸透ポテンシャル（$\Psi_s$）の和で表される．ソース組織付近の師管ではローディングにより糖濃度が上昇し，浸透ポテンシャルが低下し，その後，水ポテンシャルが低下す

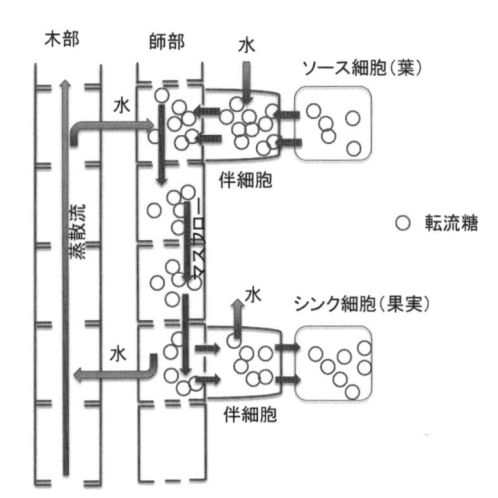

**図 9.9** ソース（葉）からシンク（果実）への転流糖の流れと圧流説（マスフロー）
①ソース組織から師部に転流糖がローディングされ，浸透ポテンシャルが低下すると水が流入し，圧ポテンシャルが増加する．②師部からシンク組織にアンローディングされると浸透ポテンシャルは増加し，水は流出し，圧ポテンシャルは低下する．③それによる圧力差でマスフローが生じる．

る．その結果，水が流入して圧ポテンシャルが高まる．一方，シンク組織付近の師管では，アンローディングにより糖濃度が低下し，浸透ポテンシャルが上昇し，その後水ポテンシャルが上昇する．その結果，師管から水が流出し圧ポテンシャルが低下する．こうしてソース組織からシンク組織にかけて圧力勾配が形成され，それにそってソースからシンクに向かう転流糖と水の流れが生じる．このようなモデルを圧流説（mass flow theory，pressure flow theory）とよんでいる（図9.9）．

　果肉柔細胞の液胞に取り込まれた糖は，液胞内の浸透ポテンシャルを低下させるため，水が流入して液胞が肥大し，細胞が膨張する．その結果として果実肥大が促進される．この水の流入には，細胞膜と液胞膜両方に存在する水分子の輸送体であるアクアポリン（aquaporin）がかかわっている．アクアポリンは水チャネルともよばれ，水ポテンシャルの高い方から低い方へ水を輸送する．水分子の流入には，アクアポリンタンパク質のリン酸化が関与している．また果実肥大が起こるためには，細胞壁の柔軟な構造が必要となる．さらに，浸透ポテンシャルは液胞内に蓄積する糖の種類に影響を受け，液胞内に取り込まれた1分子のショ糖が液胞インベルターゼによって果糖とブドウ糖に変換され2分子になると，より浸透ポテンシャルの低下が起こり，その結果吸水量が増大し，細胞肥大が促進される．トマトでは，液胞インベルターゼが果実肥大に関与し，シンク力の増大の役割を担っていることが示唆されている．

## 9.6 発育にかかわる諸要因

### 9.6.1 温度

　果実の発育は，遺伝的要因，環境要因および栽培条件によって決定される．同一品種であっても，栽培地域によって成長様式が大きく異なり，中でも開花期から成熟期までの温度が果実の発育に大きな影響を及ぼすことはよく知られている．

　果実肥大への温度の影響を評価するために，積算温度の概念が導入されている．積算温度は，5℃や10℃などの基準温度を設け，生育期間の日平均気温から基準温度を差し引くか，あるいは基準温度以上になっている時間を合計して，成熟期まで積算していくものであり，℃-日または℃-時間の単位で表される．ブドウでは，10℃を基準温度として積算温度を算出すると，早生品種で2400〜2600時間，中生品種で2600〜2800時間，晩生品種で2800時間以上が成熟のために必要とされる．リンゴ，ナシ，モモ，カキについては，開花時期の遅い地域では，生育に必要な積算温度が少ないことが知られている．これは，生育初期の細胞分裂期は温度の影響を受けやすく，温度が高いほど細胞分裂活性が高い上，開花が遅い地域は一般に開花以降の気温上昇速度が速く，平均気温が高く推移することと関係がある．

　多くの果樹では，成長初期は縦長の果形で，成熟に向かうにつれ横方向の肥大が促進され，果径のL/D比（縦径：length/ 横径：diameter）は低下していく．リンゴの果形は，発育にともない長円形から楕円または扁円に変化していくが，暖地産のものは寒地産のものに比べL/D比が低く，より扁円であることが知られており，5℃以上の積算温度とL/D比に負の相関関係が認められている（図9.10）．ブドウにおいては，第1期の高温は第1期の期間短縮をもたらすが，収穫果実の大きさは小さくなり，一方，第2期の高温は第2期の期間を延長し，生育停滞時期が長くなる．カキにおいては，寒地と暖地で成熟期にほとんど違い

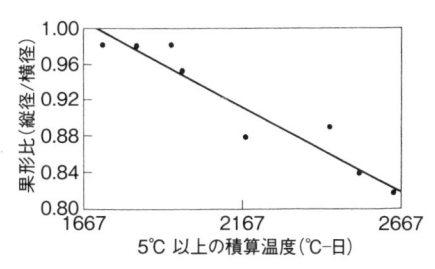

図 9.10　開花期から収穫期までの積算温度とリンゴ'デリシャス'の果形との関係（Westwood, 1993）[7]

はみられないが，その要因としては，暖地では第2期の停滞時期がはるかに長く，夏期の高温が成長の停滞を引き起こすことが考えられている．また近年は，地球温暖化による気温上昇により，開花期が早まると同時に成熟の遅延が起こり，生育期間が長くなり，以前に比べて果実肥大の促進がみられる．気温のみならず果実周辺温度や地下部温度が果実発育に影響することが報告されており，カキでは第3期の果実周辺の高温（30℃）が成熟を遅延し，ブドウでは第1～2期の地温が20～30℃程度に維持されることによって果実肥大が促進される．

### 9.6.2 土壌水分

　土壌からの水分供給も，果実発育に影響を及ぼす．一般に生育初期の水分不足は，後期の水分不足より果実発育の抑制効果が大きい．細胞分裂期の強度の水分ストレスは細胞分裂を阻害し，ひどい場合は落果を引き起こす．また，生育中後期の水分ストレスは葉の光合成能力の低下をもたらし，その結果果実への転流が減少し，果実発育および成熟を抑制する．しかし，適度な水分ストレスは徒長枝の発生や新梢の早期発育停止をもたらし，果実と他器官との養分競合を少なくし，果実への光合成産物の転流をもたらす．土壌水分の過剰は，果実への水分流入を増加させ果実肥大を促進させるが，糖濃度を低下させる．ウンシュウミカンの栽培においては，成熟前に適度な水分ストレスを与える，いわゆる水切り処理を行い，果実肥大を抑制気味に管理し，糖含量を上昇させ，高品質果実を生産している．

### 9.6.3 樹体要因と栽培管理

　リンゴ，ナシ，モモなどの核果類のように，春の発芽と同時に開花する果樹では，果実発育初期の成長は前年の秋までに樹体に蓄積された貯蔵養分によってまかなわれる．前年の着果量が多かったり，落葉の時期が早かったり，収穫期以降落葉期までの管理が不十分であったりすると，根の細根量の低下が起こったり樹体に十分な貯蔵養分が蓄積できなくなったりして，翌年の果実の細胞数が減少し，果実肥大が抑制される．

　また，貯蔵養分が十分であっても，着果（花）量が多すぎると1果あたりの同化産物の分配が少なくなり，その結果細胞分裂が抑制される．このような場合，摘蕾や摘花の方が，摘果（fruit thinning）よりも1果あたりの貯蔵養分の分配量

をより多くできるので効果が高い．

　花は，その着生する位置によって形態が異なる場合がある．カキでは，結果枝中央部の花は基部の花よりもへた（がく）が大きく，大きなへたを有する果実は果実肥大も優れている．ナシでは，1花そうあたり7～8花を有しており，花そうの基部から花が咲き，開花の順によって1番花（果）から7, 8番花（果）とよばれる．1～2番果は果形が扁平で小果な傾向があり，6～8番果は大果で縦長の果形で糖分が少ない傾向をもつ．カンキツでは，春に芽が伸びて数枚の葉を展開した後，先端部に花をつける有葉花と，葉が形成されず花だけが先端部に着生する直花の，二つの花の着生型が存在する．直花果は有葉果に比べ初期成長は優れるものの，最終的には有葉果に追い抜かれ小果になる．

　細胞分裂期以降の果実発育は，当年に展開した葉の光合成産物の転流に依存することから，葉の光合成能力を最大限発揮させる栄養条件や光環境条件は重要である．さらに，1果あたりの葉数（葉面積）を適正状態に保つことが，商品性をもつ果実生産に必要となる．この1果あたりの葉数を葉果比（leaf to fruit ratio）といい，一般にカキでは15～20葉，ブドウでは10～20葉，ナシやリンゴでは30～40葉程度必要であるとされる．しかし，これらはあくまで目安であり，たとえばモモでは，早生品種では20～30葉，中生品種で25～35葉，晩生品種では30～40葉が必要とされ，品種間差異のほか，樹齢，樹勢，台木の種類などで必要とされる葉数は異なる．

[板井章浩]

■文　献
1) Chevalier, C. *et al.* (2011) : *Ann. Bot.*, **107**, 1159-1169.
2) 稲葉昭次 (1975) : 京都大学学位論文．
3) Tukey, H. B. (1933) : *Proc. Amer. Soc. Hort. Sci.*, **30**, 209-218.
4) Crane, J. C. (1969) : *HortSci.*, **4**, 108-111.
5) Famiani, F. *et al.* (2000) : *J. Exp. Bot.*, **51**, 675-683.
6) Teo, G. *et al.* (2006) : *Proc. Natl. Acad. Sci. USA*, **103**, 18842-18847.
7) Westwood, M. N. (1993) : Temperate-Zone Pomology, third edition, pp. 254-274, Timber Press, Portland, Oregon.
8) 山木昭平編 (2007) : 園芸生理学―分子生物学とバイオテクノロジー．文永堂出版．

# 10. 果実の成熟と収穫後生理

## 10.1 成熟と追熟

　果実は発育の最終段階で成熟する．成熟期には糖の増加，有機酸の減少，果肉の軟化，芳香の発現や着色の進行などさまざまな生理的変化が起こり，それぞれの果実に特有の風味を発現し，可食状態になる．多くの果実は，収穫後も成熟する性質をもっている（表10.1）．収穫後にみられる成熟現象は，追熟とよばれる．成熟期は老化期へと続く連続的な変化の過程であり，緑熟（maturation）段階と後熟（ripening）段階に区分される場合がある（図10.1）．緑熟段階は果実が収穫可能となり，その後に可食状態となることができる生育段階であり，後熟段階は果実の成分変化・肉質変化・着色などが完了し，可食状態になっている段階と定義されている．

　果実の呼吸活性を幼果期から成熟期まで継続的に測定すると，いずれの果実でも幼果期に高く，発育にともなって漸減する傾向がみられる．ところが後熟段階に入ると，種類，品種によって呼吸活性の一時的な増加を示すグループと，後熟段階でも漸減するだけのグループに分かれる（表10.1，図10.1）．前者はクライ

表10.1　果実の追熟性，呼吸型およびエチレン生成量（茶珍（1987）[1]に加筆）

| 追熟性 | 呼吸型 | エチレン生成量 (n$l$/g/hr) | 果実の種類 |
| --- | --- | --- | --- |
| 追熟型 | クライマクテリック型 | 100 以上 | アンズ，キウイフルーツ，ウメ，チュウゴクナシ，パッションフルーツ，サポジラ，チェリモヤ |
| | | 10〜100 | リンゴ，スモモ，モモ，ネクタリン，セイヨウナシ，アボカド，パパイア，フェイジョア |
| | | 1.0〜10 | バナナ，マンゴー，イチジク，カキ，一部のニホンナシ（'幸水'，'菊水'など） |
| 非追熟型 | 非クライマクテリック型 | 0.1〜1.0 | 一部のニホンナシ（'二十世紀'，'豊水'，'新高'など），オリーブ，パイナップル，ブルーベリー |
| | | 0.1 以下 | ブドウ，オウトウ，カンキツ類 |

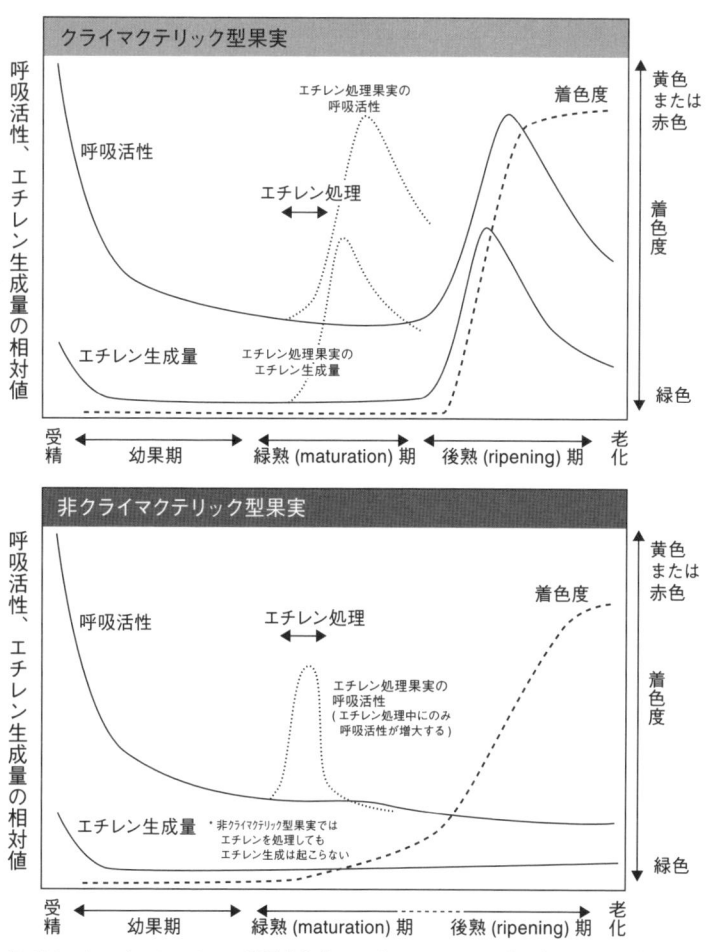

**図 10.1** クライマクテリック型果実と非クライマクテリック型果実における呼吸活性とエチレン生成の模式図

マクテリック (climacteric) 型果実とよばれ，リンゴ，バナナ，キウイフルーツ，モモなどがこれに属する．後者は非クライマクテリック (non-climacteric) 型果実とよばれ，カンキツ類，ブドウ，オウトウなどがあげられる．ニホンナシは品種によって異なり，'幸水'や'菊水'は前者に，'二十世紀'や'新高'は後者に分類される．

　追熟性の有無と成熟期の呼吸型とを対応させると，クライマクテリック型果実は追熟型であり，ある程度の発育段階，つまり緑熟段階に達していれば収穫後も

樹上と同様の生理的変化が起こり，可食状態に達する（表10.1）．非クライマクテリック型果実は非追熟型果実であり，原則として樹上でしか成熟現象は進行しない．非クライマクテリック型果実では，緑熟段階と後熟段階の区別が不明瞭であり，緑熟段階から後熟段階，老化段階へと徐々に進行していく．ただしブドウの場合は，緑熟段階にベレゾーンとよばれる果実への急激な糖の蓄積と着色が始まる転換期が存在している（9.5節参照）．

## 10.2　クライマクテリック型果実と非クライマクテリック型果実の成熟

### 10.2.1　クライマクテリック型果実の成熟

クライマクテリック型果実の最大の特徴は，成熟にエチレンが関与していることである．クライマクテリック型果実においては，呼吸のクライマクテリック上昇の開始に平行して，エチレン生成の顕著な増加がみられる（図10.1）．また，クライマクテリック開始前の果実に人工的にエチレンを処理すると，呼吸のクライマクテリック上昇と果実自身からのエチレン生成が誘導され，成熟現象が進行する．逆に，成熟開始直後の果実にエチレン作用の阻害剤を処理してエチレンの作用を阻止すると，呼吸活性が低下し，成熟の進行が抑制される．このように，クライマクテリック型果実の成熟はエチレンによって制御されており，貯蔵・流通技術においてはエチレンの制御が重要である．実際に，人工的なエチレン処理による成熟の誘導は，バナナ，キウイフルーツなどで促進と均一化に用いられている．

ほとんどのクライマクテリック型果実は樹上でもエチレンを生成し成熟するが，収穫した果実のほうがより早く成熟する性質がある．樹体から何らかの成熟抑制を受けていると考えられており，ツリーファクター（tree factor）とよばれている．とくにセイヨウナシではこの現象が顕著であり，樹上ではおいしく成熟しないために，追熟が必要である．環状剝皮処理により樹上でも成熟が誘起されることが明らかとなっており（図10.2），この成熟抑制の機構へ樹

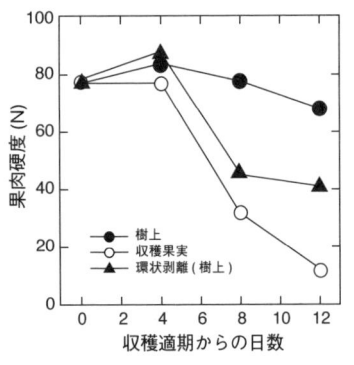

図10.2　セイヨウナシ'バートレット'における環状剝皮処理が樹上での果実軟化に及ぼす影響（Murayama et al. (2007)[2] より抜粋）

体から果実への同化産物の転流が関与していると示唆されている[2]．

### 10.2.2 非クライマクテリック型果実の成熟

　非クライマクテリック型果実は，成熟段階に入っても呼吸活性が漸減するのみであり，エチレンもほとんど生成されない（図10.1）．また，人工的にエチレンを処理しても，果実自身からのエチレンの誘導はみられない．ただし，呼吸活性の増大，クロロフィルの分解，カロテノイド合成の促進，離層の形成，果肉の崩壊などが起こる．エチレン処理による果実の黄化は，レモンや一部の早生ミカンの催色処理として用いられている．

　非クライマクテリック型果実の自然の成熟にはエチレンは関与していないと考えられるが，どのような機構により成熟が制御されているかはあまり解明されていない．ただしブドウでは，上述したベレゾーン期にオーキシンやジベレリン含量の低下とアブシジン酸含量の増加が示されている．また後述するように，クライマクテリック型と非クライマクテリック型共通の成熟制御機構として，MADS-box転写因子などの関与が示唆されている．

## 10.3 エチレン

### 10.3.1 エチレン生合成経路

　エチレンはアミノ酸の一種であるメチオニンから，S-アデノシルメチオニン（SAM）と1-アミノシクロプロパン－カルボン酸（ACC）を経て合成される（図10.3）．この経路においては，SAMからACCへの変換を触媒するACC合成酵素（ACS）と，ACCからエチレンへの変換を触媒するACC酸化酵素（ACO）が律速酵素である．ACO活性はエチレン生成時に急速に増加するが，エチレン未生成の組織でも一定量の活性が検出されるため，ACSの方がより重要な律速段階と考えられている．ACSやACOをコードする遺伝子は，マルチジーンファミリーを形成し複数存在している．それぞれの遺伝子は，果実成熟や開花などの植物の発育にともなう内的制御，傷害，低温などの外的刺激によって，特異的にその発現が誘導されることが確認されている．

　クライマクテリック型果実では，後熟（ripening）段階開始時にエチレン生成のクライマクテリック上昇がみられる．この際，ACC含量の増加，ACSおよびACO活性の上昇が検出される．クライマクテリック時のエチレン生成は，エチ

図10.3 植物のエチレン生合成経路

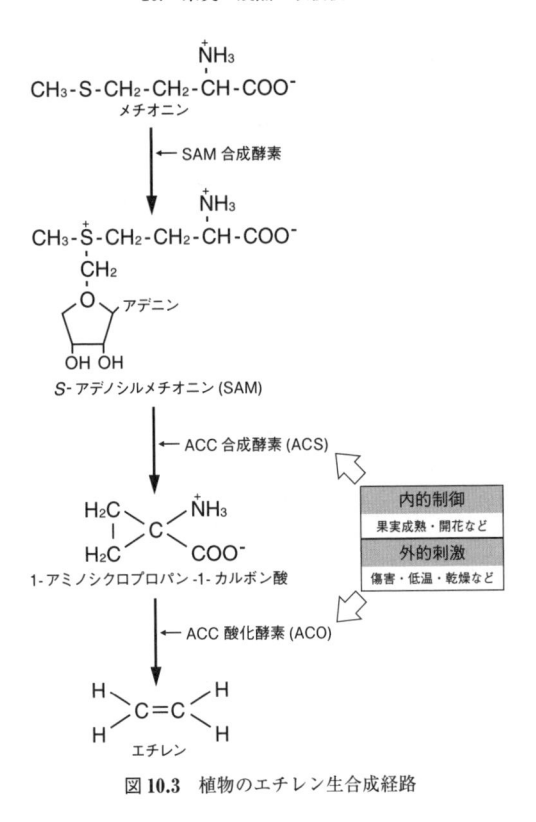

レン自身によってエチレン生合成系が活性化される自己触媒的生合成であり、緑熟（maturation）段階に達した果実に人工的にエチレンを処理すると、ACC含量の増加、ACSおよびACO活性の上昇が誘導される。モモでは、成熟時に果肉硬度の低下が著しく緩慢な硬肉モモが知られている。硬肉モモは成熟にともなう自己触媒的なエチレン生成能を欠いており、外部からエチレンを処理すると果肉硬度は低下するが、エチレン生合成は誘導されない。エチレン処理を停止すると軟化の進行もゆるやかになり、適度な硬度が長期間維持される[3]。そのため、育種素材の一つとして注目されている。

ニホンナシでは、'幸水'、'長十郎'などの早生品種は急激なエチレン生成を示し、貯蔵性も悪い。一方で、'二十世紀'などの中晩生の品種の中には、エチレン生成がほとんどなく貯蔵性がよいものもある。ニホンナシでは3種類のACS遺伝子（PpACS1〜3）が単離されているが、そのうちとくにPpASC1と

*PpACS2* の発現量が果実のエチレン生成量に深く関与しており，'二十世紀'ではいずれの遺伝子の発現も検出されない．

傷，低温，接触，乾燥，高二酸化炭素などの外的なストレスによっても，ACSやACO遺伝子の発現は誘導され，エチレンは生成される（図10.3）．セイヨウナシの中生〜晩生品種では，適期に収穫した果実でも追熟しなかったり，追熟にばらつきが生じたりする．そこで，収穫後1℃程度の低温に数週間遭遇させることで低温によるエチレン生合成を誘導し，斉一な追熟を引き起こすことが実用化されている．'刀根早生'や'中谷早生'などのカキでは，収穫後にヘタ組織が乾燥ストレスを感受し，エチレン生成が誘導される．この生成量は微量であるが，初秋の暑い時期に収穫した果実では閾値を超えることがあり，急激な軟化が誘導され，流通中に熟柿となってしまう．この時期に収穫された果実は，流通中に高湿度に保つ必要があり，防湿性が高く，箱内部の湿度を高く維持する段ボール箱の利用などが導入されている．

## 10.3.2 エチレン信号伝達経路

シロイヌナズナを中心とした研究から，エチレン信号伝達の機構が明らかにされつつある[4]．とくに，最近のいくつかの報告により，小胞体膜上に存在するエチレン受容体などの信号伝達の上流因子と核に存在する信号伝達の下流因子の間で，どのように信号が伝達されているのかという謎が解明されてきた（図10.4）．小胞体膜上に存在するエチレン受容体（ETR/ERS）はエチレン非存在下において活性をもち，相互作用しているCTRを活性化している．活性化されたCTRは小胞体膜上に存在するEIN2のC末端領域（CEND）をリン酸化することで，EIN2から下流域への信号伝達を抑えている．その結果，核に存在するエチレン信号伝達因子EIN3/EILがF-BoxタンパクEBFなどの働きによりユビキチン化され，26Sプロテアソーム系により分解される．エチレン存在下ではエチレンが受容体に結合することで受容体が不活性化し，それによってCTRも不活性化する．リン酸化されなくなったEIN2のC末端領域は切断され，核に移行する．このEIN2のC末端領域の核への移行が起こると，EIN3/EILタンパク質が分解されずに蓄積することがわかっている．EIN3/EILは転写因子であり，エチレン応答にかかわる種々の遺伝子の発現を調節している．

EIN3/EIL以外にも，エチレン応答遺伝子の発現を制御する転写因子として

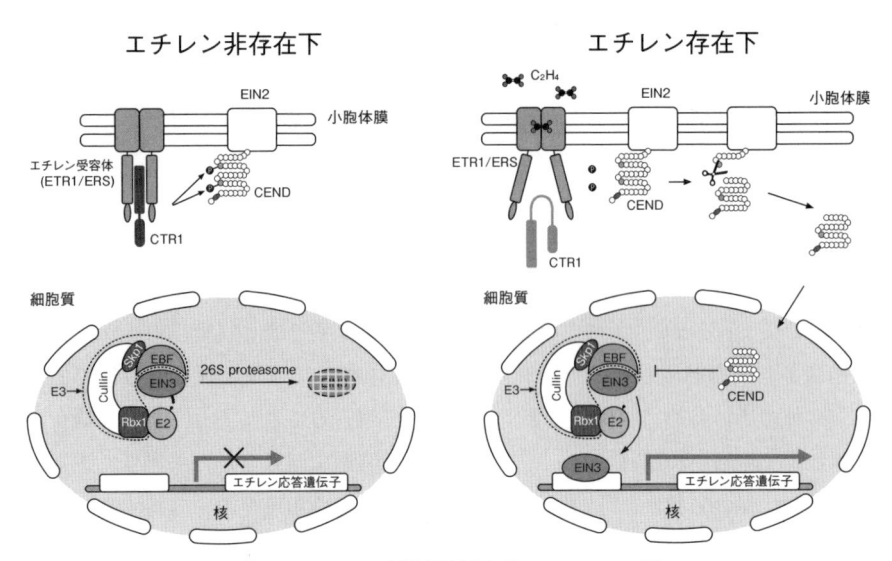

図 10.4 エチレン信号伝達経路 (Ji and Guo, 2013)[4]

ERF 転写因子群の存在が知られており，信号伝達系における EIN3/EIL の下流で働いていると考えられている．また，アラビドプシスの葉の老化においては，EIN3/EIL の下流において miRNA や NAC 転写因子の関与が示唆されており，EIN3/EIL より下流のエチレン信号伝達は応答ごとに異なる複雑な機構の存在が予想される．

トマト果実においては，エチレン受容体，CTR，EIN2，EIN3/EIL の成熟への関与が明らかにされている．果樹作物においても，データベース上にはこれらの相同遺伝子の存在が確認されており，同じ経路でエチレン信号が伝達されていると考えられている．なお，これまで配列が明らかにされている植物のゲノムにおいて，エチレン受容体には複数の遺伝子が存在するが，EIN2 は一つしかない．信号伝達下流の EIN3/EIL や ERF は，複数個の存在が確認されている．

## 10.3.3 エチレン作用の阻害剤

エチレン作用を阻害する化合物として，二酸化炭素，チオ硫酸銀（silver thiosulfate：STS），1-methylecyclopropene（1-MCP）などがある．二酸化炭素によるエチレン作用阻害は，後述する CA（controlled atmosphere）貯蔵や MA（modified atmosphere）貯蔵による鮮度保持効果の一因となっている．1-MCP は

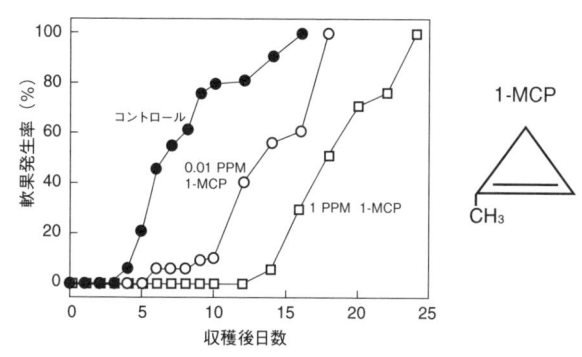

図 10.5　1-MCP の構造と 1-MCP 処理によるカキ '刀根早生' 果実の早期軟化の抑制（Harima *et al.* (2003)[5] より抜粋）

シクロオレフィン系化合物の一つであり，図 10.5 に示したような単純な構造をしている．1-MCP は，エチレン受容体（ETR/ERS）と結合して，エチレンとエチレン受容体との結合をブロックすることにより，エチレンによる受容体の不活性化を阻止しエチレン作用を阻害すると考えられている．1 ppm 以下の低濃度でもエチレン作用を阻害し，常温でガス体であるため組織内部への浸透が容易である．動物毒性もないことから，収穫後の農薬としての利用が世界中で認められている．アメリカでは，2014 年現在において，13 種類の果樹を含む 25 種類の作物と多くの花卉類への利用が許可されており，リンゴ生産量の約 70％に利用されている．日本では，2010 年にリンゴ，ニホンナシ，セイヨウナシ，カキへの利用が認可されている．リンゴでは，収穫後 24 時間の処理により果実軟化や酸度低下が抑えられ，低温貯蔵と併用した場合には 6 カ月以上の長期貯蔵が可能となる．渋カキでは，前述した '刀根早生' における乾燥ストレス誘導エチレンや，'西条' におけるドライアイス脱渋後のエチレン誘導による早期軟化の発生が問題となっているが，1-MCP 処理によりこれらの早期軟化が抑制されることがわかっている（図 10.5）．

## 10.4　発育にともなう成熟制御機構

果実の成熟には，エチレンとは別に発育の進行にともなって制御されている機構が存在すると考えられている．トマトには，成熟機能が欠損したいくつかの変異体が知られている．その一つ *rin* 変異体では，エチレンを外生的に処理しても成熟が起こらず，発育にともなう成熟制御機構の変異と考えられていた．この変

異体では，MADS-box転写因子群のSEPALLATA4サブファミリーに属するSl-MADS-RINの変異が，成熟不全の原因であることが明らかになっている．

リンゴにおいては，SEPALLATA1/2をコードする*MADS8*および*MADS9*遺伝子のアンチセンス抑制個体の果実において成熟不全が報告されている[6]．また，ブドウより単離されたSEPALLATA4をコードする遺伝子の一つを遺伝子組換えによりトマト*rin*変異体に導入すると，成熟の回復が観察されている[6]．この遺伝子のブドウの成熟への関与は明らかにされていないが，クライマクテリック型とノンクライマクテリック型の両方の果実に共通の成熟制御にMADS-box転写因子が関連している可能性がある．トマトでは，Sl-MADS-RINと多量体を形成して作用するAGAMOUS/SHATTERPROOFサブファミリーや，SQUAMOUSAサブファミリーに属するMADS-box転写因子の成熟への関与もわかっている．興味深いことに，これらの因子自身や同じグループに属する別の因子の中には，花器官形成や多肉質（fleshy fruit）形成にかかわる因子が多く含まれている[6]．MADS-box以外にも，NAC転写因子群やHB1転写因子群に属する転写因子の成熟への関与がトマトでは明らかとなっており，今後果樹作物でも，これら転写因子が関与する成熟制御の解析が進むものと期待される．

## 10.5 成熟にともなう果実成分の変化

### 10.5.1 糖と有機酸

糖含量と有機酸含量はそれぞれ甘味と酸味を決定する主要因であり，果実の食味を大きく左右する．糖含量は成熟期に入るとピークを迎える．発育にともなう糖の蓄積過程をみると，カキ，ミカン，リンゴなどのように幼果から完熟までの間に徐々に蓄積する果実と，ブドウ，モモ，ビワなどのように発育後期に急に蓄積する果実がある．

成熟時に果実は数%～十数%の糖を含む．各果実の糖組成（表10.2）をみると，カンキツやモモのようにショ糖をおもに蓄積する果実と，ブドウやオウトウのようにブドウ糖と果糖の還元糖をおもに蓄積する果実がある．また，ソルビトールを転流しているバラ科果樹では，少量のソルビトールが含まれている．糖の種類によって甘味の程度が異なり，同量であれば，ショ糖の甘味を1とするとブドウ糖は0.7，果糖は1.3，ソルビトールは0.6程度の甘味を呈する．

また，果実には発育中にデンプンを蓄積するものが多くある．バナナでは重量

表 10.2 主要な果実の糖および有機酸の含量（g/100g）と組成（間苧谷・田中，2005）[7]

| 種類 | 全糖 | ショ糖 | ブドウ糖 | 果糖 | 酸含量 | 主要な有機酸 |
|---|---|---|---|---|---|---|
| リンゴ | 10~13 | 2~3 | 2~4 | 5~6 | 0.2~0.7 | リンゴ酸（70~90%），クエン酸 |
| ニホンナシ | 7~12 | 2~5 | 1~2 | 3~5 | ~0.2~ | リンゴ酸（90%），クエン酸 |
| セイヨウナシ | 10~12 | ~1~ | 1~2 | ~7~ | 0.2~0.4 | リンゴ酸，クエン酸 |
| モモ | 8~9 | 5~7 | 1~3 | 1~3 | 0.2~0.6 | リンゴ酸，クエン酸 |
| アンズ | 7~8 | ~5~ | ~2~ | 少量 | ~2~ | リンゴ酸（25~90%），クエン酸 |
| ウメ | ~0.5~ | ~0.5~ | ~0.5~ | ~0.1~ | 4~5 | リンゴ酸（40~80%以上），リンゴ酸 |
| オウトウ | 7~10 | ~0.5~ | 4~5 | 2~5 | ~0.4~ | リンゴ酸（75%以上），クエン酸 |
| スモモ | ~7~ | ~2~ | ~2~ | ~2~ | 1~2 | リンゴ酸（大部分），クエン酸 |
| ビワ | 10~12 | ~1~ | 2~3 | ~5~ | 0.2~0.6 | リンゴ酸（50%），クエン酸 |
| カキ | ~14~ | ~7~ | ~4~ | ~2~ | ~0.05~ | リンゴ酸，クエン酸 |
| キウイフルーツ | 7~10 | ~0.5~ | ~4~ | ~4~ | 1~2 | キナ酸，クエン酸 |
| バナナ | ~23~ | 15~17 | 3~5 | 2~3 | 0.1~0.4 | リンゴ酸（50%），クエン酸 |
| ブドウ | 12~20 | ~0.5~ | 5~10 | 6~10 | ~0.6~ | 酒石酸（40~60%），リンゴ酸 |
| ウンシュウミカン | 8~12 | 5~6 | 1~2 | 1~2 | 0.8~1.2 | クエン酸（90%），リンゴ酸 |
| ナツミカン | ~7~ | ~4~ | 1~2 | 1~2 | 1.5~2.0 | クエン酸（60%以上），リンゴ酸 |
| バレンシアオレンジ | 8~10 | 4~5 | 2~3 | 2~3 | 0.7~1.2 | クエン酸（90%） |
| レモン | 1~3 | 1~2 | ~0.5~ | ~0.5~ | 6~7 | クエン酸（大部分），リンゴ酸 |
| グレープフルーツ | 6~8 | 3~5 | ~2~ | ~2~ | ~1~ | クエン酸（90%），リンゴ酸 |

の20％以上，キウイフルーツでは10％前後のデンプンが蓄積する．リンゴやセイヨウナシでも，発育中期には2~3％のデンプンが蓄積する．発育中に蓄積したデンプンは，樹上成熟や追熟中にアミラーゼやフォスフォリラーゼなどの酵素によって糖に変換される．カンキツ類やブドウなど，収穫時にほとんどデンプンを含まない果実では，収穫後に貯蔵していても糖含量が増加することは望めない．これらの果実では十分に熟度が進行し，糖が蓄積した段階で収穫することが重要である．

有機酸含量は，基本的には発育中期に最高値に達し，成熟に向かう過程で呼吸基質として消費され低下する．果実の有機酸含量は種類により異なり，少ないカキでは0.1％，多いレモンでは4％にも達する（表10.2）．果実中に蓄積されるおもな有機酸は，大部分の果樹ではリンゴ酸とクエン酸である．リンゴ，バナナなどではリンゴ酸が有機酸の大部分を占め，カンキツ類ではクエン酸が主要な有機酸として含まれる．ブドウにはクエン酸はほとんど含まれず，かわって酒石酸がリンゴ酸とほぼ同量含まれている．一般に，生食用の果実では0.2~0.4％程度が適しており，1％を超えるとかなり強い酸味を感じる．貯蔵用のウンシュウミカンや晩カン類では，収穫時には酸味が強すぎるが，貯蔵中の呼吸による消費に

よって有機酸が漸減して甘味比（糖／酸）が上昇し，食味が改善される．

### 10.5.2 アミノ酸，苦味・渋味成分と芳香成分

うま味には遊離アミノ酸が関与する．モモ，スモモ，ブドウ，ミカンなど多いもので 0.2～0.3％程度，リンゴ，キウイフルーツ，セイヨウナシなど少ないものでは 0.1％以下である．果実の種類により組成は異なり，バラ科果樹ではアスパラギンを多く含み，ブドウでは品種や熟度により変動はあるが，グルタミン，プロリン，アラニン，アルギニンが主要なアミノ酸となっている．アミノ酸は種類も多く，うま味以外にも甘味，酸味，苦味など組成ごとに特有の味を呈するため，その組成がそれぞれの果実に固有の風味を与える一因となっている．

成熟にともなう成分変化の一つに渋味の消失がある．渋味を呈するポリフェノール類を総称してタンニンとよぶ．タンニンには，フラバン-3-オールが骨格となったプロアントシアニジンが重合してできたかなり高分子の縮合型タンニンと，没食子酸やエラブ酸と糖との共重合体であり比較的低分子の加水分解型タンニンがある．ラズベリーやブラックベリーには加水分解型タンニンが含まれるが，カキ，モモ，ブドウなどほとんどの果実の渋味は縮合型タンニンによるものである．大部分の果実においてタンニン含量は幼果期に高く，発育中に減少する．また，渋味の消失にはタンニンの不溶化も関連する．渋カキでは，収穫時でも多くのタンニンが含まれている．アルコールや二酸化炭素処理でアセトアルデヒドを架橋剤として重合し，タンニンを高分子化することによって不溶化させ，脱渋する技術が広く実施されている．その他，カンキツの苦味にはリモノイド類が，カカオの苦味にはアルカロイド類が関与している．

果実は成熟にともない種類ごとに特有の揮発性成分を生成し，それぞれ独特の芳香を発する．エステル類，テルペン類，アルコール類，カルボニル類などが構成成分となっている．多くの果実で芳香を特徴づける代表的な成分が明らかとなっており，バナナのイソアミル酸，モモの $\gamma$-デカラクトンおよび $\gamma$-ドデカラクトン，レモンのシトラル，アメリカブドウの狐臭（foxy flavor）のもとであるアントラニル酸メチルなどがある（表10.3）．

### 10.5.3 着色と色素成分

多くの果実では，成熟が開始すると特有の色を呈する．果実に含まれる色素に

表10.3　各果実の香りを特徴づける揮発性成分

| | |
|---|---|
| リンゴ | 酢酸2-メチルブチル，酢酸ブチル |
| モモ | γ-ドデカラクトン，γ-デカラクトン |
| ナシ | デカジエン酸エステル |
| ブドウ | アントラニル酸メチル（アメリカ系ブドウ），リナロール |
| オレンジ | シネンサール，バレンセン |
| レモン | シトラル |
| グレープフルーツ | ノートカトン |
| バナナ | 酢酸イソブチル，酢酸イソアミル，オイゲノール |

は，赤～紫色を呈するアントシアニン色素，オレンジ色を呈するカロテノイド色素，緑色を呈するクロロフィルなどがある．クロロフィルは，いずれの果実でも未熟時には一定量含まれているが，多くの果実では成熟とともに減少する．バナナのエチレン処理による着色は，クロロフィルの分解により，すでに蓄積していたカロテノイドの色が表面に現れるためである．キウイフルーツ，ブドウ，セイヨウナシでは，品種により成熟果実中にもクロロフィルがかなり残存するものもある．

　リンゴ，モモ，オウトウ，ブドウなどの赤～紫色への着色に関連するアントシアニンはフェノール化合物の一種であり，アントシアニジンと糖が結合した骨格が基本となり，それにメチル化やアシル化などの修飾が加わっている．アントシアニジンや糖の種類，修飾のされ方により多くの種類のアントシアニンがあり，それぞれ異なった色調をもつ．金属イオンとの錯体形成，フラボンなどとのコピグメンテーション，蓄積する液胞のpHなどによっても色調が変化する．さらに，ブドウではアントシアニンが縮合したアントシアノプラストが形成され，その分布によっても色調が変化する．フェニルアラニンからアントシアニンが生成される生合成経路に関しては，その主要な経路が明らかにされており，ブドウ，モモ，リンゴなどの果実でも関連する遺伝子が単離されている．さらに，これらアントシアニン生合成遺伝子の発現を制御するMyb転写因子の存在がわかっており，このMyb転写因子の変異が着色系ブドウと非着色系ブドウの違いを生み出していることが明らかとされている．

　カンキツ類，カキ，ビワ，アンズなどでは，成熟とともにカロテノイドの合成が活発になる．カロテノイドはテルペノイド化合物の一種であり，広義にはイソペンテニル-2-リン酸が重合した$C_{40}$化合物（狭義のカロテノイド）や，その派生物である$C_{25}$化合物（狭義のアポカロテノイド）が含まれる．アントシアニン

と同様に多くの種類があり，果実の種類，品種，栽培条件，熟度によって組成や含量が異なる．カロテノイドの生合成経路に関しても，主要な経路が明らかとなっている．またカロテノイドは，カロテノイドジオキシナーゼや9-$cis$-エポキシカロテノイドジオキシナーゼなどの酵素により代謝されることがわかっている．代謝産物は色素や芳香成分として働くアポカロテノイドや植物ホルモンのアブシジン酸であり，カロテノイドは生合成においてだけでなく，代謝においても果実品質や果実生理に重要な役割を果たしていると考えられている．

アントシアニンやカロテノイドの生成には，温度が深く関与している．ブドウのアントシアニン生成には15℃前後が最適であり，30℃以上では着色不良となる．カロテノイド生成に関しては，カキにおいて20℃前後と比べて30℃以上の高温下で著しく着色が抑制されることがわかっている．

### 10.5.4 軟化，肉質の変化と細胞壁多糖類

果実は成熟時に軟化し，硬度が低下するとともに，それぞれに独特の肉質・食感を形成して可食状態に達する．硬度・肉質には細胞壁，とくに細胞壁多糖類の構成と構造が関連していると考えられている．細胞壁は，多糖類，タンパク質，リグニンなどから形成されている．

多糖類は90％を占め，さまざまな種類があり，抽出方法からセルロース，ペクチンおよびヘミセルロースに区別される．セルロースは，グルコースが$\beta$-(1-4)結合によって直鎖状に縮重合したグルカン鎖が束になった繊維状の成分である．ペクチンは，ガラクツロン酸が$\alpha$-(1-4)結合したホモガラクツロナンやガラクツロン酸の一部がラムノースに置換されている，ラムノガラクツロナンがおもな成分である．ラムノガラクツロナンのラムノースからは側鎖が枝分かれし，より複雑な構造となっている．また，ペクチンはカルシウムイオンを介したイオン結合により互いに結ばれ，みかけ上大きくなる．ヘミセルロースは，単子葉植物ではアラビノキシラン，双子葉植物ではキシログルカンが主成分である．キシログルカンは，グルカン鎖のグルコース残基にキシロースが$\alpha$-(1-6)結合し，さらにキシロース残基にガラクトースやフコース残基が結合した構造をしている．キシログルカンの一部は水素結合によりセルロース微小繊維と結合し，微小繊維どうしを架橋している．

細胞壁多糖類は，セルロースでできた微小繊維どうしをヘミロースが架橋し，

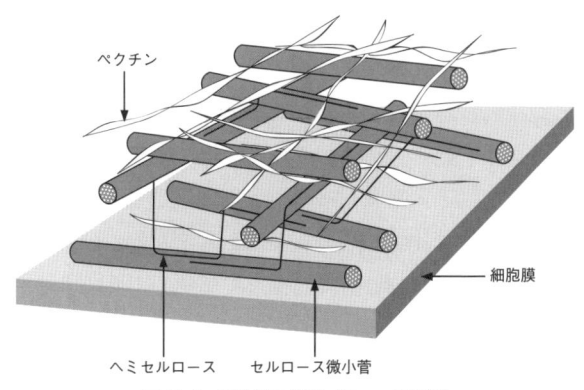

図 10.6 細胞壁の構造（Rose, 2003)[8]

さらにその間隙をペクチンやヘミセルロースからなるマトリックスが埋めたような構造をしている（図10.6）．成熟過程においても，ほとんどの果実でセルロース成分には変化がみられない．一方，ペクチンやヘミセルロース成分には構成する分子の低分子化や可溶化がみられ，その結果軟化や肉質の変化が起こると考えられている．ペクチンの低分子化にかかわるポリガラクツロナーゼ，ペクテイトライエース，アラビノフラノシダーゼ，ヘミセルロースの低分子化にかかわるエンドグルカナーゼやキシログルカンエンドトランスグリコシラーゼ，セルロースとヘミセルロースの水素結合を切断すると考えられているエクスパンシンなどについて，それらをコードする遺伝子の発現解析が進んでおり，セイヨウナシ，モモ，キウイフルーツ，カキなど多くの果実において，軟化と平行して発現量が上昇する遺伝子の存在がわかっている．

### 10.5.5 収穫適期の判定と非破壊品質測定技術

収穫適期の判定には，暦日，満開後日数，積算温度のほかに果皮色，有機酸含量，デンプンおよび可溶性固形物含量など成分変化にかかわる要素も用いられる．果皮色は最もわかりやすい指標であることから，熟度段階に応じた表面色および地色を集めたカラーチャートが作成されている．また，屈折糖度計で簡単に測定できる可溶性固形物含量も収穫適期と品質の良し悪しの指標として広く用いられている．

果実を破壊することなく内部品質を測定する非破壊品質測定技術は，個々の果実の品質を消費者に保証して販売することを可能とする．近赤外領域に糖や水が

特異的な吸収極大をもつことを利用して，近赤外光を照射して糖度をかなり正確に測定できる技術が開発されており，選果ラインなどにも導入されている．果肉硬度は果実の熟度や品質を左右する大きな要因であるが，非破壊による測定が困難であるとされてきた．近年，音響振動技術を用いて果肉硬度を非破壊で判定する装置が開発されている[9]．物体を振動させると特定の周波数において共鳴し，硬い物体ほど高い周波数で共鳴し，柔らかくなるほど低い周波数で共鳴する．果実に微弱な振動を与えて果実の振動（音響）を測定し，共鳴する周波数を求めることにより非破壊で果実の硬度を判定することができる．複数の共鳴周波数の値よりモモの核割れなどの内部障害の検出も可能であり，今後，選果ラインなどへの導入が期待される．

## 10.6　収穫後生理と貯蔵・流通技術，貯蔵障害

### 10.6.1　予措，予冷

　青果物の流通や貯蔵性を向上させるために，収穫直後に行われる前処理を予措という．予冷，乾燥予措，追熟予措，高温予措，キュアリング，ワックス処理などがおもな予措であるが，とくに予冷と乾燥予措は果実の種類によっては重要である．流通，貯蔵期間の延長には，収穫後できるかぎり早く果実温度を下げることが最も重要である．予冷とは，本来の低温流通・貯蔵に先がけて，できるだけ早く果実温度を所定の温度まで下げる技術であり，強勢通風予冷，差圧予冷，真空予冷，冷水予冷などがある．最近では，予措とは独立した技術としても定着している．

　ウンシュウミカンでは，乾燥予措が実施されている．乾燥予措では，湿度70〜80％の条件下に果実を1〜2週間保持し，果実重量の3〜4％を目処に乾燥させる．果皮から水分を蒸散させることにより，果実表面に萎ちょう層を発達させ貯蔵中の蒸散を抑制し，浮き皮やす上がりを抑制するとともに，病原菌の侵入を防ぎ腐敗を抑える効果がある．晩カン類の一部では，着色促進や酸味の低減を目的として10〜15℃で20日間程度保持する追熟予措や，さらに高い20℃で保持する高温予措なども実施されている．

### 10.6.2　低温貯蔵，低温流通（コールドチェーン），低温障害

　収穫後の品質低下要因としては，代謝作用による生理的劣化，水分蒸散による

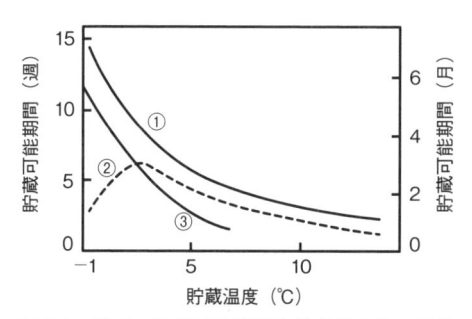

図 10.7 果実の貯蔵可能期間と貯蔵温度との関係
(Willis et al., 1981)[10]
①リンゴ'デリシャス'（月），②低温感受性リンゴ（月），③セイヨウナシ'バートレット'（週）．

しおれ，微生物の繁殖による腐敗などがあげられる．これらの要因はいずれも温度によって大きな影響を受け，低温によって抑制される．したがって，低温の利用は貯蔵，流通技術の基本である．ただし，果実の種類によっては低温障害を受けるものがあり，そういったものでは限界温度以下で貯蔵・流通するとかえって品質劣化が生じる．低温障害を受けない果実では，凍結しない範囲内で低温ほど鮮度が保持される（図 10.7）．細胞内に多くの糖を含んでいる果実では，モル凝固点降下の作用で凍結温度は 0°C 以下になる．

各果実で推奨されている貯蔵温度と貯蔵可能期間を表 10.4 に示した．リンゴ，キウイフルーツ，ニホンナシ，セイヨウナシ，晩カン類の貯蔵には，冷蔵装置を用いた低温貯蔵が行われている．低温は流通期間においても基本技術であり，収穫後の予冷から始まり，小売り段階まで一貫して低温を維持することをコールドチェーンという．コールドチェーンは鮮度低下の早い野菜類の流通に広く利用されているが，野菜類と比べると鮮度低下が緩慢な果実類では，コストの面からあまり普及していない．ただし，比較的鮮度低下の早いモモなどの果実では，流通中の低温管理の確立が店頭での品質向上と棚持ち期間の延長につながると期待される．

果実の種類によっては，凍結温度より高い温度でも表面に小さな斑点状の褐変や窪みが生じるピッティング，果実内部の褐変，果肉の粉質化，追熟不良などの低温障害が発生する（表 10.5）．発生温度や病徴は果実の種類によって異なるが，一般に熱帯，亜熱帯原産の果実で起こりやすく，また熟度が若いほど発生しやす

表10.4 各種果実の最適冷蔵条件と貯蔵期間

| 果実の種類 | 貯蔵温度（℃） | 相対湿度（%） | 貯蔵期間 |
|---|---|---|---|
| ミカン | 5 | 85 | 3～4月 |
| ハッサク | 4～6 | 90～95 | 3～5月 |
| オレンジ | 0～1 | 85～90 | 8～12週 |
| グレープフルーツ | 0～10 | 85～90 | 4～8週 |
| バナナ | 13 | 85～95 | 6～10日 |
| ブドウ | −0.5～0 | 85～90 | 3～8週 |
| ニホンナシ | 0～1 | 85～90 | 2～4月 |
| リンゴ | −1～0 | 85～90 | 3～5月 |
| セイヨウナシ | −1.5～0 | 85～90 | 2～3月 |
| モモ | 0 | 85～90 | 2～6月 |
| キウイフルーツ | 2～3 | 80～100 | 6～8月 |
| カキ | −1～0 | 85～90 | 2月 |
| アボカド | 8～13 | 85～90 | 1～2週 |
| イチジク | −2～0 | 85～90 | 5～7日 |

ASHRAE Guide and Data Book（1962）[11]，伊庭ら（1985）[12]をもとに作成．

表10.5 果実の低温障害発生温度と症状（郷田（1980）[13]に加筆）

| 果実の種類 | 発生温度（℃） | 症状 |
|---|---|---|
| アボカド | 5～11 | 追熟不良，果肉変色 |
| ウメ | 5～6 | ピッティング，褐変 |
| オリーブ | 7 | 内部褐変 |
| オレンジ | 2～7 | ピッティング，褐変 |
| グレープフルーツ | 8～10 | ピッティング |
| レモン黄熟果 | 0～4.5 | ピッティング，じょうのう褐変 |
| レモン緑熟果 | 11～14.5 | ピッティング，追熟不良 |
| ハッサク | 5～6 | ピッティング，こ斑症 |
| ナツミカン | 5～6 | ピッティング |
| バナナ | 13～14.5 | ピッティング，果皮褐変，追熟不良 |
| パイナップル | 4.5～7 | 果芯褐変，追熟不良 |
| パパイア成熟果 | 7.5～8 | ピッティング |
| パパイア未熟果 | 10 | ピッティング，追熟不良 |
| パッションフルーツ | 5.5～7 | オフフレーバー |
| マンゴー | 7～11 | 灰色やけ，追熟不良 |
| リンゴ | 2～3.5 | 内部褐変，やけ |
| カキ | 5～7 | 果肉のゴム質化 |

い．貯蔵中に症状がみられる場合もあるが，多くの場合は常温に戻した後に症状が顕在化する．低温障害の発生機構としては，低温により生体膜がゲル化し機能不全となるために，代謝に異常が発生するとの説が有力である．低温障害の回避策としては，発生限界温度以下にしないことが基本であるが，低温順化を期待し

た段階的な温度低下，低温貯蔵中に一時的に常温に戻す中間昇温，常温下で熟度を進めた後，低温に保持する遅延貯蔵などが効果的な場合がある．

### 10.6.3 CA貯蔵，MA貯蔵，ガス障害

温度についで貯蔵期間に大きく影響するものとして，環境中の酸素と二酸化炭素濃度がある．環境中の酸素濃度を低下させると，呼吸活性が抑制される（図10.8）．また，ACCからエチレンの生成段階はACC酸化酵素による酸化過程であるので，低酸素環境ほどエチレン生成も抑制する．ただし，過度の低酸素環境は嫌気呼吸（醗酵）を誘導し，ガス障害を発生させる．環境中の酸素濃度を変化させて果実の二酸化炭素排出量と酸素吸収量を測定すると，一定濃度以下の低酸素環境において二酸化炭素排出量は上昇に転じる（図10.8）．このターニングポイントを限界酸素濃度とよび，ターニングポイント以下の低酸素環境では嫌気呼吸が誘導される．代謝異常を誘導することなくできるだけ代謝活性を抑制するという考えから，貯蔵に最適な酸素濃度は限界酸素濃度付近にあり，多くの場合2～3％である（表10.6）．環境中の高二酸化炭素はエチレンの生成や作用を抑制することがわかっている．また，PEPカルボキシラーゼによる有機酸合成系を促進し，果実の有機酸レベルを高く維持するという説もある．一部の果実では呼吸活性の低下もみられるが，直接的な呼吸抑制ではなく，エチレン生成や作用を阻害した結果として観察される抑制であると考えられている．一方，過度の高二

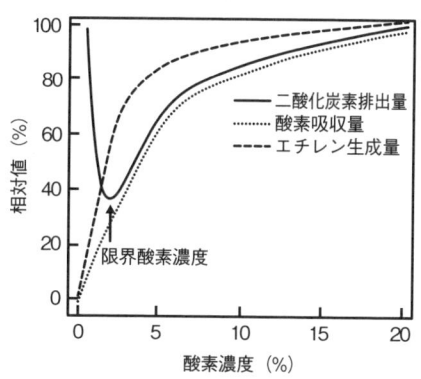

図10.8 酸素濃度と呼吸活性およびエチレン生成量の関係の模式図（久保ら（1996）[14] モモ果実での測定結果をもとに作図）

表10.6 果実のCA，MA貯蔵環境に推奨されている酸素および二酸化炭素濃度（Kader (2002)[15]より抜粋，加筆）

| 果実の種類 | 温度範囲（℃） | 酸素濃度（%） | 二酸化炭素濃度（%） |
| --- | --- | --- | --- |
| クライマクテリック型果実 | | | |
| リンゴ | 0~5 | 1~3 | 1~3 |
| キウイフルーツ | 0~5 | 1~2 | 3~5 |
| セイヨウナシ | 0~5 | 1~3 | 0~3 |
| カキ | 0~5 | 3~5 | 5~8 |
| バナナ | 12~15 | 2~5 | 2~5 |
| アボカド | 5~13 | 2~5 | 3~10 |
| イチジク | 0~5 | 5~10 | 15~20 |
| 非クライマクテリック型果実 | | | |
| レモン | 10~15 | 5~10 | 0~10 |
| オレンジ | 5~10 | 5~10 | 0~10 |
| ライム | 10~15 | 2~5 | 1~3 |
| ブドウ | 0~5 | 2~5 | 1~3 |
| オウトウ | 0~5 | 3~10 | 10~15 |
| オリーブ | 5~10 | 2~3 | 0~1 |

酸化炭素環境は細胞内 pH の低下や一部の酵素阻害に起因すると考えられている代謝異常を誘導するが，障害が発生する限界濃度は果実の種類や品種により大きく異なる．

　いずれにしても，障害が発生しない範囲において低酸素および高二酸化炭素環境に果実をおくことで，貯蔵期間を延ばすことができる．気密性のある低温貯蔵庫において，酸素や二酸化炭素濃度をモニターしながら，ガス組成を果実の種類に合わせた最適な条件になるように人工的に制御する貯蔵法を CA（controlled atmosphere）貯蔵という．一方，果実をわずかに透過性のあるポリエチレン袋で密封し，果実の呼吸による酸素消費と二酸化炭素排出およびポリエチレン袋のガス透過性とのバランスにより，袋内のガス組成を調節する方法を MA（modified atmosphere）貯蔵，あるいは MA 包装という．CA 貯蔵は，低温による代謝活性の抑制効果を併用しないとかえってガス障害を発生するため，低温との組み合わせで実施される．一般に，CA 貯蔵は低温だけの貯蔵より 1.5~2.0 倍もの貯蔵期間の延長が期待される．また，エチレンの生成や作用も抑制するので，とくに品質低下にエチレンが関係するリンゴなどのクライマクテリック型果実において，その効果は大きい．世界中でリンゴの長期貯蔵に利用されており，日本でも CA 貯蔵により，リンゴの周年供給体制が整っている．CA 貯蔵には気

密性のある貯蔵室とガスの制御システムが必要であるので，コストが高く，リンゴ以外の果実での商業的利用は少ない．一方，MA貯蔵は厳密なガス制御はできないが，低温貯蔵庫とポリエチレン袋で実施できるので安価であり，一部のカキなどで長期貯蔵に利用されている．

　CA貯蔵やMA貯蔵のガス濃度は，果実が耐えられる低酸素濃度と高二酸化炭素濃度の限界値付近であるので，実施条件を誤ると代謝異常が誘導され，エタノールやアセトアルデヒドの蓄積をともなうガス障害が発生する．とくに，高二酸化炭素障害は，果実の種類や品種によっては1％以下の二酸化炭素濃度でも発生する場合がある．リンゴやセイヨウナシでは，果心部がハート状に褐変する二酸化炭素障害，「ブラウンハート」がよく知られている．極度の高二酸化炭素状態となることを避けるために，レーザーにより極小の穴を開けた微細孔フィルムが開発されており，一部の晩カン類ではこれを用いた包装が実施されている．

［中野龍平］

## ■文　献

1) 茶珍和雄（1987）：園学シンポ要旨，昭62秋，pp.129-140.
2) Murayama, H. *et al.* (2007) : *J. Exp. Bot.*, **57** (14), 3679-3686.
3) Hayama, H. *et al.* (2006) : *J. Exp. Bot.*, **57** (15), 4071-4077.
4) Ji, Y. and Guo, H. (2013) : *Mol. Plant*, **6** (1), 11-14.
5) Harima, S. *et al.* (2003) : *Postharvest Biology and Technology*, **29** (3), 319-324.
6) Kariova, R. *et al.* (2014) : *J. Exp. Bot.*, **65** (16), 4527-4541.
7) 間苧谷　徹・田中敬一（2005）：くだもののはたらき，日本園芸農業組合連合会.
8) Rose, J. K. C. (2003) : The Plant Cell Wall, Blackwell Publishing.
9) Taniwaki, M. and Sakurai, N. (2010) : *J. Japan. Soc. Hort. Sci.*, **79** (2), 113-128.
10) Willis, R. *et al.* (1981) : Postharvest, University of New South Wales Press, Sydneuy, pp. 38-51.
11) American Society of Heating, Refrigerating and Air-Conditioning Engineers (ASHRAE) Guide and Data Book (1962).
12) 伊庭慶昭ほか（1985）：果実の成熟と貯蔵，養賢堂.
13) 邨田卓夫（1980）：コールドチェーン研究，**6** (2)，42-51.
14) 久保康隆ほか（1996）：園学雑，**65** (2)，403-408.
15) Kader, A. A. (2002) : Postharvest Biology of Horticultural Crops 3$^{rd}$ edition, Division of Agriculture and Natural Resources, University of California, Oakland. pp.135-144.
16) 山木昭平（2007）：園芸生理学，文永堂出版.
17) 茶珍和雄ほか（2007）：園芸作物保蔵論―収穫後生理と品質保全―，建帛社.
18) 緒方邦安ほか（1977）：青果物保蔵汎論，建帛社.

# 11. 水分生理と土壌管理

　果樹の生育は，土壌からの養水分の吸収に大きく影響される．土壌の物理性や化学性などの条件が根群の生長や機能に影響し，これにより土壌から樹体への養水分の供給が左右される．そのため，土壌管理を適切に行って土壌の理化学性を改善し，根群を十分に発達させることが，樹の健全な発育や良質な果実の生産のために重要である．果樹は深根性であり，同一の場所で永年的に栽培されるので，その土地の土壌条件を十分に把握して，栽植時から継続的に土壌改良に取り組むことが望ましい．

## 11.1　水分生理

　植物の生育に水分は欠かせない要素である．水は細胞の構成物質であり，光合成などの各種代謝生理にも必要であるため，樹体が水分不足に陥ると，新梢や果実の生長が抑制される．一方で，土壌水分の過多は根の生育阻害や果実品質の低下を招く．日本では，年間降水量は十分にあるものの季節による偏りが大きいため，水分の不足や過多による生育上の問題が発生する．そこで，根圏土壌や樹体の水分状態を指標とした適切な水管理が必要である．

### 11.1.1　土壌と樹体の水ポテンシャル
**a．水ポテンシャルの概念と植物の吸水，蒸散**

　土壌や植物の水分状態を表す方法として，水のもつエネルギー量の指標となる水ポテンシャル（water potential）という概念が広く用いられている．水は土壌から植物体に吸収され，大気へ放出されるが，水ポテンシャルはこの土壌‐植物体‐大気と連続した水の動きを共通の尺度で表すことができる．

　水は，水ポテンシャルの高い方から低い方へと移動する．水ポテンシャルは，土壌，植物，大気の順に高いので，植物は土壌から水を吸収し，大気へ放出することができる（図11.1）．純水の水ポテンシャルを0とするので，土壌，植物，

## 11.1 水分生理

大気の水ポテンシャルは負数で示される．水ポテンシャルの単位には，通常，Pa（Pascal）（国際単位）または bar（1 bar = 0.1 MPa）が用いられるが，土壌の水ポテンシャルには水分張力を示す pF 値（水柱 cm 表示の常用対数）が用いられることも多い．pF 値を Pa に換算するには，10 の pF 値乗を 0.0102 で除した値に負の記号をつける．たとえば，pF2.5 は $-10^{2.5}/0.0102 \fallingdotseq -31$ kPa となる．水ポテンシャルは，圧ポテンシャル（細胞では膨圧に相当するもので正数），浸透ポテンシャル（浸透圧に負の記号をつけたもの），マトリックポテンシャル

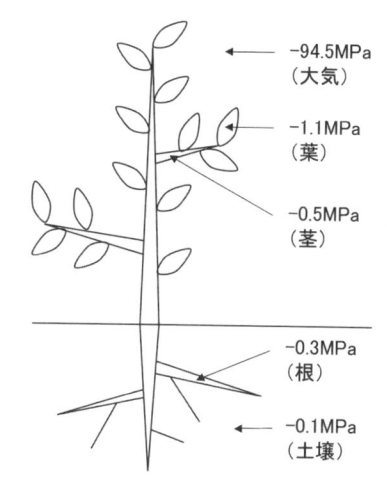

図 11.1 土壌―植物―大気間の水ポテンシャルの事例（薬師寺 (2011)[1] を参考にして作成）

（表面張力や毛管力によるもので負数），重力ポテンシャル（位置エネルギーによるもの）を合計したものである．

土壌中の水分のうち，根が吸収利用できるのは圃場容水量（field capacity）から永久しおれ点（permanent wilting point）までの水であり，水ポテンシャルで $-6$ kPa〜$-1.5$ MPa の範囲に相当し，これを有効水（available water）という．有効水の量は土壌の種類によって異なり，砂を多く含む土壌ほど少ないので，砂土や砂質ローム土では乾燥の害が出やすい（図 11.2）．

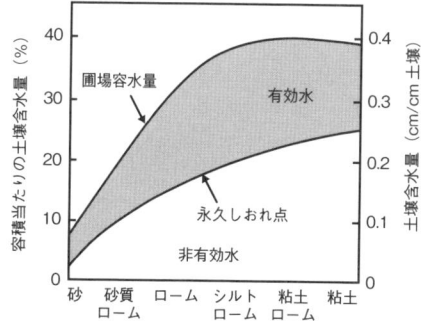

図 11.2 さまざまな土性の土壌における有効水と非有効水の割合（Cassell, 1983）[2]

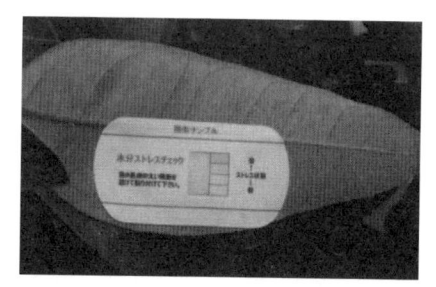

図 11.3 ウンシュウミカンの葉の裏側に貼り付けられた水分ストレス表示シート（星, 2007）[3]

### b. 土壌と樹体の水分測定

土壌や植物体の水分状態を把握することは果樹の栽培上重要である．水ポテンシャルの測定に，土壌では水分張力を測るテンシオメーター，葉ではプレッシャー・チャンバーがよく用いられる．近年，枝内水分の簡易測定に，土壌水分の測定に使用されている TDR（time domain reflectometry）法の利用が有効であることがカンキツなどで報告されている[4,5]．また，カンキツの葉の水分状態を簡易に把握するための水分ストレス表示シートが近年開発され，素材に塩化コバルトを含むシートを葉の裏側に張りつけることで，5分ほどで色の変化により大まかな水分状態が把握できる（図11.3）．

### 11.1.2 水分ストレス

植物体内の水分不足により，植物の生育が影響を受けることを水分ストレス（water stress）という．水分ストレスは，土壌の乾燥だけでなく過湿によって発生する場合もある．

#### a. 樹体生長

樹体の水分ストレスが高まると，細胞伸長やタンパク合成が阻害されるとともに，気孔が閉鎖して光合成が抑制される（図11.4，表11.1）．これにともない，樹体各部の生長は低下する．とくに萌芽期から展葉期の水分ストレスは，発芽や新梢伸長を抑制し，葉の萎ちょうや脱離を招く．

#### b. 花芽形成と果実発育

適度の土壌乾燥による水分ストレスは，カンキツ，マンゴー，ドリアンなど熱帯・亜熱帯性の常緑果樹の花芽分化を促進する．果実発育期の水分ストレスは，細胞伸長や細胞分裂活性の抑制により果実の肥大生長を妨げるとともに，成熟を遅延させる．また，強い水分ストレスにより生理的落果が助長されるとともに，ブドウでは縮果病，ナシではゆず肌病などの生理障害が発生する．一

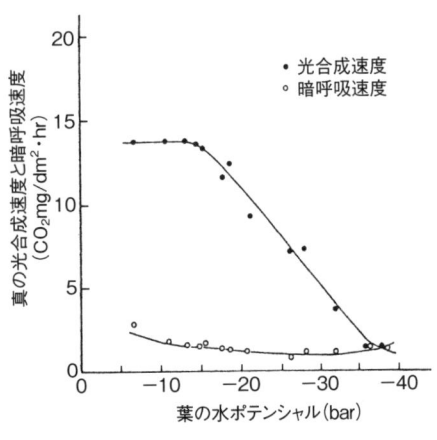

図11.4 ウンシュウミカンの葉の水ポテンシャルと光合成，呼吸の関係（森永・池田，1985）[6]

**表11.1** 水分ストレスに対する感受性が植物の諸過程によってどの程度異なるかをまとめたもの（伊藤，1995）[7]

| 影響を受ける過程 | ストレスに対する感受性 非常に敏感　　　　敏感でない 各過程に影響を及ぼす組織の水ポテンシャル 0　　　　－1　　　　－2MPa | 文献 |
|---|---|---|
| 細胞の成長（－） | ── | Acevedo *et al.*, 1971; Boyer, 1968 |
| 細胞壁の合成*（－） | ── | Cleland, 1967 |
| タンパク合成*（－） | ── | Hsiao, 1970 |
| 前葉緑体の形成*2（－） | ── | Virgin, 1965 |
| 硝酸還元酵素活性（－） | ── | Huffaker *et al.*, 1970 |
| ABA合成（＋） | ‥‥‥ | Zabadal, 1974; Beardsell and Cohen, 1974 |
| 気孔の開孔（－） | | |
| 　a）中性植物 | ──── | reviewed by Hsiao, 1973 |
| 　b）ある種の乾生植物 | 　　────‥‥ | Van den Driesche *et al.*, 1971 |
| 炭酸同化（－） | | |
| 　a）中性植物 | ──── | reviewed by Hsiao, 1973 |
| 　b）ある種の乾生植物 | 　　──── | Van den Driesche *et al.*, 1971 |
| 呼吸（－） | ‥‥‥ | |
| 木部伝導度*3（－） | ‥‥‥‥‥ | Boyer, 1971; Milburm, 1966 |
| プロリンの蓄積（＋） | 　‥‥‥ | |
| 糖レベル（＋） | | |

水平の棒はその過程がストレスの影響を受ける範囲を示し，点線の部分は影響を受けるかどうか十分に証明されていないことを示す．左の欄の（＋）は増加を，（－）は減少を示す．
*：急速に生長している組織，*2：黄化した葉，*3：木部の直径によって影響されるはずである．

方，果実発育後期から成熟期にかけての適度な水ストレスは，果汁の糖や酸含量を増加させ，果実品質を向上させる．これには，水分の減少による物理的濃縮に加えて，浸透圧を高める方向に働く糖代謝における変化や，光合成産物の果実への分配率の増加などが関係している．

### 11.1.3 耐干性と耐湿性

排水不良園では，梅雨期に土壌が長期にわたり通気不良になると，呼吸阻害や土壌中の有害還元物質の生成により根の養水分の吸収機能が弱くなり，湿害が発生する．一方，湿害により根群が浅くなった後に高温乾燥状態が続く場合や，表土が浅く保水力の劣る傾斜地などでは，干害が容易に発生する．

土壌の乾燥や過湿に対する耐性は，果樹の種類によって異なる（表11.2）．耐乾性（drought tolerance）はモモなどの核果類やブドウでは強いが，リンゴやナシでは弱い．一方，耐湿性（excess moisture tolerance）は，モモなどの核果類

表11.2 果樹の種類と耐乾性および耐湿性（石井，2002）[8]

| 耐乾性 | 強いもの | モモ，スモモ，アンズ，ブドウ，オリーブ，クルミ，カンキツ類など |
|---|---|---|
| | 弱いもの | リンゴ，ナシ，カキなど．ただし，カキは成木になると比較的強い |
| 耐湿性 | 強いもの | カキ，ブドウ，マルメロ，カラタチなど．ただし，樹体生長や果実品質が著しく不良となる |
| | 中間のもの | ナシ，リンゴなど |
| | 弱いもの | キウイフルーツ，モモ，オウトウ，アンズ，スモモ，イチジクなど |

表11.3 樹種別の生育時期別好適土壌 pF 範囲（鴨田，1987）[9]

| 樹種名 | 生育初期 | 果実肥大期 | 成熟期 | 樹種名 | 生育初期 | 果実肥大期 | 成熟期 |
|---|---|---|---|---|---|---|---|
| ブドウ | 2.2〜2.5 | 2.2〜2.7 | 3.0 以上 | オウトウ | 2.1〜2.6 | 2.2〜2.6 | 2.7 以上 |
| ナシ | 2.2〜2.7 | 2.2〜2.6 | 2.8 以上 | イチジク | 2.0〜2.5 | 2.0〜2.5 | 2.7 以上 |
| カキ | 2.0〜2.5 | 2.2〜2.7 | 3.0 以上 | ミカン | 2.3〜2.5 | 2.2〜2.7 | 3.0 以上 |
| モモ | 2.3〜2.5 | 2.3〜2.7 | 2.8 以上 | ビワ | 2.2〜2.5 | 2.2〜2.7 | 2.7 以上 |

やイチジク，キウイフルーツで非常に弱く，土壌排水にとくに留意する必要がある．乾燥や過湿に対する耐性は，根群の垂直分布や台木の種類によっても異なることが知られている．

### 11.1.4　水分管理

#### a. 好適土壌水分

　果樹の生長に好適な土壌水分は，果樹の種類や生育時期によって異なるが，おおむね pF 2.0〜3.0（−9.8〜−98 kPa）の範囲である（表11.3）．生育初期から果実肥大期にかけては，新梢生長や果実肥大促進のために，pF 2.2〜2.6 と比較的多水分状態で生育させる．果実成熟期には，高糖度果実生産のため，pF 2.7〜3.0 以上の乾燥状態とする．露地栽培においてかん水制限だけで十分乾燥させるのが難しい場合，地表面を透湿性プラスチックシートなどで被覆することがある（図11.5）．

#### b. かん水

　かん水方法には，うね間に水を流入させるうね間かん水（furrow irrigation），加圧ポンプを使ったスプリンクラーによる散水（sprinkler irrigation），低圧で水を滴下する点滴かん水（drip irrigation）などがある．傾斜地果樹園で普及している樹上散布型スプリンクラーは適応性が広く，農薬や液肥の散布にも利用できる

図 11.5 透湿性プラスチックシートで被覆されたカンキツ園
シートは,土壌からの水蒸気は通すが,降雨は通さないため,土壌は乾燥する.また,光反射により樹冠内の光量が増加する.

図 11.6 果樹園に設置された点滴かん水装置

図 11.7 栽植前の暗きょの設置

が,かん水に多くの水を必要とする.点滴かん水は,根群域上の地表面にパイプを配置して,小孔あるいは専用ノズルから低圧で少しずつかん水する方法である(図 11.6).水の利用効率が高く,地中海沿岸などの乾燥地域で普及しており,日本でも導入が進みつつある.点滴かん水では液肥を混入することも可能で,これとマルチを組み合わせた周年マルチ点滴かん水同時施肥法(マルドリ方式)がウンシュウミカン園用に開発されている[10].

1回のかん水量は,一般的には 20〜30 mm(20〜30 t/10 a)程度が適当とされるが,樹種,生育段階,土壌条件,かん水方法などにより適量は異なる.

## c. 排　水

　土壌が過湿になりやすい園では，排水対策が必要である．排水方法として，明きょ排水（open ditch drainage）と暗きょ排水（underdrainage），客土，盛り土などがある．明きょ排水では，地表面の排水のために，地面に溝を掘って雨水を園外に排出する．暗きょ排水では，地下の過剰水を排除するために，1mほどの深さの溝を掘り，排水管や粗大有機物などを埋設する（図11.7）．客土，盛り土は，水田転換園のように地下水位が高く排水工事が期待できないところで効果的である．

## 11.2　土壌管理

　土壌の生産力は，母材の種類や土壌の理化学性などに左右される．日本の果樹園土壌は，褐色森林土，黒ボク土，黄色土，赤色土，褐色低地土などからなっており，それぞれの母材の物理的，化学的性状によって，土壌の深浅，保水性，保肥力などが異なっている．また，日本の果樹園は傾斜地の比率が高いが，傾斜地土壌は一般に土壌が浅くて有機物に乏しいので，保水性，保肥力が劣るうえ，土壌浸食を受けやすい．良質な果実を安定生産するためには，栽培に適した土壌条件を知るとともに，好適土壌条件の維持，増進に取り組む必要がある．

### 11.2.1　土壌の生産力要因
#### a.　土壌の物理性

　果樹の根が容易に伸長可能な土壌の深さを有効土層（available depth of soil）という．有効土層が深いと根域が広がり，樹の生長量や果実の収量が増加するとともに，干害や寒害などに対する抵抗力が高まる．よって，有効土層の拡大が果樹栽培で重要になるが，このためには土壌の三相分布（three phase distribution）が下層まで適切な比率（固相率45～50％，液相率20～30％，気相率20～30％）に保たれていることが望ましい．土壌の三相分布には，土壌硬度，透水性，保水性，通気性などが関係している．また気相中の酸素濃度も重要で，樹の健全な発育には10～20％の酸素濃度が必要であり，そのためには土壌通気性が優れていなければならない．有機物施用により土壌の団粒構造が発達すると，孔隙が増加し，通気性や保水性が向上する．

### b. 土壌の化学性

樹の生育に影響する土壌の化学的要因として，土壌の保肥力や土壌 pH などがある．土壌の保肥力は，おもに土壌コロイドが $NH_4^+$, $K^+$, $Ca^{2+}$, $Mg^{2+}$ などの陽イオンを吸着できる最大量である陽イオン交換容量（cation exchange capacity：CEC）で表される．土壌の CEC は，土壌中に含まれる粘土鉱物の種類と量，および腐植含有量に左右される．果樹園の CEC は，10〜15 meq/100 g（土壌 100 g あたりの mg 当量）以上であることが望ましい．有機物施用により腐植を増やすと，CEC を高めることができる．

表11.4 果樹の種類と好適土壌 pH （小林，1975）[11]

| 果樹の種類 | 好適土壌 pH |
|---|---|
| イチジク | 7.5〜7.6 |
| ブドウ（アメリカ種） | 7.2〜7.6 |
| カ　キ | 5.0〜6.0 |
| ナ　シ | 5.0〜6.0 |
| ウンシュウミカン | 4.6〜6.0 |
| モ　モ | 4.6〜6.0 |
| リンゴ | 4.6〜5.0 |
| ク　リ | 4.0〜5.0 |

日本では，多雨による土壌中の Ca などの塩基類の流亡により，多くの園地で酸性土壌（acid soil）となっている．さらに，化学肥料の多用や酸性雨が土壌の酸性化を助長している．強酸性土壌では，Ca, Mg の溶脱や P の不可吸態化による元素の欠乏や，Al や Mn の遊離による過剰などにより，樹の生育に異常をきたす．Ca の欠乏によるナシのゆず肌病やリンゴのビターピット，Mn の過剰によるミカンの異常落葉やリンゴの粗皮病などがある．各果樹の好適土壌 pH を表 11.4 に示す．

### c. 土壌の生物性

土壌中には，ミミズや線虫などの小動物や，細菌や糸状菌などの微生物が多数生息しており，有機物を分解し，土壌の肥沃化に貢献している．また，土壌生物の代謝生成物によって団粒構造が発達し，物理性も改善される．土壌微生物の中には，果樹の根に侵入して共生関係を結ぶ菌根菌（mycorrhizal fungus）とよばれるものもある．菌根菌は，植物から光合成産物を受け取る見返りに，植物のリン酸などの養水分吸収や樹体生長を促進する．菌根菌のうち，果樹とおもに共生するのは VA（vesicular-arbuscular）菌根菌である（表 11.5）．VA 菌根菌は，根の内部にのう状体（vesicle）や樹枝状体（arbuscule）を形成する（図 11.8）．一方，線虫類や糸状菌の中には，根に寄生し生育障害を引き起こすものもある．

表 11.5 果樹の菌根（石井，2002）[8]

1) 外生菌根（ectomycorrhiza）を形成する果樹
　　クリ，クルミ，ペカン
2) エリコイド菌根（ericoid mycorrhiza）を形成する果樹
　　ブルーベリー，クランベリー
3) VA菌根（vesicular-arbuscular mycorrhiza，アーバスキュラー菌根ともよばれる）を形成する果樹
　　イチョウ，ココヤシ，パイナップル，ヤマモモ，マカダミア，イチジク，アケビ，チェリモア，アボカド，モモ，スモモ，ウメ，オウトウ，アンズ，リンゴ，カリン，マルメロ，ビワ，ナシ，キイチゴ，カンキツ，キンカン，カラタチ，マンゴー，ピスタチオ，レイシ，ブドウ，ドリアン，キウイフルーツ，マンゴスチン，パッションフルーツ，パパイア，グミ，グアバ，カキ，オリーブ，バナナ

注1：いずれの果樹もVA菌根を形成するが，クリ，クルミ，ペカンなどでは外生菌根菌，ブルーベリー，クランベリーなどではエリコイド菌根菌との相性のほうがよい．
注2：バラ科の果樹やブドウでは，一部の種で外生菌根を形成することがある．
注3：マカダミアでは菌根形成能が劣る傾向にある．

## 11.2.2　土壌改良

　日本の果樹園は有効土層が浅いために根系も浅く，樹勢の低下が生じやすい．したがって，深耕により下層土を改良することが重要であり，その際に有機物などを施用することにより土壌の理化学性も改善される．土壌改良の目標基準は果樹の種類によって多少異なるが，地力増進法に基づく樹園地での改善目標は表11.6のとおりである．

### a. 深耕

　深耕（deep plowing）は下層土の物理性を改善し，果実の生産量や品質を向上させる効果がある．しかしながら，過度の深耕で根が深層部に集中すると，果実の熟期の遅れや品質の低下を招くおそれもある．深耕では根の切断もともなうため，部分的に場所を変えながら，最終的に園全体に行き渡るように計画的に行う必要がある．透水性の悪い園では部分深耕により深耕部が湛水しやすいので，排水に留意する．深耕には多くの労力を有するため，トレンチャーやバックホーな

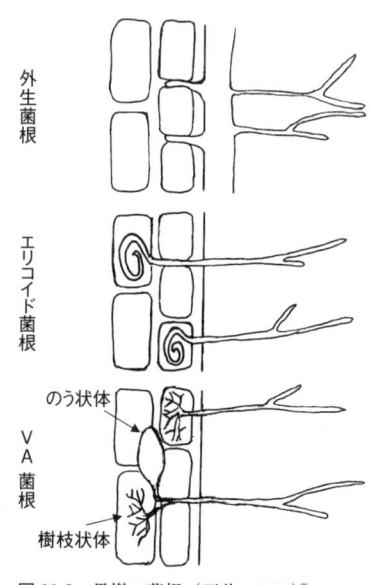

図11.8　果樹の菌根（石井，2002）[8]

表 11.6　地力増進法に基づく樹園地での基本的な改善目標（農林水産省編，2008）[12]

| 土壌の性質 | 土壌の種類 | | |
|---|---|---|---|
| | 褐色森林土，黄色土，褐色低地土，赤色土，灰色低地土，灰色台地土，暗赤色土 | 黒ボク土，多湿黒ボク土 | 岩屑土，砂丘未熟土 |
| 主要根群域の厚さ | 40 cm 以上 | | |
| 根域の厚さ | 60 cm 以上 | | |
| 最大ち密度 | 山中式硬度で 22 mm 以下 | | |
| 粗孔隙量 | 粗孔隙の容量で 10% 以上 | | |
| 易有効水分保持能 | 30 mm/60 cm 以上 | | |
| pH | 5.5 以上 6.5 以下（茶園では 4.0 以上 5.5 以下） | | |
| 陽イオン交換容量（CEC） | 乾土 100 g 当たり 12 meq 以上（ただし，中粗粒質の土壌では 8 meq 以上） | 乾土 100 g 当たり 15 meq 以上 | 乾土 100 g 当たり 10 meq 以上 |
| 塩基状態　塩基飽和度 | カルシウム，マグネシウムおよびカリウムイオンが陽イオン交換容量の 50〜80%（茶園では 25〜50%）を飽和すること． | | |
| 塩基状態　塩基組成 | カルシウム，マグネシウムおよびカリウム含有量の当量比が（65〜75）：（20〜25）：（2〜10）であること． | | |
| 有効態リン酸含有量 | 乾土 100 g 当たり $P_2O_5$ として 10 mg 以上 30 mg 以下 | | |
| 土壌有機物含有量 | 乾土 100 g 当たり 2 g 以上 | — | 乾土 100 g 当たり 1 g 以上 |

どの機械を利用すると効率的である．

**b. 有機物の投入**

　有機物は土壌中で分解されて無機養分の供給源となるだけでなく，有機物の施用で腐植が増えると，土壌の保肥力や緩衝能が高まる（図11.9）．また，有機物の施用により有用微生物の活動が盛んになり，土壌の団粒構造が形成され，その結果土壌の通気性や保水性が向上する．一方，有機物の施用により樹の生育を阻害することもあり，炭素率（C/N率）の高い有機物，重金属を含む有機物，未熟成の有機物の施用にあたってはとくに注意が必要である．有機物資材として，家畜ふん尿，樹皮（バーク），せん定枝，わら，産業廃棄物などがある（表11.7）．

## 11. 水分生理と土壌管理

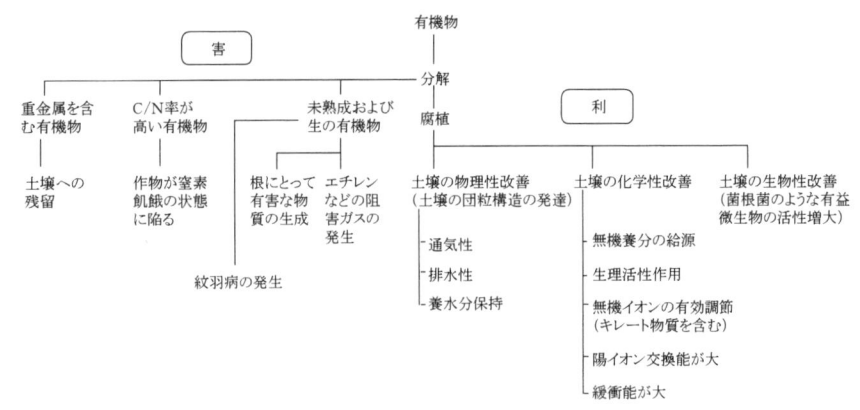

```
                          有機物
                            │
            ┌──────────────┼──────────────┐
           [害]          分解           [利]
            │           腐植              │
  ┌────┬────┼────┐        │         ┌────┼────┐
重金属を  C/N率が  未熟成および         土壌の物理性改善  土壌の化学性改善  土壌の生物性改善
含む有機物 高い有機物 生の有機物         (土壌の団粒構造の発達) │           (菌根菌のような有益
  │      │    ┌──┼──┐         │              │           微生物の活性増大)
土壌への  作物が窒素 根にとって エチレン  - 通気性      - 無機養分の給源
残留    飢餓の状態 有害な物  などの阻   - 排水性      - 生理活性作用
       に陥る   質の生成  害ガスの   - 養水分保持   - 無機イオンの有効調節
              │       発生                      (キレート物質を含む)
           紋羽病の発生                          - 陽イオン交換能が大
                                               - 緩衝能が大
```

図 11.9　有機物施用の効果（石井, 2002）[8]

表 11.7　有機物の種類と特性（石井, 2002）[8]

| 有機物の種類 | 特性および注意事項 |
|---|---|
| 家畜ふん尿，魚かす，油かす，大豆かすなど | C/N 率は，ふん尿やかすの種類によって異なるが，5〜20 程度である．これらは肥料成分を比較的多量に含む有機肥料である．しかし，土壌の物理性の改善ではほとんど効果が望めない． |
| 雑木，せん定枝など | C/N 率が 50 以上であるが，中には著しく高いものがある．肥料養分の供給よりも深耕による土壌の物理性の改善に有効． |
| 山野草，稲わら，麦わら，もみがらなど | 山野草は草種によって C/N 率が著しく異なる．稲わら，麦わら，もみがらは C/N 率が 70 前後，多くはマルチ資材として使用されているが，最近，稲わらが不足している．また，もみがらは暗渠資材として有効である． |
| 樹皮（バーク）堆肥，ピートモス，その他市販の有機系土壌改良剤 | C/N 率が 20〜30 に調整されているが，樹皮堆肥の中には C/N 率が高いものがあるので注意する．またピートモスは土壌を酸性化しやすいので，大量施用は注意を要する．これらは，いずれも肥料養分の供給の点では効果が低い． |
| おがくず，チップかす，生の樹皮，製紙スラッジなど | これらの資材は C/N 率が著しく高く，700 前後のものが多い．それゆえ，窒素飢餓を誘発しやすい．近年，家畜ふん尿を混合し，C/N 率を調整したおがくず堆肥などが市販されているが，使用にあたっては十分に注意する必要がある． |
| 各種汚泥，コンポスト | 各種工場の活性汚泥，都市下水汚泥，し尿処理汚泥などで，土壌の物理性の改善よりも有機質肥料としての効果が認められ，C/N 率は一般に低い．しかし，ものによって肥料養分のふれが著しく大であり，またこれらの有機物には重金属を含んでいるものがある．それゆえ，積極的な使用は慎んだほうがよい． |

注：C/N 率が 20 以下であれば，作物と土壌微生物との間の窒素の競合が発生しない．

## c. 土壌改良資材の利用

　土壌の透水性や保肥力などの性質を改善するために，さまざまな土壌改良資材（soil conditioner）が利用されている．土壌の膨軟化にはピートモスやバーク堆肥，保肥力の改善にはゼオライトや腐植酸資材，保水性の改善にはパーライトやピートモス，透水性の改善にはバーミキュライトや木炭が用いられる．日本の園地で生じやすい土壌酸性の改良のためには，苦土石灰などの石灰質の改良資材の施用が重要である．

## 11.2.3　表土管理

　果樹園の表土管理の方法として，清耕法，草生法およびマルチ法がある．それぞれに長所，短所があり（表11.8），両方を考慮した折衷法（部分草生法など）もある．以前は清耕法が多かったが，果樹園に適した草種が選択されるようになったことなどにより，草生法や部分草生法が増えてきている．

### a. 清耕法

　清耕法（clean culture）は，中耕または除草剤によって除草を行い，地表面を裸地にしておく方法である．長所として，雑草と養水分を競合しない，土壌からの水分損失が少ない，病害虫のすみかを与えない，などがある．一方，短所として，土壌浸食が生じやすい，有機物を含む層が浅くなる，地表面の温度変化が激しい，などがある．

### b. 草生法

　草生法（sod culture）は，イネ科やマメ科の牧草，自生の雑草などを利用して

表11.8　果樹に対する清耕法，草生法およびマルチの得失（熊代，1994）[13]

|  | 土壌浸食防止 | 地力増進 | 水分供給 | 肥料分供給 | 地温*の緩和 | 病虫害[*2]防除 | 野ネズミなどの食害 | 樹勢・収量 | 落果傷害の軽減 | 省力化 | 資材費の節減 |
|---|---|---|---|---|---|---|---|---|---|---|---|
| 清耕法 | − | − | ± | + | − | + | ± | ± | − | − | + |
| 草生法 | + | + | − | ±[*3] | + | − | − | ± | + | ± | + |
| マルチ | + | + | + | + | + | − | − | + | + | + | − |

*：草生法およびマルチは地温の夏季の上昇や冬季の下降を緩和する効果が高いが，早春期には地温を低くして晩霜害を多くする危険がある．
[*2]：草生法およびマルチでは落葉・落果の処理がやりにくい．
[*3]：草生が定着するまでは肥料を多めに施用する必要があるが，刈草が蓄積し分解し始めると肥料成分が増える．

図11.10 ナギナタガヤ草生カンキツ園（7月上旬）（石井，2002）[8]

図11.11 部分草生のモモ園

地表面を被覆しておく方法である．長所は，雨滴による土壌浸食の防止，草の根による土壌の物理性の改善，枯れ草や刈り取り草による有機物の補給，地温の変動緩和などがある．一方，短所として，樹と草の養水分の競合が生じる，病害虫のすみかを与える，草管理に労力を要する，などがある．近年，初夏に枯れて自然倒伏し，果実肥大期に樹と養分競合しにくいナギナタガヤ（イネ科）やヘアリーベッチ（マメ科）が有望な草種として注目されている（図11.10）．

**c. マルチ法**

マルチ法（mulch）は，わら，草，ポリフィルムなどの資材で土壌表面を被覆する栽培法である．長所として，水分の蒸発抑制，雑草防除，土壌侵食の防止，地温の変動抑制，などがある．一方，短所として，マルチ資材の経費がかかる，根群分布が浅くなりやすい，春先の気温上昇抑制により樹の成長が遅れる，などがある．近年，果実成熟期に透湿性や反射性のあるプラスチックシートで被覆して果実品質を高める方法が，カンキツを中心に広がりつつある（図11.5）．

**d. 部分草生法**

部分草生法は，樹冠下もしくは樹列を中耕や除草剤によって除草し，樹間や樹列間は草生する方法である（図11.11）．樹冠下では清耕により雑草との養水分競合を防ぎ，樹列間では草生により土壌の理化学性を改善する．　　　　［別府賢治］

■文　献
1) 薬師寺　博（2011）：果実日本，**66**，39-42.
2) Cassell, D. K. *et al.* (1983)：*Soil Sci. Soc. Am. J.*, **47**，764-769.
3) 星　典宏ほか（2007）：園学研，**6**，541-546.

## 文　　献

4) 平岡潔志ほか（2005）：土肥誌，**76**，641-644.
5) 岩崎光徳ほか（2010）：園学研，**9**，433-439.
6) 森永邦久・池田富喜夫（1985）：園学要旨，昭60春，pp. 44-45.
7) 伊藤亮一（1995）：作物の生理・生態学大要（池田　武編），pp. 29-46，養賢堂.
8) 石井孝昭（2002）：最新果樹園芸学（杉浦　明ほか），pp. 99-118，朝倉書店.
9) 鴨田福也（1987）：園学シンポ要旨，昭62秋，pp. 1-8.
10) 森永邦久ほか（2004）：園学研，**3**，45-49.
11) 小林　章（1975）：果樹環境論，養賢堂.
12) 農林水産省編（2008改正）：地力増進基本指針.
13) 熊代克巳（1994）：新版図集果樹栽培の基礎知識（熊代克巳・鈴木鉄男），pp.85-98，農山漁村文化協会.
14) 野並　浩（2001）：植物水分生理学，養賢堂.
15) 久馬一剛編（1997）：最新土壌学，朝倉書店.

# 12. 樹体栄養と施肥

## 12.1 樹体栄養

　生物の生命メカニズムの構造と機能を担っているものはすべてなんらかの化学物質であって，生物は外界から物質を取り込み，それを化学的に作り変えて，からだを構成する部分を作りだしたり，エネルギーを運ばせたりしながら生きている．わたしたちは「この食べ物には栄養がある」というように，体外から取り込む物質に含まれている役立つ成分のことを栄養と呼んでいるが，本来は，生きるのに役立つ成分を含む物質が取り込まれ，その成分が生命体内のさまざまな場所・場面で活用され，生命メカニズム全体が駆動している現象全体が栄養である．

　樹体栄養とは，周辺環境と樹との化学物質のやりとりや樹体内での化学的転換のすべてを含む概念であり，健全な樹では生理的メカニズムを構成する因子が欠けることなくそろい機能している．この樹体栄養が健全に維持できなければ，果実の生産能力を十分に発揮させることはできない．

　果実生産の本質たる樹体栄養であるが，生産者にとって，樹の栄養状態およびそれを支える土壌の状態を判断するための情報は必ずしも多くはない．土壌診断や葉分析を行えるならまだしも，新梢の伸長具合や花の数，葉色程度の判断材料から，最適の施術を見出さねばならないことも多い．ただし，樹体栄養とは環境の中での化学変化や物質循環に基づくものであるから，その最適化をはかるために，栄養にかかわる正確な化学の知識をもつことが必要である．

## 12.2 必須元素

　生物が生きていくために不可欠な元素を必須元素といい，樹体栄養はほぼ必須元素のみで構成されている．植物の必須元素として現在確認されているのは表12.1に示す17種である．

## 12.2 必須元素

表 12.1 植物の必須元素

| 必須多量元素 | | 必須微量元素 | |
|---|---|---|---|
| 炭　素 | C | 鉄 | Fe |
| 水　素 | H | マンガン | Mn |
| 酸　素 | O | ホウ素 | B |
| 窒　素 | N | 亜　鉛 | Zn |
| リ　ン | P | 銅 | Cu |
| カリウム | K | モリブデン | Mo |
| カルシウム | Ca | 塩　素 | Cl |
| マグネシウム | Mg | ニッケル | Ni |
| イオウ | S | | |

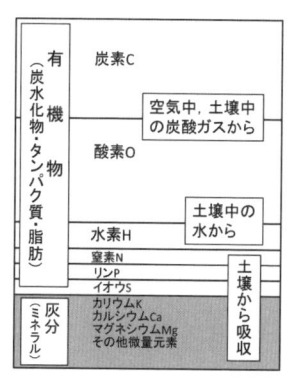

図 12.1 樹体の固形分を構成する要素とその供給源

　野生の植物は，必須元素をすべて身近なところから手に入れて生きている．すなわち，必須元素は，はじめからその場所に存在するのである．植物体内の固形分を構成する元素とそのおもな供給源を図 12.1 に示した．

　植物に取り込まれた必須元素は，原則として，体内のしかるべき場所に配分され，植物体自体や体内での生命メカニズムの維持のために活用される．健全に成長している植物体の元素構成比率を調べれば，その植物が生きていくのに必要とする各元素の量をおおよそ知ることができる（表 12.2）．

　野生植物は自律的に生きているのに，果樹を含む作物栽培では，生産者が肥料を施して補わなければ養分不足に陥る．野生植物では，役目を終えた植物器官はそのまま地面に落ちて土壌中で分解されるから，その場での元素のリサイクルがほぼ成立している．一方，栽培植物では，利用部位が野生植物に比べればはるかに大きい養分集積体であるとともに，それら収穫物が基本的にすべて生育環境外に持ち出される．また，せん定枝や刈り取った雑草などを生

表 12.2 モモ（接ぎ木 1 年生 '大久保'）の葉の元素構成比率（尾形ら，1989，改変）[1]

| 元素名 | | 含有率（乾物 ppm） |
|---|---|---|
| 窒　素 | N | 28000〜38000 |
| カルシウム | Ca | 8500〜18000 |
| リ　ン | P | 3400〜4300 |
| マグネシウム | Mg | 2500〜3100 |
| カリウム | K | 2100〜3000 |
| ナトリウム | Na | 500 |
| マンガン | Mn | 80〜90 |
| 鉄 | Fe | 70〜90 |
| ホウ素 | B | 30〜60 |
| 亜　鉛 | Zn | 20〜55 |
| 銅 | Cu | 9〜15 |
| 塩　素 | Cl | 2 |

6〜10 月の成葉中成分の最小値〜最大値を示した．一部の元素は初出．

育場所の外で処分すると，これらを構成している元素ももとの生育環境に戻らない．すなわち，自然界での元素のリサイクルシステムが崩れている．また，人間は，植物のありのままの姿ではなく，人間の利益となる果実の量や大きさ，花の数，葉の量，成長の早さなどを求める．目的に応じた成長を促すためには，特定の元素を補給して人為的な栄養バランスを植物体内に作り出す必要がある．

## 12.3 植物体を構成する元素

### 12.3.1 生体構成要素：炭素，水素，酸素

炭素，水素，酸素の3元素は植物体内で最も多く存在し，これらを生体構成要素と呼ぶ．植物は，常時，葉から二酸化炭素（$CO_2$）を，また，根から水（$H_2O$）を取り込んでいる．二酸化炭素は大気中におよそ0.04％含まれるが，これは植物にとって十分な量である．ただし，温室などの閉鎖環境では二酸化炭素不足に陥る場合があるので，炭酸同化を促すために二酸化炭素施肥を行うことがある．土壌中の水分が不足すれば人為的に与える必要があるが，水の施用はかん水という別の概念になる．

**a. 呼吸と光合成**

多くの生物は，細胞内のミトコンドリアで炭水化物を酸化し，それを低エネルギーの安定物質である二酸化炭素と水に分解する過程から生命システムを駆動させるエネルギーを取り出している．この反応を呼吸（酸素呼吸）という．

緑色植物や光合成細菌は，光のエネルギーを捕捉して化学エネルギーに転換させる能力をもち，低エネルギー物質である二酸化炭素と水から呼吸基質である炭水化物を作りだす．この反応を光合成という．

呼吸と光合成はそれぞれ複雑な化学反応の総体であるが，簡略に記すならその反応式は次のようになる．

呼吸（酸素呼吸）：$C_6H_{12}O_6 + 6O_2 \rightarrow 6CO_2 + 6H_2O$ ＋生命活動に用いることのできる化学エネルギー

光合成：$6CO_2 + 6H_2O$ ＋光子エネルギー$\rightarrow C_6H_{12}O_6 + 6O_2$

**b. 光合成と環境**

光合成は，二酸化炭素と水を用いて光エネルギーを取り込み，高エネルギーの炭水化物を合成する反応であるから，樹体栄養にとって最も重要な因子である．光合成による物質の取り込み量を植物自身のもつ能力以上に高めることはできな

いので，樹体栄養への炭素の供給を促すには，樹の光合成を阻害している要因をできるだけ取り払うことが重要である．

## 1) 光

光合成反応は，光の強さに依存しており，二酸化炭素濃度が一定であるなら，光の強さが増すに従って，光合成速度は増大する．ただし，ある光度以上になるとそれ以上光合成速度は増大しなくなる．この光度を光飽和点と呼ぶ．植物はつねに呼吸して二酸化炭素を排出しているので，光度が低くなると，二酸化炭素の取り込み量と排出量の差が小さくなる．差がなくなる光度を光保障点と呼び，光保障点より弱い光のもとでは取り込み量の方が少なくなる．

補光照明などの手段はあるものの，太陽光に依存して栽培するならば，降り注ぐ光自体を強めることはできない．ただし，樹の光合成器官がすべて十分な光を得て能力を最大限に発揮しているわけではなく，陰になっている部分の光合成効率は低い．したがって，樹冠の日当りを改善してやれば，樹全体としての光合成速度は高まる．主たる光合成器官である葉の量が，無用な落葉や枝梢の成長不全に妨げられることなく十分に確保され，かつ，枝葉どうしが陰を作りださないように枝葉を合理的に配置する必要がある．

## 2) 土壌環境

土壌が乾燥して根から水を吸い上げにくい状態になると，植物は生命維持のために気孔を閉じて体内水分を保持しようとする．気孔が閉じると二酸化炭素の取り込みができなくなり，光合成速度は低下する．反対に，土壌水分が過剰である場合，直接的には植物の成長に影響しないが，根は呼吸に用いる酸素を土壌中から得ているから，酸素不足による機能不全を生じて吸水量が低下し，結果として光合成速度が低下する．過湿土壌であっても，土壌水がつねに流動しているならば，酸素は水に溶け込んでいるので酸素不足の害は生じにくいが，土壌水が停滞している場合は酸素が欠乏し根の呼吸不全に陥る．このような酸素不足は，稠密性が高く気相率の低い土壌や，空気交換がなされにくい土壌深部でも生じる．粘土のような微粒子に有機物由来の腐植が加わると，有機物を微生物が分解する過程で生じる物質が糊の役割を果たして粒子を凝集させ，団粒と呼ばれる粒子塊を作る．団粒内および団粒間には空隙ができ，その空隙の大きさによって水の保持，排水，空気の交換などの機能が果たされる．多様な大きさの団粒が存在する状態を団粒構造（図12.2）といい，この構造をもつ土は作物栽培に適している．

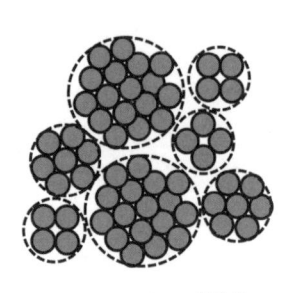

図 12.2　土壌の団粒構造

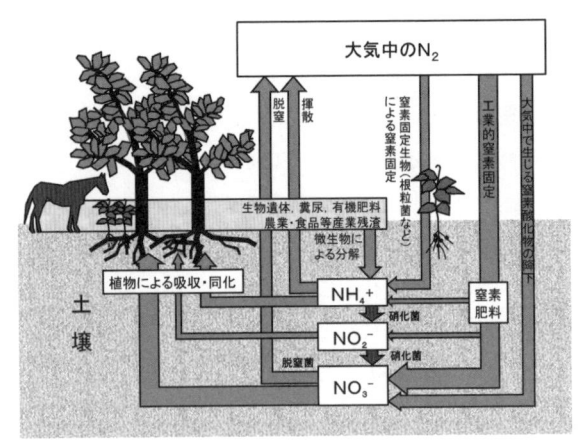

図 12.3　園地における窒素の循環

## 12.3.2　肥料の主要3要素：窒素，リン，カリウム

　炭素，酸素，水素は，光合成・呼吸・水吸収・蒸散にともない，二酸化炭素，酸素，水の形態でつねに植物体から出入りしている．その他の必須元素はいずれも土壌中に無機成分として存在し，根から吸収されるので，これらを肥料として土壌に施すことにより人為的に樹体栄養を管理できる．

### a.　窒　素（N）

　窒素はアミノ酸（RCH(NH)$_2$COOH）の構成元素であり，このアミノ酸が多数重合してできているタンパク質によって，生命現象の本体である細胞原形質が形成されている．また，窒素は，酵素，ホルモン，核酸，葉緑素など，植物の生命維持に欠かせない化合物の構成元素でもある．

　大気の78％を占める窒素ガス（N$_2$）はそのままでは植物は利用できない．自然界には，大気中の窒素を植物の利用できる物質に変えるシステム（窒素固定）が備わっており（図12.3），植物は，アンモニウムイオン（NH$_4^+$）や亜硝酸イオン（NO$_2^-$），硝酸イオン（NO$_3^-$）の形態で窒素を体内に取り込み代謝する（窒素同化）．

　窒素の補給量および植物体内の含有量には最適域が存在する．窒素が適度に存在するならば，根，葉，茎の発育が促される．また，葉緑素の合成が活発になって葉色がよくなり，同化作用が盛んになる．窒素の必要量は，おおよそ植物体の大きさに比例する．窒素が不足すると，すぐさま細胞活動に機能不全を生じ栄養

成長が阻害される．果樹は，樹体内に窒素を多く貯蔵しているため，他の作物ほどすぐには窒素不足の兆候があらわれないが，貧窒素の状態が続くとやがて樹勢が衰える．樹体が窒素不足の状態に陥ると，葉緑素の合成・維持の不全が生じ，葉色の黄化が起こる．窒素は体内での移動性が高く，樹は成長の活発な部位に窒素を集めようとするので，樹全体の窒素が足りないときは，とくに，古葉や下位葉で黄化が発生する．窒素が過剰に与えられたときは，植物体の徒長的成長や，樹体の栄養バランスが栄養器官の成長に偏ることによる生殖成長の阻害が起こる．

**b. リン（P）**

　リンは生体エネルギー代謝にかかわるATP，細胞膜の大部分を占めるリン脂質，およびDNAやRNAの構成元素であり，不足すると細胞分裂が抑制される．

　リンは，炭素，水素，酸素，窒素のような莫大な供給源があるわけではなく，土壌中に存在する量が限られている．また，土壌中にあるリンも土壌の化学状態によっては植物が利用できない不可給態となっている．塩基性土壌では，カルシウムと結合してリン酸カルシウムが多く，植物に吸収されやすいが，酸性土壌では鉄やアルミニウムが活性化してリンと結合し，難溶性で根に吸収されにくいリン酸鉄やリン酸アルミニウムが多くなる．日本は基本的に酸性土壌であり，また，日本に多い火山灰土壌はアルミニウムを多く含むので，リンが不溶化しやすい土であるといえる．

　新根の発生や芽の形成，開花結実現象は，いずれも活発な細胞分裂をともなうのでリン不足の影響を受けやすい．リンは体内での移行性が高く，欠乏すると植物は細胞分裂の活発な器官にリンを集めるので，古・下位葉の栄養不全が著しくなり，葉の暗緑色化，光沢の消失，落葉などが起こる．

　マグネシウムにはリンの吸収や体内移動を助ける相助作用がある．カリウム，鉄，亜鉛，銅はリンの吸収を拮抗的に阻害する．

**c. カリウム（K）**

　カリウムは植物体の構造形成要素ではなく，大半は細胞液中にイオンとして存在し，細胞内pHやイオンバランスの調節，細胞浸透圧の調節などにかかわっている．また，体内の重要な物質代謝を担う酵素の活性化にカリウムが必要であり，光合成による炭酸同化反応やタンパク質の合成，デンプンの分解と糖の移動，生理活性物質の合成などに不可欠である．

表12.3 その他の元素の生理作用，欠乏・過剰症状・他元素との相互作用

| 元素名(記号) | 体内での生理作用 | 欠乏症状 | 過剰症状 | 他元素との相互作用 |
|---|---|---|---|---|
| カルシウム(Ca) | 代謝反応時に生成される有機酸の中和を助ける．Caが欠乏して中和がなされないと，細胞内pHの低下による機能不全を生じる．光合成で合成された糖類の転流制御や，ペクチンと結合して細胞同士の接着を強固にする作用もある．また，真核生物全般でCaイオンは体内のシグナル伝達に関与するとされ，Ca結合タンパク質（カルモジュリン）がタンパク質の活性化を制御している． | 有機酸と結合すると不溶化して他に移動しにくくなる．そのため欠乏症状は成長の盛んな先端の若い器官にあらわれる．芽や新梢先端の枯死，葉の先端部の黄白化，果実の部分の壊死，細根の発生不良，根腐れなど． | Caが過剰に吸収されるときは土壌が塩基性であるから，Mn, Fe, Zn, Bなどの吸収が悪くなり，これらの欠乏症状があらわれる． | Pと相助作用があり，逆に，N, K, MgはCa吸収を拮抗的に阻害する． |
| マグネシウム(Mg) | 葉緑素の構成元素である．また，タンパク質や脂肪の合成や体内でのリン酸の移動を助ける． | 葉緑素の合成が低下して葉が黄化し，光合成が阻害される．また，細胞分裂の盛んな部位へのリン酸の移動が阻害され，生育が悪くなる．体内での移動性が高いので，欠乏症状は古葉・下位葉から生じ，最初は葉縁部が，進行すると葉脈のみを残して葉肉部が黄化する． |  | Pとの間に吸収や体内移動での相助作用がある．KとCaの吸収を拮抗的に阻害する． |
| イオウ(S) | アミノ酸のシステイン，メチオニンの構成元素であり，タンパク質合成の必須成分．ビタミンの構成成分でもある． | 欠乏すると，成長が抑制され，古葉・下位葉に窒素欠乏に似た黄化症状があらわれる．火山灰土壌の多い日本では，あまり不足しない． | S自体の過剰は起こらない．肥料を構成するSO4イオンが多く残留すると，土壌pHが低下する． |  |
| 鉄(Fe) | 葉緑体のリンタンパク質と結合し葉緑素の合成に関与する．また，シトクロームに含まれるヘム鉄のように，多くの電子伝達タンパク質，酵素タンパク質に結合し，酸化還元反応に関与している． | もともと土壌中に多く含まれるが，中性〜アルカリ性土壌では不溶化して植物が吸収できなくなる．また，土壌乾燥や吸水不全により欠乏症を発することがある．欠乏すると葉緑素の合成が阻害され，新葉が黄白化する．体内での移動性が低いので症状は新芽・新葉にあらわれる． | 多量に存在すると，Pと結合して植物のP吸収を阻害する． | KはFeの吸収や体内移動を助ける．Ca, P, Mn, Zn, Cuとは拮抗的阻害作用を示す． |
| マンガン(Mn) | 光合成の酸化還元反応を触媒する酵素の構成元素であって，葉緑体中に多く存在する．タンパク質の合成を助ける作用もある． | 通常は欠乏しない．土壌の塩基性が高くなると，有効態の$Mn^{2+}$が不溶性の$Mn^{4+}$に酸化されて，植物の吸収利用を阻害して欠乏症状を発する．葉緑素の減少による新葉の葉脈間黄化が特徴で，進行すると古葉・下位葉にも黄化が広がる． | 土壌の酸性が強くなると，有効態Mnが増えて過剰吸収が起こることがある．ミカンの異常落葉，リンゴ粗皮病などは土壌の酸性化に起因するMn過剰障害である． | KやNが土壌中に多いとMnの吸収も多くなる．Ca, Cu, Fe, Zn, Pは，Mnの吸収や体内移動を阻害し，とくにCaは吸収を強く阻害する． |

## 12.3 植物体を構成する元素

| | | | | |
|---|---|---|---|---|
| ホウ素 (B) | ペクチン鎖をホウ酸-多糖複合体による架橋構造で結び，細胞壁の構造を安定化させる．急速な細胞伸長をともなう花粉の発芽や花粉管の伸長にはCaとともにBが必須である．細胞壁のみに局在し，細胞内部にはほとんど含まれない． | 吸収後の移動性はきわめて低く，生育期間を通じて根から吸収される必要がある．アルカリ土壌では不溶化しやすい．欠乏すると，維管束の形成や機能維持に不全を生じ，水や養分の吸収が悪くなる．とくに，導管を移動するCaの吸収・移動が阻害される結果，成長が強く阻害される．典型的欠乏症として，リンゴ縮果病，石ミカン・ヤニミカン，大粒ブドウの花ぶるいなど． | 過剰に与えると，葉の黄化や枝枯れ，器官の異常老化などを生じる． | N，K，Caと吸収における拮抗的阻害作用を示す． |
| 亜鉛 (Zn) | DNAポリメラーゼ，RNAポリメラーゼ，リボソームなど，タンパク質合成にかかわる酵素の構成成分である．また，植物ホルモンであるオーキシンの原料物質であるトリプトファンの合成に関与するとされる． | 体内での移動性が低いので，若い部位に欠乏症状があらわれる．葉や茎の成長が抑制され，節間がつまって小葉が密生するロゼット状を呈する．先端の枝枯れや，葉脈間の明瞭な黄色斑の発生が起こる． | Fe，Cu，Moの吸収を拮抗的に阻害し，これらの欠乏症を引き起こす． | CaとPによって吸収が阻害される．N，K，Mnも過剰に存在すると，Znの吸収が悪くなる． |
| 銅 (Cu) | 植物体内で1価および2価の陽イオンとして存在し，電子伝達や酸化還元反応を担う．光合成反応の過程で銅タンパク質が電子伝達を行っている．また，いくつかの酸化還元酵素にも銅が含まれる．葉緑体には銅が多く存在し，欠乏すると葉緑素が減少して光合成が衰える． | 体内での移動性が低く，欠乏症状は若い器官にあらわれる．新葉のまだら状の黄化，葉の壊死斑，果皮のゴム状汚点や若枝表皮下のゴム状物質の堆積など．アルカリ性土壌では不溶化して不可給化．有機質と結合すると植物が吸収できなくなるので，腐植質の土地で欠乏症状が発生することがある． | Fe，Zn，Moの吸収を拮抗的に阻害し，これらの欠乏症を引き起こす． | K，Mn，Znによって吸収や体内移動が助けられる．Ca，N，Fe，Pによって吸収が阻害される． |
| モリブデン (Mo) | アミノ酸合成系の硝酸還元酵素や，核酸分解物を尿酸にまで分解する酵素に含まれる． | 葉に淡橙色の斑点を生じ，葉の縁が内側に湾曲して筒状あるいはコップ状になる．酸性土壌ではFeやAlと結合し，不可給態となる． | | PやKによって吸収や体内移動が助けられる．$NH_4^+$，$SO_4^{2-}$，Ni，Fe，Mn，Ca，Mnによって吸収が阻害される． |
| 塩素 (Cl) | 光合成反応における酸素発生を担う膜タンパク質に含まれる．光合成産物の転流や成熟にもかかわるとされる． | | | |

細胞機能の維持や代謝，物質移動にかかわる元素なので，欠乏すると多機能不全を生じて成長全体が阻害される．特徴的な欠乏兆候は，古葉・下位葉の葉縁部に発生する黄変・褐変・壊死である．カリウムは窒素についで土壌から流亡しやすいが，植物が吸収しやすいので，土壌中にカリウムが多く存在すれば吸収量も比例的に増加する．体内での移動性もきわめて高い．カリウムは，カルシウム，

マグネシウムと拮抗的に吸収されるので，カリウムの過剰な施用は，カルシウムやマグネシウムの欠乏をまねく．

その他の必須元素については，表12.3にまとめて記載した．

## 12.4 土 壌

土壌は，岩石（母岩）が風化してできた細粒子（土壌母材）が作りだした空間に，微生物・動植物が生活し，土壌母材に生物遺体が分解された腐植が加わって生成される．物理的，化学的および生物的性質を有し，それぞれの性質が良好でかつバランスが保たれていれば，作物栽培に適した地力のある土壌であるといえる（図12.4）．

### 12.4.1 土壌の物理的性質

土壌を構成する固体・液体・気体の容積割合を，三相分布（固相：液相：気相）という．このうち固相は，1次鉱物（砂のこと．透水性，通気性にかかわる），2次鉱物（粘土のこと．帯電して肥料成分の保持や団粒構造形成に役立つ），腐植（帯電して2次鉱物とともに土壌の団粒構造を形成する），鉄・アルミナ酸化物，養分元素などの化合物，および微生物・動植物などである．液相は水であり，気相は空気で酸素10〜21％，二酸化炭素0.1〜10％を含む．気相のガス組成が大気と異なるのは，土壌中の微生物の呼吸の影響を受けるためである．

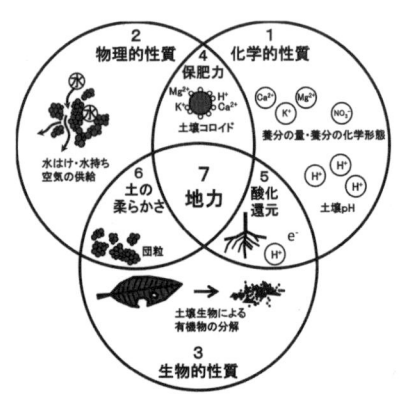

図12.4 樹体栄養に関係する土壌の性質（全国農業協同組合連合会肥料農薬部，2010，改変）[2]

地中深くには堅い岩盤があり，その近くでは母岩の風化が進んでおらず，また，生物量が少なく腐植が供給されないので団粒構造が成立していないから，土壌とはいえない．土壌が成立していても，地下水位が高い場合，地中の深いところは通気性が悪く，根が生育できない．一方，地表近くは乾燥や浸水，高温・低温・凍結などの影響が大きく，根にとって過酷な環境である．

厚みのある根域が形成できるならば，透水性・通気性が高く，腐植が豊富で養水分をプールしやすい土壌環境が広く確保されていることになる．

土壌物理性診断においては，根域の厚さ（根の90%が分布する厚さ），主要根群域（細根の70〜80%が分布する厚さ），最大緻密度（土壌の硬さを示し，土壌硬度計で計測），粗孔隙量（土壌の液相率と気相率の和），易有効水分保持能（根が吸収しやすい，pF値〔土壌への水の吸着力と同等の圧力を生む水柱の高さ（cm）の対数〕1.8〜2.7となる水量を根域の厚さ60 cmあたりの高さで示した値）などの項目について評価が行われる．

### 12.4.2 土壌の化学的性質

土壌の化学性とは，土壌中の元素量や化学的形態，元素どうしのバランスなどが関係する性質である．

土壌pHは，土壌溶液中および負荷電の土壌粒子に吸着している水素イオンの濃度を示し，元素の溶解性に影響を及ぼす．土壌中で，元素が水に不溶・難溶な化合物になっていると，根はこれを吸収できない．土壌pHと元素の溶解性との

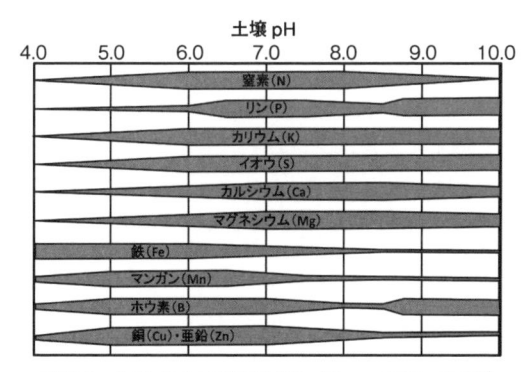

図 12.5 土壌pHと元素の溶解性（Truog, 1946, 改変）[3]
幅が広いほど土壌溶液に溶けやすく，植物が吸収しやすい．

関係を図12.5に示した．なお，雨には大気中の二酸化炭素が溶け込んで炭酸化しpH 5.7程度の酸性を示すので，世界的には多雨地域に属する日本の土壌は基本的に弱酸性である．

負に帯電した粘土鉱物や腐植は，$NH_4^+$，$K^+$，$Ca^{2+}$，$Mg^{2+}$などの陽イオンを吸着・保持する．土壌の陰イオン電荷の総量を陽イオン交換容量（CEC）といい，土壌の保肥力を示す．

土壌に吸着されており，他の陽イオンと容易に置換できる状態にある陽イオン（カリウム，マグネシウム，カルシウム）の量は交換性塩基量として示される．

塩基飽和度は，陽イオン交換容量に占める交換性陽イオン（カリウム，マグネシウム，カルシウム）の比率である．有効態リン酸含量は，カルシウムや鉄，アルミニウムと結合しておらず植物の吸収しやすい形態にあるリン酸の含量である．

## 12.5 施　　肥

不足する元素を人為的に補給するための資材が肥料である．肥料を与えることを施肥という．窒素以外の成分は，肥料取締法に基づく公定規格では酸化物として扱うきまりになっている．リンはリン酸，カリウムはカリあるいは加里，カルシウムは石灰，マグネシウムは苦土と表記し，施用量を記載する場合，純元素で換算しているとの但し書きがなければ，リン酸は$P_2O_5$，カリは$K_2O$，石灰はCaO，苦土はMgOとして質量を計算する．

### 12.5.1　施肥量の決定

図12.6のような園地の元素循環系において，系から出ていく元素の種類と量を把握し，それを施肥で補えば継続した栽培ができるはずである．しかしながら，現実には，園地から出ていく元素の量を捉えることは難しい．また，施肥は，足りない元素を補充するだけではなく，栄養成長と生殖成長のバランスを整え，高品質果実をより多く生産できる樹体栄養に樹を導くための手段でもある．

適切な施肥量は，樹種，栽培地の土質・気候，樹齢，収穫量，有機質の投入量，草生栽培か清耕栽培か，などによって変わり，また，施肥時期や用いる肥料資材，施肥方法によっても施肥の効率が変化する．その土地での標準的な施肥体系を基準として，経年的な土壌診断や樹体栄養診断の結果，および収穫物の量・質の記録などから現在の園の状態を的確に把握し，適切な施肥設計を行う必要が

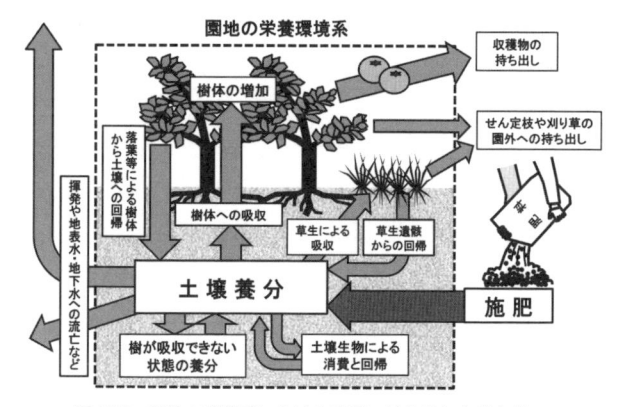

図 12.6 園地の栄養系における元素の持ち出しと持ち込み

表 12.4 樹園地の土壌診断基準例（風乾細土）（平成 12 年，和歌山県）

|  | 単位 | カンキツ | カ キ |
|---|---|---|---|
| 主要根群域の厚さ | cm | 30 | 40 以上 |
| 根域の厚さ | cm | 60 | 60 以上 |
| 最大緻密度 | mm |  |  |
| 粗孔隙量 | % | 15 以上 | 15 以上 |
| 腐 植 | % | 3 以上 | 3 以上 |
| 陽イオン交換容量 | me/100g | 15 以上 | 15 以上 |
| pH（$H_2O$） |  | 5.0〜6.0 | 5.5〜6.5 |
| 塩基飽和度 | % | 50〜70 | 70〜90 |
| 交換性石灰（CaO） | mg/100g | 150 以上 | 230 以上 |
| 交換性苦土（MgO） | mg/100g | 25 以上 | 30 以上 |
| 石灰（CaO）/ 苦土（MgO） | 当量比 | 4〜8 | 4〜8 |
| 苦土（MgO）/ カリ（$K_2O$） | 当量比 | 2〜6 | 2〜6 |
| 有効態リン酸（$P_2O_5$） | mg/100g | 10〜50 | 10〜50 |

ある．

### 12.5.2　土壌と樹体栄養の診断技術

**a. 土壌診断**

　土壌診断によって，園地の土壌の物理性・化学性が把握できる．果樹産地では，樹種ごとの土壌診断基準が示されている（表 12.4）．

**b. 樹体栄養診断**

　樹体栄養の状態を判定するうえで，最も観察や試料採取がしやすいのは葉であ

表12.5 ウンシュウミカン（8月下旬，不着果枝春枝）の栄養診断基準（平成12年，和歌山県）

| | 欠 乏 | 少ない | 適正範囲 | 多 い | 過剰域 |
|---|---|---|---|---|---|
| N（%） | ≦ 2.30 | 2.31～2.70 | 2.71～3.20 | 3.21～3.80 | 3.80 ≦ |
| P（%） | ≦ 0.07 | 0.08～0.14 | 0.15～0.18 | 0.19 ≦ | |
| K（%） | ≦ 0.70 | 0.71～0.99 | 1.00～1.60 | 1.61～1.79 | 1.80 ≦ |
| Ca（%） | | ≦ 2.00 | 2.01～4.50 | 4.51 ≦ | |
| Mg（%） | ≦ 0.10 | 0.11～0.29 | 0.30～0.60 | 0.61 ≦ | |

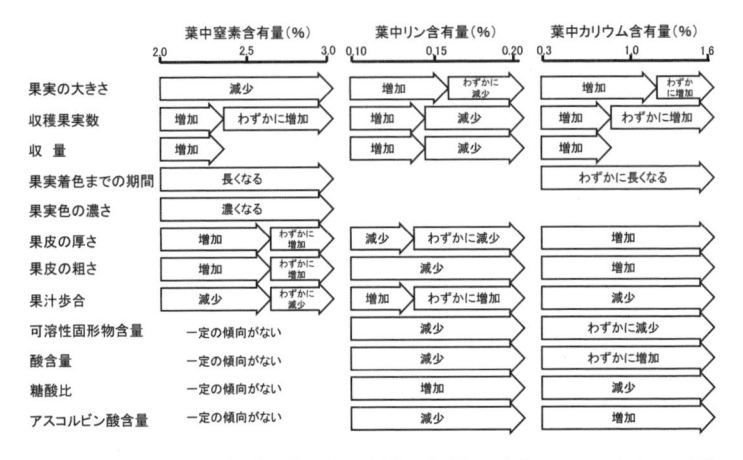

図12.7 オレンジの葉（不着果枝の5～7月齢の春葉）の窒素・リン・カリウム含量が収量および果実の形質に及ぼす影響（Embleton et al., 1973, 改変）[4]

る．多くの果樹産地では樹種ごとに品種や葉の採取方法を明示した栄養診断基準（表12.5）が示されている．

**1) 葉分析**

葉の元素含有量は，樹の各種生理現象と相関しており（図12.7），樹の栄養状態を判断する重要な指標となる．

葉中窒素は，試料を硫酸と混ぜて加熱し試料中の窒素を硫酸アンモニウムに変換した後，アルカリ条件下で加熱して発生するアンモニアを滴定定量するケルダール法や，試料を酸素雰囲気中で燃焼させて窒素成分を気体として取り出した後に，還元した窒素ガスをガスクロマトグラフィーで定量するNアナライザー法で計測できる．

リン，カリウム，カルシウム，およびその他の灰分は，基本的には，試料を燃

焼させ，灰から成分を酸抽出し，適した呈色反応を誘導して分光分析装置で定量したり，炎色反応を吸光光度計で計測したりする方法が用いられる．あらかじめ試薬がセットされた試験紙を植物抽出液に浸して呈色反応を起こさせ，簡易式分光光度計で元素濃度を定量する RQ フレックス法でも，元素含有量を計測できる．

### 2) 葉緑素の定量

葉の窒素含量と葉緑素含量との間には高い相関があり，葉緑素含量の値から植物体の窒素栄養の状態を推定できる．葉を磨砕して葉緑素を溶媒抽出し分光光度計で定量できるが，非破壊で葉緑素含量の指標値（SPAD 値）を計測できる携帯式の分光光度計（葉緑素計）もある．

### c. 施肥基準

果樹産地では，標準的なモデル園地での施肥量，施肥時期を施肥基準として示している（表 12.6）．施肥基準には品種，作型，目標収量などが示されているので，これを参考に，実際の生産園の品種や収量を勘案しながら施肥量を決めることができる．

## 12.5.3 施肥の方法

### a. 施肥時期

樹体が拡大している時期や果実が急速に肥大する時期には，組織形成のための養分が必要である．四季の移り変わりの明確な日本では，冬季には樹の活動が停止するかきわめて緩慢であり，春の訪れとともに貯蔵部位から前年に蓄えられていた炭水化物が地上部に送り込まれ，新梢が一斉に萌発して光合成器官を拡大するとともに開花期を迎える．この旺盛な器官形成を支える養分として与えられる肥料が，基肥（元肥，寒肥ともいう）である．春の新梢萌発は，その後の高温期における活発な炭酸同化を担保する光合成器官の形成であるから，多くの果樹で基肥が 1 年の施肥のうち最も重要なものとして位置づけられており，年間施用量の 5〜8 割が基肥として施される．休眠期に施用して春の根の吸収機能の活性化時に吸収させることを意図するので，最も吸収量の高まる時期に肥効が発揮されるように遅効性資材や有機質資材が多用される．積雪地域では積雪前に施用する．

図 12.8 のウンシュウミカンの新梢と果実の養分吸収量の例に示したように，

**表12.6 施肥基準の例**

ウンシュウミカン（早生種標準出荷型，目標収量3〜4 t/10 a）（平成12年，和歌山県）

| | 施用時期 | 施用量（10 a あたり） | | |
|---|---|---|---|---|
| 堆肥 | 1〜3月 | 3 t | | |
| | | N (kg) | P$_2$O$_5$ (kg) | K$_2$O (kg) |
| 春肥 | 3月上中旬 | 8 | 4 | 5 |
| 秋肥 | 11月上中旬 | 12 | 6 | 7.5 |
| 計 | | 20 | 10 | 12.5 |

施肥量は土壌生産力の弱い褐色森林土や赤・黄色土に適合し，生産力の高い灰色低地土や褐色低地土では10〜20%減量する．

カキ（刀根早生・平核無，目標収量3 t/10 a）（平成12年，和歌山県）

| | 施用時期 | 施用量（10 a あたり） | | |
|---|---|---|---|---|
| 堆肥 | 11〜2月 | 2 t | | |
| | | N (kg) | P$_2$O$_5$ (kg) | K$_2$O (kg) |
| 礼肥 | 9月下旬〜10月上旬 | 7.2 | 5.2 | 6.4 |
| 基肥 | 11月上旬 | 7.2 | 5.2 | 6.4 |
| 追肥 | 6月下旬 | 3.6 | 2.6 | 3.2 |
| 計 | | 18 | 13 | 16 |

6月の追肥は樹勢の弱っている場合のみ．

ブドウ（巨峰，目標収量1.5 t/10 a）（平成12年，福岡県）

| | 施用時期 | 施用量（10 a あたり） | | |
|---|---|---|---|---|
| | | N (kg) | P$_2$O$_5$ (kg) | K$_2$O (kg) |
| 礼肥 | 9月上中旬 | 2 | 0 | 2 |
| 基肥 | 11月中下旬 | 6 | 10 | 6 |
| 追肥 | 6月上旬 | 2 | 0 | 2 |
| 計 | | 10 | 10 | 10 |

種なし栽培では20%増肥する．

　果実肥大期には新梢のみかけ上の養分吸収量が激減して，吸収される養分の大半が果実に集中する．この果実への養分供給を補い，また樹体内で果実による収奪により栄養器官に養分欠乏が起こらないように，初夏〜梅雨明けの果実急速肥大期に施すのが追肥である．カリウムは果実の要求量が多く，基肥として与えても容易に流亡するので追肥時に補充することが多い．果実収穫後，秋季に十分な光合成を行わせて翌年に用いる貯蔵養分確保を行わせるべく，弱った樹勢を回復させ栄養器官の充実をはかるため秋季に施用される肥料を礼肥と呼ぶ．追肥は着果

量や新梢伸長量，礼肥は新梢の遅伸びの状況からその必要性を見きわめて，適宜施用量を調節するのがよい．

常緑であるカンキツでは，萌芽直前に施用する春肥，追肥的に梅雨前に施用する夏肥，および1〜2回の秋肥施用を行う．春肥は新梢伸長に，夏肥は果実肥大に，秋肥は翌春の着花量に強く影響する．

**b. 肥料資材**

肥料資材には多くの種類があり，形状（粉状，粒状，ペレット，液状など），溶解の速度（速効性，緩効性），含まれる化合物の種類，単一成分か複数の元素を含むか，などによって区分される．おもな肥料資材を表12.7に示した．

**c. 施肥の位置**

施用された肥料は，基本的には水に溶けて根域に達する．降雨・かん水などで土壌に与えられる水は水平にはほとんど移動しないから，施肥も根域の広がりを考えて施用する必要がある．一般に，根域は樹冠の広がりよりも大きい．成木園では全面に肥料散布することが多いが，根の密度を考慮して，幹を中心に同心円状，あるいは放射状に播き溝を掘り，中心に近いほど多く散布する方法もある．表面に散布しただけでは流亡しやすく，また，根の地表付近への偏在をまねくので，散布後には耕うんして土壌と混和するのがよい．

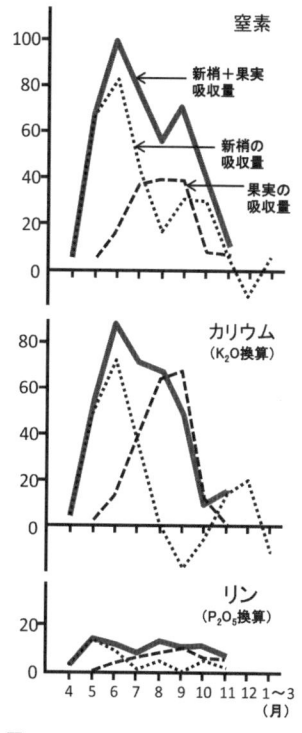

図12.8 ウンシュウミカンの新梢と果実の養分吸収量（1樹あたり）（佐藤ら，1958）[5]

## 12.5.4 有機物の施用

土壌形成には，生物の遺体が微生物によって生分解される過程で形成される腐植が必要である．腐植もまた微生物に分解されるから，健全な土壌環境を維持するためには継続的に有機物資材が投入されなければならない．有機資材を必須元素供給源としてみるなら肥料であるが，腐植源としての機能のみを取りだすな

表12.7 おもな肥料資材

| 肥料名 | 主成分 | 特徴 |
|---|---|---|
| 硫酸アンモニア（硫安） | 硫酸アンモニウム $(NH_4)_2SO_4$ | Nを21％含む．アンモニア性窒素として土壌に吸着され，その後硝酸性窒素に変化する．速効性．硫酸イオンが土壌中に残る生理的酸性肥料．複合化成肥料の主要窒素原料である． |
| 硝酸アンモニア（硝安） | 硝酸アンモニウム $NH_4NO_3$ | Nを34％含む．硝酸イオンは吸収されやすいが，流亡もしやすい．アンモニウムイオンは土壌に吸着され，その後硝酸性窒素に変化する．速効性．生理的酸性肥料． |
| 尿素 | 尿素 $CO(NH_2)_2$ | Nを46％含む．ウレアーゼの働きでアンモニア性窒素に変化し土壌に吸着され，その後硝酸性窒素に変化する．中性肥料． |
| 石灰窒素 | カルシウムシアナミド $CaCN_2$ | Nを21％，Ca成分を55％含む．シアナミド性窒素が土壌の触媒作用により尿素性窒素に変化し，ウレアーゼの働きで，アンモニア性窒素になる．分解生成物が硝酸菌を抑制するので，アンモニア性窒素としての肥効が長くなる．施用直後は作物に有害．生理の塩基肥料． |
| 過リン酸石灰（過石） | リン酸一カルシウム $Ca(H_2PO_4)_2$ | $Ca(H_2PO_4)_2・H_2O$ と $CaSO_4$ の混合物であり，製品はリン酸（$P_2O_5$）を17.0～17.5％含む．水溶性で速効性がある．リン酸吸着力の強い土壌では鉄，アルミナと結合して植物が吸収できなくなる．生理的中性肥料．複合化成肥料の主要リン酸原料である． |
| 熔性リン肥（ようリン） | | リン酸と石灰を含むリン鉱石と，けい酸と苦土を含む岩石を破砕混合して焼成熔融して作られる．天然物が主材であるが，製品の構成成分はリン酸（$P_2O_5$）20％，けい酸20％，苦土15％，アルカリ分50％前後である．水に溶けにくいので，土壌に吸着・不可給化されにくく，根に触れたとき，根が分泌する根酸に溶けて吸収される．生理の塩基肥料． |
| 硫酸加里 | 硫酸カリウム $K_2SO_4$ | カリ（$K_2O$）を50％含む．即効性．硫酸イオンはカルシウムと結合して土壌の酸性化を進める．生理的酸性肥料．複合化成肥料の主要カリウム原料である． |
| 塩化加里 | 塩化カリウム $KCl$ | カリ（$K_2O$）を60％含む．塩素は土壌に吸着されず流亡する． |
| 生石灰 | 酸化カルシウム $CaO$ | 石灰岩の主成分である炭酸カルシウムを高温で加熱分解させ製造する．水を加えると発熱して消石灰になる．土壌を中和する効果は速効的． |
| 消石灰 | 水酸化カルシウム $Ca(OH)_2$ | 生石灰（酸化カルシウム）に加水して製造される．空気中の二酸化炭素と化合して炭酸カルシウムに変わる．土壌を中和する効果は速効的． |
| 炭酸カルシウム | 炭酸カルシウム $CaCO_3$ | 石灰岩の主成分．酸性の水に溶ける．土壌酸性を中和する効果は遅効的． |

| | | |
|---|---|---|
| 苦土石灰 | 炭酸カルシウム・炭酸マグネシウム CaCO₃, MgCO₃ | カルシウム・マグネシウムの炭酸塩からなる鉱物であるドロマイトを焙焼してつくる石灰質肥料．製品は苦土（MgO）を15％程度含む． |
| 魚かす（魚粉） | | 生魚を煮て油分を除き乾燥させたもの．N 7〜10％，リン酸3〜6％程度を含む．Nはタンパク質として含まれ，土壌中で微生物に分解されてアンモニア性Nになる．有機資材の中では速効性資材として扱われる． |
| 油かす | | ナタネ，ダイズ，ワタ，ゴマなど油料作物のしぼりかす．N 5〜7％，リン酸2％，カリ1％程度を含む．Nの分解は魚かすより遅く緩効性資材として扱われる． |
| 米ぬか | | 精米の際に生じるぬか．N 5〜7％，リン酸2％，カリ1％程度を含む．Nの分解は魚かすより遅く緩効性資材として扱われる． |
| 骨粉 | | 食肉加工場から出る動物骨を加圧蒸気処理して脂肪と膠質を除去・乾燥したもの．N 3〜4％，リン酸17〜24％を含む． |

ら，土壌改良資材として扱うことになる．

### a. 有機物資材の種類

原料はいずれも生物遺体や排泄物であり，家畜糞，魚粉などの動物性資材と，稲わら，麦わら，もみ殻，落ち葉，おがくず，バーク，油かすなどの植物性資材，およびそれらの混合物がある．これらが微生物により発酵・分解され，易分解性成分がすべて分解されたものを堆肥と呼ぶ．

### b. 未熟な有機物資材による障害

資材中に未消化の炭素が多く含まれるとき，微生物は資材中の窒素を吸収して繁殖・活動し炭素を分解するので，作物が利用すべき窒素が奪われ，窒素飢餓の状態に陥ることがある．また，有機物の分解時に発生するアンモニアは亜硝酸を経て硝酸態に変わるが，未熟有機物の量が多いとき，温度が高いとき，土壌硝酸菌の活動が抑えられているときなどに，アンモニアや亜硝酸など有害なガスが生じ，植物にガス障害を引き起こす．

### c. 草生栽培

草生栽培とは，園地に下草を生やして管理することで，裸地で栽培する清耕栽培に比べて，雨滴の衝撃を軽減して土壌浸食を防止し養分の溶脱を防ぐとともに，刈り払った草を腐植源として土壌に供給できるという効用がある．生産樹と草生との間で養水分の競合が生じるので養水分を余計に与えなければならない

が，草生に太陽エネルギーを捕捉させて有機物資材を生産しているのだと考えればよい．

[尾形凡生]

## ■文　献
1) 尾形凡生ほか（1989）：園学雑，**57**（4），608-614．
2) 全国農業協同組合連合会肥料農薬部（2010）：だれにもできる土壌診断の読み方と肥料計算．農山漁村文化協会．
3) Truog, E. *et al.* (1946) : Soil Science Society of America Proceedings, **11**, 305-308.
4) Embleton, T. W. *et al.* (1973) : The Citrus Industry Vol. III (Ed. W. Reuther), pp.183-210, University of California, Berkeley, CA.
5) 佐藤公一ほか（1958）：農技研報 E，**7**，161-198．

# 13. 整枝・せん定

## 13.1 整枝・せん定の意義と目的

　果樹は，永年性であるため，植栽した個体を更新しづらく，通常定植してから15〜30年継続して栽培される．その間，樹を拡大しつつ，安定して果実が生産できる期間（盛果期）をできる限り長く保つことが求められる．樹体の生理や栽培管理のしやすさを考慮した樹形や大枝の配置を保つ整枝法（training method）が検討され，それを実践するために枝を切ることをせん定（pruning）とよぶ．

　整枝やせん定を行う目的は，大別すると以下の5項目にまとめられる．

　①樹冠の拡大と遮光や通風の確保：園地の形状や傾斜に合わせて大きい枝を配置し，適度な成長量を保ちながら，木がおおう容積の拡大を進める．その際，近接する枝の過剰な遮光や通風性の低下が起こらないようにする．

　②骨格枝と結果部位の形成：樹体の骨格となる枝は，近年枝吊り資材の設置が標準化しているが，結果部位を支えるため，太く強固に発育させる必要がある．それを実現するために，骨格枝となる枝の先端を強くせん定していく．一方，結果部位は安定して果実がとれるように枝の勢いを弱めるせん定を行い，側枝をつくっていく．

　③管理しやすい樹体への改善：栽培管理や病虫害防除を行いやすくするため，樹体の主枝の伸びる角度をコントロールし，樹高や幹からの距離を最適に保つ必要がある．

　④栄養成長と生殖成長の均衡：高品質な果実を十分に収穫できることが目的であるので，生殖成長の割合を相対的に高く保つ必要がある．そのため，直上方向へ旺盛に伸び，バランスを崩す枝（徒長枝）を成長させ続けたり，主枝先端が過繁茂になったりしないように，夏季（収穫後）を中心に取り除く．

　⑤病害虫の被害を受けた部位や枯枝の除去：病虫害の被害部位や枯枝を放置すると，保菌することとなり，病虫害の蔓延につながる．このような部位は，見つ

けしだいせん除する．

## 13.2 整枝やせん定時に関係する樹体生理とせん定の方法

### 13.2.1 樹体各部の名称

整枝やせん定を行う際には，まず樹体の構造を知る必要がある．そこで，樹体各部の名称を図 13.1 に示した．根域とつながる主幹（trunk）はおおむね樹の中心に位置し，地上部を支える役割をもつ．主枝（main stem）は主幹から分岐した 2～4 本の大枝を指し，それぞれ数本の亜主枝を形成する．これらの大枝は樹内面をおおい，空間を有効に利用できるような角度でそれらを成長させる必要がある．地面に近い方から順に，第 1（亜）主枝，第 2（亜）主枝，……とよぶ．亜主枝から分岐した枝の 1 群を側枝（lateral shoot）とよび，その中に果実をならせる枝（結果枝）を配置する．結果枝が混合芽から成長する場合は，その元枝の結果母枝（bearing mother shoot）がせん定の対象となる．側枝は結果（母）枝を若返らせるため 3～5 年で更新し，着果部位が主幹から遠くならないように，切り詰めたり，

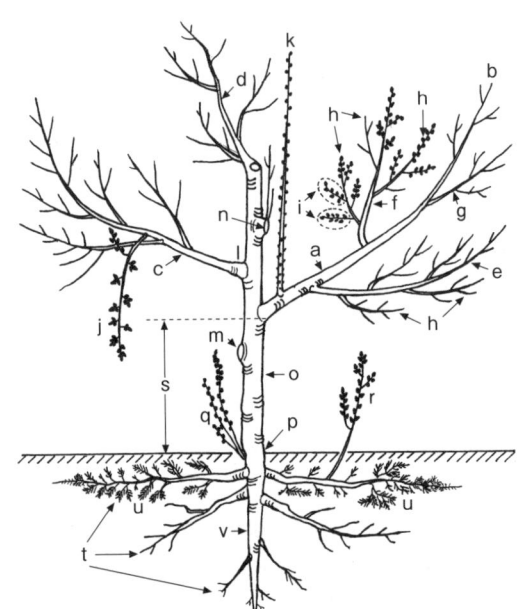

図 13.1 整枝・せん定に関する樹体各部の構成と名称（Christopher, 1957, 改変）[1]

a：第 1 主枝（first primary scaffold branch），b：第 1 枝の先端（first primary scaffold branch terminal），c：第 2 主枝（second primary scaffold branch），d：第 3 主枝（third primary scaffold branch），e：第 1 亜主枝（first secondary scaffold branch），f：第 2 亜主枝（second secondary scaffold branch），g：第 3 亜主枝（third secondary scaffold branch），h：側枝（lateral branch），i：結果母枝（shoot with fruit buds），j：下垂枝（hanger, drooping branch），k：徒長枝（water sprout, water shoot），l：良好な広い分岐角度（strong crotch, wide angle crotch），m：よい間引きせん定跡（properly pruned stub），n：悪い間引きせん定による切り残しこぶ（improperly pruned stub），o：主幹（trunk），p：根頭（ねがしら，crown），q：根頭吸枝（crown sucker），r：根吸枝（root sucker），s：主幹の高さ（heading height），t：側根（lateral roots），u：細根（rootlets, feeder roots），v：主根（tap root）．

結果枝の空間配置を適正に保つために間引いたりする必要がある．

　木がおおう部分，とくに葉が着生している部分の表層部を樹冠（tree crown）という．ある高さの層に枝葉を広げた部分をキャノピーとよび，ブドウなどの棚面での枝葉の繁茂がこれに該当する．一方，主枝の基部から直上へ強大な枝が発生する場合，これを徒長枝とよび，放置すると樹形を崩すことになるので，基部の陰芽も含めてせん定する．また，地際から発生する枝を吸枝（ひこ生え）といい，台木由来で穂木（品種）の成長を抑制するので，発生しだいせん定する．

### 13.2.2　せん定に関連する樹体生理

　せん定を行う際，その後も安定した樹体成長や果実生産を持続させるためには，樹体の生理状態に適合したせん定方法を検討する必要がある．そこで，花芽形成ならびに生殖成長にかかわる，せん定時に考慮すべき三つの樹体生理について，せん定との関連を示す．

**a.　C-N 関係説**[2]

　リンゴにおける開花結実に関して，枝内の窒素と炭水化物のバランスが密接に関係するとしたC-N関係説が提唱された．これは，樹の発育状態を四つのステージに分け，樹齢が進んで樹体が大きくなり，炭水化物が相対的に多くなると，ステージⅢの十分に花芽形成が行える状態と考える．炭水化物量が窒素化合物よりも相対的に高いステージⅣとなると，樹体の老化と位置づけ，栄養成長が低下する一方，花芽形成しすぎるようになって，栄養成長と生殖成長のバランスを崩すという状態に移行する．このステージ移動にせん定が大きくかかわっている．枝を切ることで炭水化物量を減らすことになるため，ステージⅣとなりそうな樹全体または一部では枝を強く切り，炭水化物の割合を低下させることで，ステージⅢの段階へ若返ると考えられる．逆にステージⅢに達していない場合は，炭水化物量を相対的に増加させるために，せん定を控えたほうがよい．

**b.　結果習性**

　7.6節で詳しく紹介されているように，樹種によって結果習性が異なることから，せん定する際には考慮する必要がある．混合花芽をもつ場合は，翌年に新しい枝が伸びるため，その空間をとらなければならない．側生で花芽を形成する場合は，当年枝（current shoot）を葉芽のある位置ならどこでも切ることができるが，結果母枝の先端に純正花芽もしくは混合花芽を形成するものは，母枝の先端

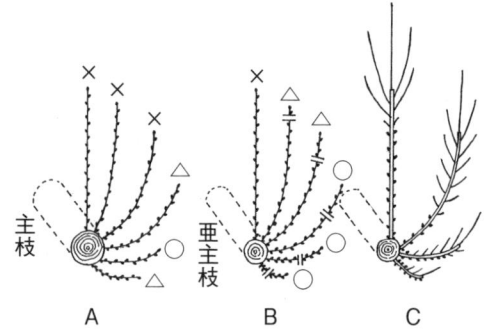

図13.2 枝の発生位置による成長の違い（若菜，2002）[3]
A：亜主枝として使える枝の発生位置，B：側枝として使える枝の発生位置，C：発生位置と新梢の長さとの関係．
○：最適，△：適，×：成長が旺盛となるので不適．

を切り返しせん定しすぎると花芽がなくなる．したがってこのグループでは，主枝の先端，側枝や結果母枝の更新を行う部位を除いて，間引きせん定を用い枝の密度を制御する．

#### c. 頂芽優勢

第7章で述べられているように，結果母枝上の先端付近の芽が旺盛に成長し，中間や基部の芽の成長はそれよりも劣る「頂芽優勢性」をもつことから，結果母枝が成長する角度が垂直に近いほどオーキシンが枝の中を全体に流れ，側生の芽の発育は抑えられるが分岐角度が低く，水平に近いほど枝の下方を流れ，上方（樹の中心側）に幹側から到達するサイトカイニンやジベレリンの含量が相対的に高くなることで，旺盛に発育する枝が生じやすくなる．このため，角度の低い主枝の基部で徒長枝が発生しやすくなったり，樹冠の内向きに強勢な枝が出やすくなったりする（図13.2）．したがって，主枝や亜主枝の地面との角度を45°よりも小さくしないように整枝・誘引し，徒長枝が出やすい部位（屈曲している部位など）では，徒長しやすい上面の枝や内向きの枝を早めにせん除する．これらの枝は花芽形成も劣るので，結果母枝としても使いにくい．

### 13.2.3 せん定の時期・方法とその特性

具体的にせん定を行う際には，時期や枝の切り方によって樹体成長に及ぼす影響が異なることから，目的に応じてそれらを選択する必要がある．本項では，時

期や切り方の特徴を示す．

**a. せん定時期**

落葉果樹，常緑果樹とも，おもに樹体成長が停止または緩慢な状態となる厳寒期を過ぎてから発芽するまでの期間（2～3月）に行うのが一般的で，これを冬季せん定（winter pruning, dormant pruning）とよぶ．一方，樹体成長が旺盛な夏季にも不要な枝を除くために夏季せん定（summer pruning）を行う．

**1) 冬季せん定**

樹形を整え，結果部位の側枝の養成を行うために，不要な枝を取り除くことが目的となる．側枝を更新するとともに，それぞれの結果母枝が適当な空間をもつように間引く．また，樹体の成長程度を適度に保ち，着果しやすくするために，おもに冬季せん定量で樹勢を調節する．ブドウなどの樹液流動の著しい樹種では，厳寒期を過ぎると，樹液が地上部へ上がってきて切り口から多量に樹液を流失させることになるので，樹液流動が始まる前に行う必要がある．近年，モモでは温暖な地域でも萌芽時期に低温に遭遇すると凍害と同様の症状が発生し，主枝や樹全体が枯れ込む被害が増えている．このため，とくに若木では，萌芽を遅くする管理を行うとともに，せん定時期を遅らせた方がよいとされている．常緑樹でも枝の枯れ込みを防ぐために，せん定を遅らせる場合がある．

**2) 夏季せん定**

5～8月に，樹勢を落ち着かせるために過剰な新梢を間引いたり，摘心（新梢の先端を取り除くこと）したり，残した枝の通風量や受光量を改善するために内向きの強い枝をせん定したりする．多くの果樹では果実発育中であるから，夏季せん定を強く行うと葉数および光合成産物供給量を低下させ，果実への分配が低下する上，貯蔵用分の蓄積が劣り，翌年の樹勢を低下させすぎることになるので注意が必要である．

**b. せん定の方法と程度**

せん定方法は，以下の二つに大別される．間引きせん定は，残す枝が伸びる空間を作り出したり，受光環境をよくしたりするために行う．切り返しせん定は，切断部付近の芽が動くことで強い枝を複数作り出せることから，一般に主枝の先端の形成や側枝になる発育枝を切り縮めるのに用いる（図13.3）．

**1) 間引きせん定**

枝を基部からすべて切り落とす切り方を指し，1年枝のせん定だけでなく，残

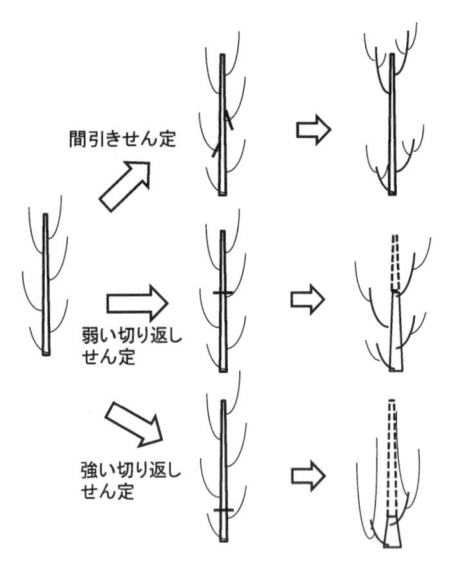

**図 13.3** 間引きおよび切り返しせん定による翌年の成長の違い

間引きせん定では，新梢が成長できる空間を得るとともに，短果枝の割合が増加する．切り返しせん定では，旧枝が短くなるものの，切り取った部分と同程度の新梢が発生する．

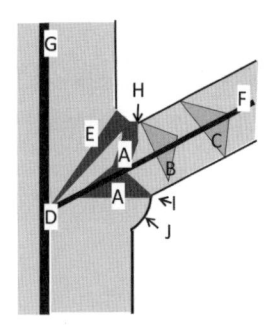

**図 13.4** 枝の分岐部に発達する保護組織の模式図（神庭，1999）[4]
A：ブランチカラーから始まる防御層，BとC：分枝内の弱い防御層，D：幹と枝の髄の境界にある防御層，E：圧縮された皮層，F：枝の髄，G：幹の髄，HとI：防御層の始点，J：ブランチカラーの張り出し．

した枝が成長する空間をあけたり結実部位を主幹へ近づけたりするために，側枝の先端部を切り詰めて不要な結果母枝を取り除くこと（切り戻す）も間引きせん定と考える．変則主幹形へ整枝する際の芯抜き（topping）も切り戻しせん定に当たる．縮伐や樹形改善の目的で主枝などをせん定する場合は，枯れ込みを防ぎ，腐朽菌の侵入を抑えるために，枝の基部に形成する防御層（図 13.4）を残して切断する必要がある．とくに主幹を切り戻して樹形を変える場合は，芯の腐敗が発生し，樹体の寿命が著しく短くなりすいので，図 13.5 のように防御層が残るように切ることを強く意識する．

## 2) 切り返しせん定

1年生枝を中途の腋芽の上で切り取るせん定方法を，切り返しせん定（heading back pruning）とよぶ．ブドウのように節間が中空になりやすい樹種では，一つ上の節を壊して切るが，この切り方を犠牲芽せん定とよぶ．一般的に，切り返しせん定を行うと頂芽優勢を崩し，残した芽が取り除いた枝の長さを少し

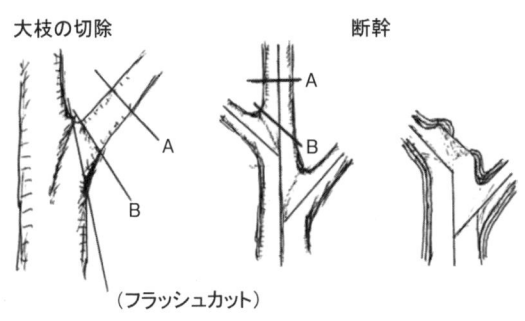

図 13.5 大枝のせん定に好適な切除位置（堀，2009）[5]
大枝のせん定，断幹とも防御層を十分残せて，腐朽菌の繁殖が少ないBの位置が枯れ込みにくい．

上回る成長を示す（図 13.3）．また，モモやウメなどの核果類では枝を形成する葉芽と花芽が独立しているので，花芽のみの枝は最終的に枯死する（図 13.6）．したがって，葉芽が先端に存在するように切り返す必要がある．

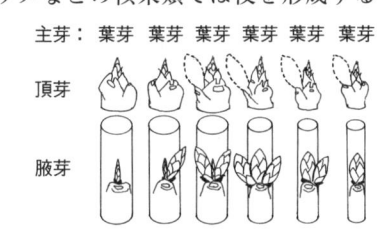

せん定強度は，おもに切り返しせん定で枝を切る量を指す．強せん定する（heavy pruning）と残る芽の数が少なくなり，弱く切るよりも貯蔵養分が集中しやすい．そのため，早期に長い枝が多数形成され，樹体が果実肥大と競合関係に陥る場合がある．一方，弱せん定（light pruning）にすると，葉芽，花芽とも増加し，貯蔵養分が浪費されるとともに樹勢が弱りやすくなる．モモでは，1年を通して主枝先端部に結果枝を多く残してボリュームをもたせるように，着果部位をほとんどせん定しない栽培方法も検討されている（図 13.7）．これを実現するためには施肥量を制限し，1 cmほどしか伸長しない短果枝が多数着生する側枝群を作り出す．花芽数は増加するので，摘花芽で花数を制御する．この方法は樹勢を維持することが難しいが，せん定による光合成産物の消耗が減り，着果量が多くても果実品質が高く安定する（表 13.1）．せん定を実際に行う場合は，表 13.2のように進めると，少しわかりやすくなる．

図 13.6 モモの芽の形状（若菜，2002）[3]

表13.1 せん定方式の違いが核割れ果率および落果率に及ぼす影響（福田ら，2002）[6]

| せん定方式 | 核割れ果率[*1](%) | 落果率 (%) |
|---|---|---|
| 強せん定 | 79.5[*2] | 9.6 ± 3.5[*3] |
| 弱せん定 | 43.8 | 2.1 ± 1.1 |

＊1：2000年の6月4日〜収穫時に採取した果実数．
＊2：$t$-検定において5％水準でせん定方式間に有意差あり．
＊3：平均値±標準誤差（$n = 3$）．

図13.7 弱せん定方式で栽培されているモモの主枝先端部
この状態でせん定が完了している．

表13.2 果樹のせん定の実践方法

①鋸を用いるような大枝部位でのせん定を行う．内向きや下垂した側枝ならびに徒長枝を，ほとんど残さず摘除し，樹形を整える．なお，大枝を除去するのは，陰芽の成長が抑えられる秋季が適する．
②主枝と亜主枝となる枝は，直線的に伸長するように，その先端を外向きの発育芽のところで強く切り返す．翌シーズンに上方へ新梢が伸びることを想定して，樹高を調整する．
③主枝や亜主枝の先端を頂点として三角形を描き，外れる側枝を切り戻す．結果（母）枝の間が15〜25 cm程度空くように，1年枝を間引く．その際，翌年に枝葉が成長しても，80％程度の遮光率を超えず，株元まで光が届くかどうかを推測する．
④結果（母）枝が長い場合，葉芽があるところへ切り戻す．ただし，カキやカンキツ類のように頂（側）生花芽型に属する樹種では，結実させる部位の先端は切り落とさない．
⑤主枝ごとに，③と④を繰り返し，樹形を整える．

## 13.3 整枝方法（仕立て方）

### 13.3.1 主要な整枝方法

　立木で栽培する樹種でおもに用いられている整枝方法は，主幹形，変則主幹形，開心自然形に大別され（図13.8），誘引を必要とする樹種では棚仕立てがおもに用いられる．それぞれの特徴は以下のとおりである．

**a. 主幹形**（central leader type）

　主幹を垂直に3〜5 m程度伸ばし，結実部分である側枝を均等に配置する樹形である．主枝や側枝を長くすると主幹近傍部分に着生できない部分が発生するので，下部の側枝まで受光体制がよくなるように，円錐型の樹形を形成させる．後述するわい性台木を利用した並木植えなどにおもに用いられる．またオウトウの施設栽培のように，密植する場合もこの整枝法を用いることが多い．

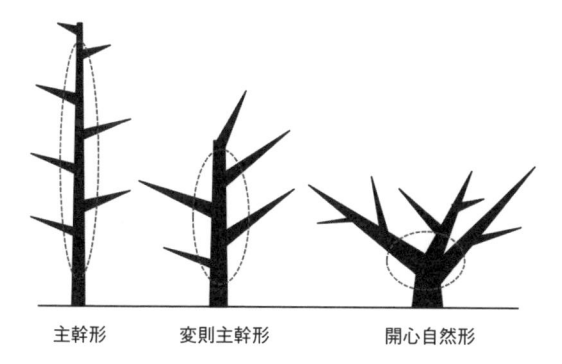

図 13.8 おもに用いられる整枝法の骨格枝配置
破線部は,日照量や枝の成長が劣り結果枝を確保できず,果実生産に利用しにくい部分.

**b. 変則主幹形**(modified central leader type)

主幹形で成長させた後,主枝候補の形成が完了した時期に主幹の上部を切り落とし(「カットバックする」または「芯を抜く」と表す),下部の4,5本の主枝のみにする.芯(主幹)が長くあることで側方の枝が開帳するので,枝が垂直に成長しやすいカキでよく用いられる.また,熱帯果樹の栽培では,まだあまり整枝方法については検討されておらず,主幹形や変則主幹形を基本として,枝が伸びすぎないように適宜摘心(topping)しながら,分枝数を増やす方法がとられている.ただし,おもに前年枝の頂部付近に花芽を形成する樹種では,着果部位では花芽形成時期以降に先端を切らないようにする必要がある.

**c. 開心自然形**(open center with multiple stems type)

多くの落葉果樹やカンキツ類で広く採用されている樹形である.主幹を1方向へ誘引し,内向きの強い枝を数本残すか,主幹を短く切って側方の芽から発生した2本ないし3本の枝を残して,樹形をつくっていく.主枝と主枝につけた2本程度の亜主枝を広げて骨格とし,低い位置からの逆円錐形の樹冠を完成させる(図 13.9).この整枝法では,樹体あたりの着果量を高められ,高品質果実の割合が増加するものの,樹冠の下部では果実品質が劣りやすい.なるべく早期に内向きの枝をせん除し,樹冠下まで日照量が低下しないようにする必要がある.

**d. 棚仕立て**(trellis training)

平面棚に枝を誘引固定する整枝方法で,おもにつる性のある果樹で用いられる.一般には,主枝をX字状に棚に配置し,空間を埋めるように亜主枝や側枝

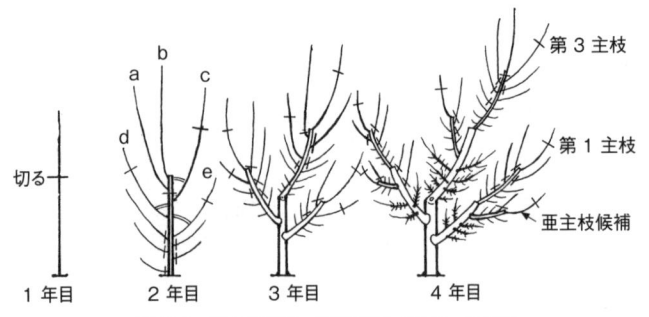

**図13.9** 開心自然形の整枝手順(若菜, 2002)[3]

1年目:苗の切り返しせん定と定植.2年目:主枝候補を決める.bを第3主枝とする場合(核果類など)添え木を当てて30〜35°に傾けて誘引する.分岐角度が広いcを第3主枝にする場合(ナシ棚栽培,イチジク,ウメなど),a,bはあらかじめ捻枝や摘心などにより生長を抑制して,主枝の生長を促進しておく.主枝と競合する枝はすべてせん除し,小枝は残しておく.主枝候補の枝には外芽の上で軽い切り返しせん定(1/3〜1/4をせん除)を施す.初期生長の遅い果樹では4〜5年目に主枝候補を決める.3年目:主枝と競合する新梢はすべてせん除し,第1亜主枝候補に外芽で弱い切り返しを加える.4年目以降:各果樹の特性に従い,骨格養成と結果枝や側枝の養成・更新を進める.

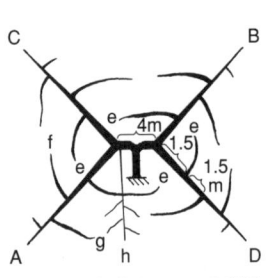

**図13.10** 棚仕立て,X字型整枝(ブドウ)(若菜, 2002)[3]

A:第1主枝,B:第2主枝,c:第3主枝,D:第4主枝,e:第1亜主枝,f:第2亜主枝,g:第3亜主枝,h:追い出し枝.

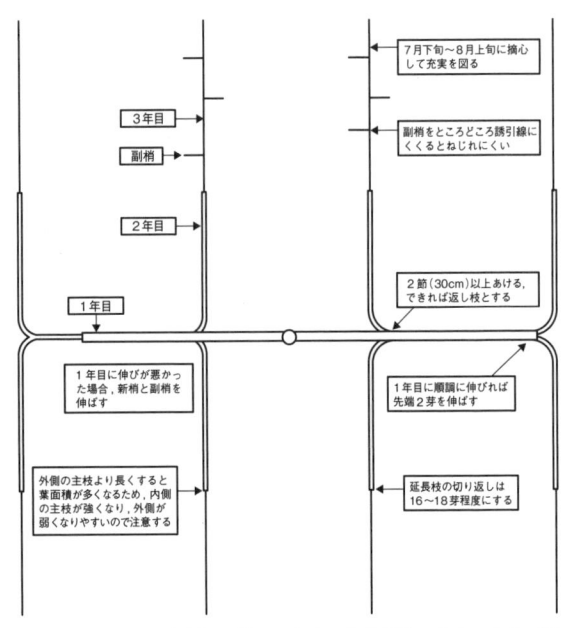

**図13.11** ブドウ'ピオーネ'のダブルH字整枝の仕立て方法(岡山県うまいくだものづくり推進本部, 2003)[7]

主枝・亜主枝を1年ごとに増やし,3年程度で樹形を完成させる.

図 13.12　短梢せん定による結果母枝（芽座）の様子

を新梢の長さを切り分けて，側枝に果実をならせる長梢せん定を行う（図13.10）．ブドウでもX字型整枝が主流であったが，現在はH字型に主枝や亜主枝を配置し，側枝の代わりに本梢を1,2節残すせん定を繰り返して形成される芽座をおいて，そこから新梢を平行に伸長させる短梢せん定栽培が多くなっている（図13.11）．これは，結果母枝ごとに1新梢を残し，13節ほどで摘心する方法で，冬季には結果母枝から1芽程度を残してせん除する（図13.12）．芽のできが悪い部分を使うので，花房の充実が悪い場合があるが，結果部位がほとんど移動せず，1列に並ぶ点で著しく管理しやすくなる．とくに，ジベレリン処理による無核栽培を行う際には，種子が入りにくい点や果房を列状に配置できる特性は有効である．

つる性のない果樹でも，ニホンナシのように結果母枝を水平に保って花芽形成をよくするため，あるいは大果を風害などで離脱させないようにするため，大玉の品種では果実を吊り下げられる平棚仕立てが一般的となっている．ナシ以外の果樹でも省力化を可能にする整枝方法の一つとして導入が検討されているが，地上からの主枝の分岐角度が著しく低くなるため，徒長枝が立ちやすかったり，果実成長が安定しなかったりする場合があるので，実際栽培への利用は難しい．

### e． その他の整枝法

日本では栽培しにくいことからあまり採用されていないが，おもに密植栽培に適した整枝法が検討されている[8]．メドウオーチャード栽培は，超密植状態で定植し，数年主幹のみを生育させた後，冬季に接ぎ木部付近まで切り返し，翌年枝の成長と果実の成長を進める．枝ごと収穫し，冬季に再度接ぎ木部まで切り返

す．せん定を非常に単純化させることができ，機械化もできる．
　また，垣根仕立てとして，パルメット方式やコルドン整枝法が提案されている．パルメット方式はリンゴやセイヨウナシ，モモ，カキなどに適していて，主枝を垂直，55°もしくは水平にして4,5本を棚線に固定し，その短果枝状に果実を着生させる方法である．側枝を主枝基部まで切り戻すことで，せん定を単純化する．コルドン整枝法はブドウに適しており，主枝を誘引する棚線の1m程度上に配した棚線に新梢をかけていく．せん定の方法は短梢せん定である．コルドン整枝は果実に日光が届きやすく，着色がよくなるので，日本でもワイン用品種の栽培ではよく用いられている．

## 13.3.2　省力化を指向した整枝とせん定

　果樹栽培における各管理の占める割合で，収穫についで高いものがせん定であり，樹体が大きいほどせん定方法が複雑になるだけでなく，労力を多く必要とする．とくに栽培者の高齢化が進むと，せん定時や収穫時の脚立の昇降が果樹栽培の大きな支障となるので，樹高を下げるとともに，樹をコンパクトかつシンプルな構造にして，一定の果実品質および収量が得られるようにする研究がさまざまな果樹で進められてきた．

　最も早くから取り組まれた低樹高化の方法は，わい性台木の導入によるわい化栽培である．落葉果樹については，高木性のリンゴで早くからM系台木やJM系台木の利用が進められ，モモでも異種のユスラウメやニワウメを台木とする方法が検討された[9]．近年はカキでも，同属の老鴉柿（*Diospyros rhombifolia*）や近年見出されているわい性効果を有する系統[10]に接ぐことで，無せん定または弱せん定で樹形を維持できる可能性が示されている．また，カンキツでもわい性台木の探索がなされ，その中で'ヒリュウ'は強いわい化効果を有し，果実品質を低下させずに樹勢やせん定量を下げられることが確かめられた[11]．これらを用いることで，樹高を3m程度までに保った主幹形樹を並木植えにすることができるようになった（図13.13）．高木性のリンゴでも，わい性台を利用して水平に配した主枝から車枝（主幹の同一の高さに放射状に枝を発生させる）をつくり，円柱状にせん定していく[12]．なお，樹勢を落ち着かせて一定の収量を確保するには樹を高くする必要があるので，大規模に栽培する場合は，高所作業車が入れるように園地の改善が進められている．積雪の多い地域では，結実部位や主枝の

発生位置を高くしなければならず，わい性台木を利用しづらい．またリンゴでは，樹形がスレンダーで，長果枝上に密生するように果実がなるカラムナー系統も見出されている．現在はまだ受粉専用樹として栽培品種園への混植が提案されている程度の利用ではあるが，この形質は育種材料として品種への導入も検討されており，これらの特性をもつことで，せん定時間をきわめて短縮できることが示されている[13]．

一方，棚線やトレリス線へ主枝や亜主枝を誘引し，低樹高や小型化を実現しようとする研究も長く行われてきた．しかしながら，13.2.2項で述べたように，枝の誘引角度を低くすると花芽形成が良好となる一方，上面に徒長枝が発生しやすくなる．また，主枝や亜主枝を強く切り返すために，主枝の先端部に利用しにくい強い枝が増えたり，その部分の花芽形成が劣ったりすることが問題となる．これは，強いせん定によって根の割合が相対的に高くなり，翌年に貯蔵養分が多く地上部へ戻されることに起因する．これらの問題を解消するために，根域を制限し貯蔵養分量を低下させることで，翌年の枝の成長が抑制される．実際栽培では，盛り土やコンテナボックスに小型樹を植え付ける方法が検討され，せん定の単純化につなげられている．この方法では地上部に留とどまる光合成産物が増すため，果実品質の向上にもつながるが，根域が小さいことから水管理を正確に行う必要がある．

さらに，小型樹の主枝において先端部と基部との栄養成長のバランスをとり，

**図 13.13** わい性台のリンゴ樹による並木植え

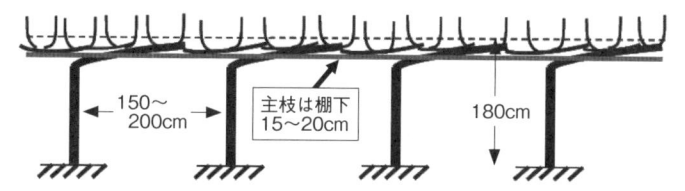

**図 13.14** ナシにおけるジョイント栽培の整枝法（神奈川県農業技術センター，2009）[14]
2年から4年で骨格を完成し，成園化する．

樹体が補完しあうことを目的として，ジョイント栽培がニホンナシで開発された[14]．これは，1本主枝で2m程度に伸ばし，1本の主枝の先端を隣接するもう1本の主枝の基部に接ぎ木して，直線状に結合していく手法である（図13.14）．これによって，複数の個体を一つの樹のように扱うことができ，主枝先端へ行くべき養分は隣接する樹でも利用され，樹体間で補い合うようになる．早期成園化を実現できることに加えて，主枝付近に徒長枝が生じにくいため，慣行の棚仕立て樹よりもせん定時間を大幅に短縮できることが示されている（図13.15，図13.16）．現在，神奈川県はナシとウメについて特許を取得しており，実用化が進められている．今後，さまざまな果樹で樹体ジョイントの効果と利用方法が検討されることになるだろう．

図13.15 せん定後のジョイント栽培樹形（神奈川県農業技術センター，2009）[14]

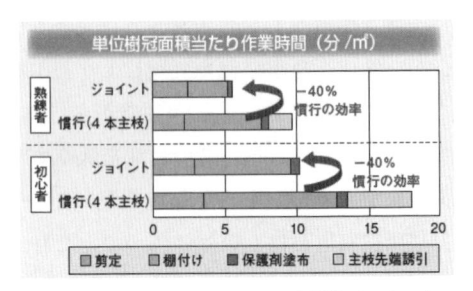

図13.16 せん定作業時間に及ぼす樹体ジョイントの影響（神奈川県農業技術センター，2009）[14]

[福田文夫]

### ■文　献

1) Christopher, E. P. (1957) : The Pruning Manual, The Macmillan, New York.
2) Gourley, J. H. and Howlett, F. S. (1941) : Modern Fruit Production, Macmillan Co.
3) 若菜　章（2002）：最新果樹園芸学（水谷房雄ほか），朝倉書店．
4) 神庭正則（1999）：グリーンエージ，**1999.12**，8-14．
5) 堀　大才（2009）：樹の生命，**8**，1-11．
6) 福田文夫ほか（2002）：岡山大農学報，**91**，49-54．
7) 岡山県うまいくだものづくり推進本部（2003）：果樹栽培指針，pp. 57-133，全国農業協同組合連合会岡山県本部．
8) Ryugo, K., 高橋文次郎ほか訳（1993）：果樹の栽培と生理，pp. 183-199, 文永堂出版．
9) 島村和夫（1992）：モモのわい化栽培—その考え方と実際—，島村和夫教授定年退官記念事業会．

10) Yakushiji, H. *et al.*（2008）：*Acta Hort.*, **772**, 385-388.
11) 赤阪信二ほか（2010）：広島総研農技セ研報, **87**, 45-51.
12) 福田博之（2009）：農及園, **84**, 508-513.
13) 猪俣雄二ほか（2004）：果樹研報, **3**, 77-88.
14) 神奈川県農業技術センター（2009）：ニホンナシ樹体ジョイント仕立て―早期成園化, 省力・低コスト栽培技術の開発に向けて―, 神奈川県.

# 14. 生理障害・病害虫

## 14.1 生理障害

　果樹において，害虫による被害や病原菌への感染を原因としない発育異常がしばしば見られる．その一つに生理障害（physiological disorder）があり，症状は果実，枝，葉など全体に及ぶ．これは，植物に対する光，温度，水分環境などの環境要因，樹や果実の成長段階の相互作用，樹や果実の成長や代謝に関与する内的要因によって発症する成長不具合であり，単一の要素だけとは限らない．また，収穫後の貯蔵中にも発生することがあり，貯蔵条件ばかりではなく収穫前の栽培条件や収穫時期が影響する．とりわけ果実で発生する生理障害は商品価値を下げるばかりでなく，外観からは判断しにくいものもあり，生産者としての信頼を失うことにもなりかねない．

　これまでにさまざまな障害が報告されているが，その原因と対策はすべてが明らかになっているわけではなく，病害虫が要因となっているか判断しにくい場合もある．また，品種により生理障害の発生程度が異なることから，完全に防除することは困難である．

### 14.1.1　ウンシュウミカン

#### a．浮き皮（rind puffing，図14.1）

　果皮と果肉が離れ空間ができる現象で，中生品種に多い．浮き皮の発生した果実は貯蔵性が劣り，果実品質も悪くなる．収穫前である秋の高温や多湿が原因の一つとされる．対策として，果実成熟期の窒素効果を減らすことや，後期重点摘果，樹冠表層摘果などがある．ジベレリンとプロヒドロジャスモンの混用散布が浮き皮を軽減するとして，2010年に農薬登録された．適切な処理を行えば浮き皮軽減に効果的であるが，着色遅延が生じやすい．そのため，貯蔵用品種や長期樹上着生栽培のような着色時期を待つことのできる品種で利用されている．

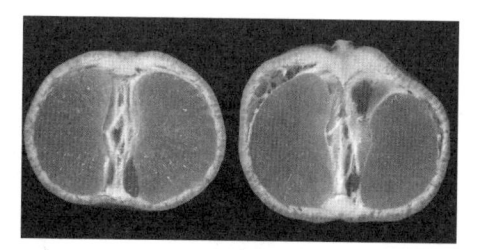

図 14.1 ウンシュウミカンの浮き皮（写真提供：和歌山県果樹試験場）

## 14.1.2 カ キ
**a. へたすき**（calyx-end fruit cracking）

果底部（へたの付け根付近）に発生する裂果であり，黒変する．へたと果実の肥大成長の不均衡とされ，完全甘柿'富有'，'太秋'，'次郎'などに多い．夏の乾燥と秋の降雨により増加する．対策として，適正な着果量を保つ，受粉により種子数を増やす，摘蕾によりへたの発育を促進することで果実発育との均衡を保つ，などがある．

**b. 条 紋**（concentric vracking）

着色期から収穫期にかけて，果皮に黒い筋状の模様が現れる．着色がよい果実で発生しやすく，外観を損なうが，食味には影響しないか逆に糖度が高い場合もある．'太秋'は条紋が発生しやすいが，'富有'，'平核無'などは条紋が発生しない．対策として，袋かけ，肥料の適正管理などがある．

## 14.1.3 ナ シ
**a. みつ症（水ナシ）**（water core, 図 14.2）

果肉が水浸状になり，食味や貯蔵性が低下する．す入りになることもある．原因として，夏の低温とその後の高温，果実の温度上昇などがあり，また果実の成熟が進むと発生しやすくなる．'豊水'，'新世紀'，'長十郎'などで多く，'幸水'や'新水'などでは少ない．対策として，適期収穫などがある．

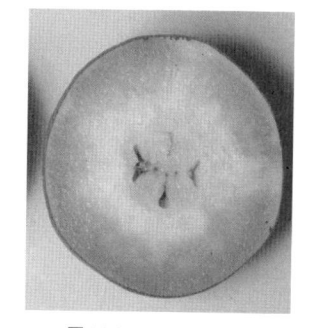

図 14.2 ナシのみつ症

## 14.1.4 ブドウ

**a. 花振るい**（shatter，図 14.3）

開花前後に起こる過剰な生理落果で，一房にほとんど果粒が残らないこともある．'巨峰'系や大粒系の品種で多く発生する．不受精や胚珠の発育不全，花穂と新梢成長との競合，樹勢や樹齢，窒素肥料の影響などが原因とされる．花振るいの強い品種では，長梢せん定による樹勢調節などで防止していたが，ジベレリンによる無核栽培が普及してからは，その花振るい抑制効果により短梢せん定が可能となった．その他の対策として，適正着粒量を保つ，適正な窒素肥料の施用，メピコートクロリド処理などがある．

図 14.3 ブドウの花振るい

**b. 裂果**（berry cracking，図 14.4）

果実肥大期の高温乾燥や降雨による湿潤が要因となり，成熟にともなう果皮の強度低下と果肉発達にともなう膨圧の増加との不均衡によるとされる．成長初期には果梗部側に小さな亀裂が入り，収穫期直前には果粒の縦方向や果頂部周辺が大きく裂けることが多い．'リザマート'系はとくに裂果しやすく，'巨峰'，'藤稔'，'オリンピア'，'ナガノパープル'などでも発生する．対策として，乾湿差を減らす，施設栽培などにより雨を制限するなどがある．

図 14.4 ブドウの裂果

**c. 縮果病**（drought spot）

硬核期頃から果粒に褐色～黒色の斑点が果肉に発生し，しだいに拡大する．障害が進行すると障害部が陥没するが，脱粒しない．果粒基部や果てい部付近の維管束の褐変をともなうことから，維管束の機能低下や水分障害が原因とされる．'マスカット・オブ・アレキサンドリア'や'甲斐路'など多くの品種で発生する．対策として，適切な土壌水分管理，施肥管理，硬核期の遮光などがある．

#### d. 果皮褐変障害 (skin-browning symptom)

'シャインマスカット'や'瀬戸ジャイアンツ'など黄緑色品種で発生が多く，収穫期が近づくにつれ発生し，外観を損なう．樹齢の低い樹で発生しやすい．果頂部側からシミ状の褐変が広がり，果粒表面の半分以上に拡大する．発生部位は亜表皮細胞の細胞間隙とされ，果粒糖度が高くなるにつれ発生が始まる．果粒の窒素過多や果皮の強度低下が原因とされる．対策として，適切な窒素施用，新梢管理などがある．

### 14.1.5 モモ

#### a. 核割れ (pit splitting)

果肉組織の成長にともなう外方向への肥大と核の成長との不均衡から，核が割れる現象である．早生および中生品種で多い．果柄基部まで裂けた場合，エチレン発生をともない落果を促進する．外観からはわかりにくい場合もあり，収穫期直前の落果増加や果実品質の低下を招く．硬核期の摘果は核割れを誘発しやすいため，早生品種では果実肥大第1期には仕上げ摘果を終了させると発生を減らすことができる．その他の対策として，樹勢の維持，硬核期の摘果を避けること，土壌水分の急激な変化を避けることなどがある．

#### b. 水浸状果肉褐変症 (みつ症) (water-soaked brown flesh)

一般的に，高糖度で果実硬度が低い中晩生品種で多く発生するが，一部の早生品種でも発生する．障害果は果肉の崩壊や褐変とともに腐敗臭を呈するが，外観から判断することが困難なため，流通後に問題となることがある．果実生育初期に天候に恵まれて成熟までの期間が短い年に多いことから，過熟が要因の一つと思われる．熟度の進んだ果実で発生することが多いため，対策として適期収穫に努めることなどがある．

### 14.1.6 リンゴ

#### a. ビターピット (bitter pit)

収穫期から貯蔵中に，果実の赤道部から果頂部側にかけて果皮に小さなくぼみができ，褐色へと変化する．果肉中のカルシウム含量の低下により，果皮および果肉に発生する．'ふじ'，'王林'，'ジョナゴールド'などで多く，また窒素およびカリウム多施用や樹勢の強い樹で発生が多い．同様の障害としてコルクスポ

ットがあるが，こちらは8月ごろから発症し，貯蔵後に発生しないことや果実全体に発生することなどの違いがある．対策として，適切な施肥管理，樹勢の調整などがある．

**b. みつ症**（water core）

果肉が果心線から周囲にかけて水浸状になり，ソルビトール含量が高くなる．'ふじ'，'王林'，'紅玉'などで多く発生する．'つがる'，'陸奥'では夏の高温期にみつ症が発生することがあるが，'ゴールデンデリシャス'と同様に完熟期にはほとんど発生しなくなる．みつ症は樹上で発生し，樹上完熟の指標となるが，果肉の軟化が早まり褐変化や貯蔵性の低下をともなう．特有の香りの変化があり，日本ではむしろ好まれるため，大きな問題とはなっていない．

## 14.2 病　　気

病気の原因のほとんどは菌類や細菌類である．ほかにウイルス，ウイロイド，ファイトプラズマがある．果樹は永年作物であり，園が汚染されるとその防除は困難である．

菌類は真菌ともよばれ，体外の有機物を分解し細胞表面から養分摂取する従属栄養生物である．胞子を形成するものが多く，罹病部位に胞子嚢を観察できることも多い．菌類の感染は，気孔などの開口部，害虫による食痕，物理的損傷部位から感染する場合と，植物個体表面のクチクラや細胞壁を物理的あるいは化学的分解して侵入する場合とがある．防除法としては殺菌剤の散布が主となるが，果樹の日常管理で日当たりや風通しをよくするとともに枯れ枝や感染部位の除去などを心がけ，感染源を減らすことが重要である．風雨により二次感染し，被害が拡大することが多い．近年気象条件の変化により，輪紋病，炭そ病など比較的暖かい地域で多かった病気が拡大している．

細菌とファイトプラズマは核膜をもたない原核生物である．細菌による果樹の病害は，ナシやリンゴの火傷病（fire blight）で発見されており，伝染性が高く欧米で問題となっている．2012年時点での報告によれば，日本ではまだ発生していないとされ，植物防疫法で輸入禁止植物の対象病菌として取り扱われている．モモせん孔細菌病やかんきつかいよう病も，細菌によるものである．

ウイルスは核酸とタンパク質からなり，自己増殖できない．接ぎ木や生物に媒介され感染し，とくにアブラムシ，ウンカ，ダニの吸汁によって伝搬されること

が多い.また,ウイルス感染した個体を穂木として用いた伝染も多い.逆に,台木がすでに保毒していると,穂木が感染することになる.カンキツのステムピッティング病のように,接ぎ木可能な樹種間で抵抗性が異なる場合があり,感染の注意が必要である.ウイルスに感染すると,葉色の変化,着色不良,糖度の低下など生育異常として現れるが,生理障害と似ることもあり発見が遅れることがある.保毒した樹は無毒化が困難であり,早期に伐採する必要がある.また,一部は土壌伝染するため,発病した園には同じ樹種を植えることができない.2009年には,ウメ輪紋ウイルス(プラムポックスウイルス)が関東地区で,また後に関西でも確認され,周辺地域が防除区域に指定された.その区域では,感染植物の抜根焼却などの処理と,感染していないと認められた生植物以外の持ち出しが禁止された.

病原の媒介者がヒトとなることも多く,二次感染を防ぐため罹病部位を園外に持ち出し適切に処理することや,病原と接触した手や道具の洗浄や移動に注意を払うべきである.

### 14.2.1 菌類,細菌類

**a. カンキツ**

**1) そうか病**(scab,図14.5)

*Elsinoë fawcettii* が病原であり,果実や枝葉に発生する.果実表面がいぼやミミズ腫れ,あるいはかさぶた状になり,葉はいぼ状に飛び出した病徴を示す.枝葉の病斑で越冬する.

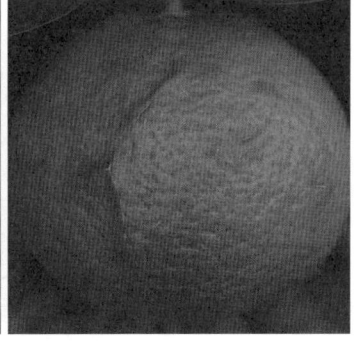

図14.5　ミカンのそうか病(右:果実,左:葉)(左写真提供:静岡大学・八幡昌紀氏)

**2) 黒点病**（melanose）

*Diaporthe citri* が病原であり，果実や枝葉に発生する．樹上の枯れ枝や園内の枯れ枝に潜む病原菌が感染源となる．初期は果実表面に 1 mm 以下の黒点が発生するが，密度が高くなると泥塊状になる．

**3) かいよう病**（canker）

細菌である *Xanthomonas citri* が病原であり，果実，葉，緑枝に黄褐色の病斑を形成し，拡大するとともに中心部からコルク化する．おもに傷感染によるため，風の強い園やハモグリガの被害樹で多い．

**4) カンキツグリーニング病**（citrus huanglongbing HLB, citrus greenig）

*Candidatus* Liberibacter が病原であるが，グラム陰性細菌としかわかっていない（未同定），枝葉や果実に感染する．葉や新梢は黄化，萎縮，そして樹勢が低下し，数年後に枯死する．果実品質は著しく低下する．日本では1998年に沖縄県西表島で確認され，2006年には鹿児島県指宿市で確認された．ミカンキジラミや接ぎ木によって感染を受け，温暖化によるミカンキジラミの生存域の北上とともに侵入地域が拡大している．熱帯，亜熱帯地域で発生し，病原は複数の種が確認されている．有効な防除策がなく，世界のカンキツ栽培地で大きな問題となっている．感染樹は伐採除去することになる．

**5) 黒斑病**（phoma rot）

*Phoma erratica* が病原であり，果実に発生する．果実の生育期間中に感染を受け，貯蔵中の乾燥条件下で発病が多い．よく似た病状に黒腐病があるが，こちらは多湿条件下で発生しやすい．

**b. カキ**

**1) 炭そ病**（Anthracnose）

*Glomerella cingulata* が病原であり，果実や新梢に発生する．罹病した果実には黒点ができ，幼果は落果し，夏以降は病斑が大きくなり中央部がくぼむ．

**c. ナシ**

**1) 赤星病**（rust，図 14.6）

*Gymnosporangium asiaticum* が病原であり，果実や枝葉に発生する．葉に黄橙色の斑点を形成し，数 mm 程度に拡大する．葉の裏に毛状の器官を形成し，胞子を飛散させる．ビャクシンを中間宿主とし，その冬胞子の飛散距離は 2 km とされ，ナシに飛散することで感染する．

図 14.6 ナシの赤星病　　　図 14.7 ナシの黒星病

2) **黒星病**（scab，図 14.7）

*Venturia nashicola* が病原であり，果実や枝葉に発生する．枝葉では黒い斑点ができ，その後拡大する．葉柄や果柄，果実ではススがついたような黒変が生じ，落葉（落果）する．果実が成長を続けると果実はひび割れする．とくに'幸水'が感染を受けやすい．

3) **輪紋病**（ring rot, physalospora canker）

*Botryosphaeria berengeriana* が病原であり，果実や枝葉に発生する．果実に感染すると，収穫期頃に同心円状の褐色病斑が現れ拡大し，果肉は腐敗する．収穫後にも病徴が現れる．

4) **黒斑病**（black spot）

*Alternaria kikuchiana* が病原であり，果実や枝葉で発病する．'二十世紀'，'新水'，'南水'などの抵抗性は低く，'幸水'や'豊水'は抵抗性品種である．葉には黒い病斑ができ，拡大すると同心輪紋状の病斑となる．果実では，幼果に黒い病斑ができ，肥大とともに病斑が広がり果皮に亀裂を生じる．黒点病とよく似ているが，かび状の病徴は黒斑病にはない．黒斑病抵抗性品種の'ゴールド二十世紀'や'おさゴールド'も感染を受けるが，病斑は拡大しない．

### d. ブドウ

1) **黒とう病**（Anthracnose，図 14.8）

*Elsinoë ampelina* が病原であり，葉，新梢，巻きひげ，果粒に病斑が生じる．果粒では黒色の斑点を生じ，中心部に穴が開く．葉脈上では病斑が連なり，葉が正常に展開しない．病斑で越冬し，降雨により二次感染を繰り返して被害が拡大

するが，雨よけにより被害は減少する．欧州系品種が罹病しやすい．

2） うどんこ病（powdery mildew）

*Uncinula necator* などが病原であり，枝葉や果粒が白色〜灰白色のかびにおおわれる．かびがとれた後も果粒が黒くなり，外観を損なう．欧州系および欧米雑種の'巨峰'は感染を受けやすい．高温多湿条件下で発生しやすく，ハウスや雨よけ栽培でも多く発生する．

図14.8 ブドウの黒とう病

3） 晩腐病（ripe rot）

*Glomerella cingulate*（有性），*Colletotrichum fioriniae*（無性）が病原であり，ベレーゾン期以降の果粒に円形で赤褐色の不明瞭な病斑をつくり，腐敗する．病原は樹内に潜伏し越冬する．葉や巻きひげも感染を受けるが，病徴を示すことがなく被害が恒常化することが多い．品種による感受性の差が少なく，多くの品種が罹病する．

4） べと病（downy mildew）

*Plasmopara viticola* が病原であり，葉に黄色の斑点が現れ，裏面に白いかびが生える．花穂や幼果にも病徴が現れる．病斑落葉で越冬する．欧州系品種が感染を受けやすい．

e． モ モ

1） 縮葉病（leaf curl，図 14.9）

*Taphrina deformans* が病原であり，春の展葉開始期に罹病すると，葉が異常成長し赤い病斑ができる．病気の進行とともに，葉がふくれたように赤，黄緑などの凹凸を生じ，厚くなる．菌糸の生育適温が低いため，気温の上昇とともに発病しなくなる．

2） せん孔細菌病（shot hole, cercospora leaf spot，図 14.10）

細菌 *Xanthomonas campestris* などが病原であり，新梢の組織内で越冬し，気温の上昇にともない褐色の病斑をつくる．葉では小さな白い病斑ができ，褐色になった後に穴があく．果実では，幼果期に罹病すると黄色くしおれて樹上にとどまり，大きな果実が感染すると褐色の病斑ができ，そこに亀裂が入る．

図 14.9 モモの縮葉病    図 14.10 モモのせん孔細菌病

### 3) 灰星病（brown rot）

*Monilinia fructicola* が病原であり，収穫間近になると果実表面に淡褐色の病斑ができる．数日の間に果実表面に広がり，軟化腐敗する．このとき，灰色小球の集まりのような胞子塊でおおわれる．花が感染し花腐れを起こすと感染源となり，被害が拡大する．フォモプシス腐敗病や灰色かび病とよく似ているが，前者は病斑の中心に点があり，表面が粉っぽくないこと，後者は病徴の進行が遅く菌糸を生じ，かびが小球の集まりでないことから区別できる．スモモ，ウメなども感染を受ける．

### f. リンゴ

### 1) 斑点落葉病（alternaria blotch, cork spot）

*Alternaria mali* が病原であり，枝葉や果実に病斑をつくる．葉では，褐色の小さな斑点が拡大するにつれ赤褐色となる．果実では，幼果期には小さな黒い病斑となり，果実の肥大，成熟にともなってサビ状や褐変状になる．デリシャス系で被害が大きく，'つがる'，'ゴールデンデリシャス'，'陸奥'，'ふじ' は中程度，'紅玉'，'つがる' などは被害が少ない．

### 2) モニリア病（blossom blight, monilia leaf blight）

*Monilinia mali* が病原であり，感染部位により葉ぐされ，花ぐされ，実ぐされとよばれる．罹病すると褐変し，しおれて枯れる．被害果実内の病原体が地表で越冬し，翌春にその胞子によって感染を受ける．寒冷地で多く，感染期間が4月から5月と短いため，集中的な防除が必要である．

### 3) 褐斑病（blotch）

*Diplocarpon mali* が病原であり，葉での発病が多い．葉に褐色の斑点が拡大

し，大きな病斑となった後，黄変落葉する．1900年代後半から被害が拡大した病害であり，農薬の使用体系や気象条件の変化が要因と考えられている．斑点落葉病や黒星病と病徴は似ているが，病斑内に虫ふん様の粒があることから区別できる．

### 14.2.2 ウイルス
#### a. カンキツ
**1) ステムピッティング病**（stem pitting, hassaku dwarf）

*Citrus tristeza virus*（CTV）が病原であり，ステムピッティング系統とシードリングイエローズ系統がある．前者は萎縮，果実の小玉化，木部のピッティングなど，後者は葉の黄化と生育阻害症状が現れる．ウンシュウミカンは保毒しても発病しないが，高接ぎしたハッサク，ナツダイダイなどに病徴が表れる．接ぎ木や虫媒（ミカンクロアブラムシなど）で伝染する．

**2) 温州萎縮病**（Satsuma dwarf）

*Satsuma dwarf virus*（SDV）が病原であり，接ぎ木伝染と土壌伝染がある．春葉が舟形に変形するとともに春枝の節間がつまる．夏枝には病徴が表れない．中生温州は発病しにくい．サンゴ樹も保毒し，感染源となる．

**3) カンキツモザイク病**（mosaic）

*Citrus mosaic virus*（CiMV）が病原であり，果皮に黄色と緑のモザイク状の模様ができる．葉が温州萎縮病と同様に舟形になるが，症状は弱い．接ぎ木伝染とともに土壌感染もある．

**4) エクソコーティス病**（exocortis）

ウイロイドである *Citrus exocortis viroid*（CEVd）が病原であり，カラタチ台の外皮に亀裂が入るとともに鱗片状にはがれる．感染力が強く，せん定ばさみや接ぎ木ナイフなどを介して感染するが，媒介昆虫はいない．樹勢が弱り枯死することもある．

## 14.3 虫　　害

栽培植物に被害を与える昆虫，ダニ，センチュウ類は多く，それらをまとめて害虫と称する．害虫による被害は，葉，枝，根，果実に及び，病害と同様に大きな損害を及ぼすことがある．

## 14.3 虫害

表 14.1 果樹における主要害虫

| 害虫名 | 加害部と被害 |
| --- | --- |
| アザミウマ類 | イチジクの果実内部に侵入すると，果実内部が黄変や黒変する．ブドウでは不規則な形の傷が，ウンシュウミカンでは果梗部側はリング状（図14.11），果頂部側は不規則な形の傷が残り外観を損なう．サンゴジュやイヌマキなどでも発生することから，果樹園周囲の植栽が発生源になることがある． |
| アブラムシ類 | 枝葉に寄生し，吸汁する．防除基幹剤の効果が低下している場合があり，散布効果の確認が必要である．葉が湾曲したり，落果を増加させることもある．ウイルスなど病原の媒介やすす病などの二次被害を生じることがある． |
| ヒトリガ，シャチホコガ，マイマイガ，トビイロトラガ，イラガなど | 大量発生し，葉を暴食する．年に数回発生することもある．イラガのように刺されると痛い棘をもつものもある． |
| カイガラムシ類 | 枝，葉，果実に寄生し吸汁加害する．粗皮下で越冬，産卵するので粗皮削りなどを行う．スス病などの二次被害が生じることがある． |
| カキノヘタムシガ | カキの幼果の頃から夏の間に幼虫がへたの周辺から侵入し，果実を食害する．へたが樹上に付いた落果はカキノヘタムシガによる被害であることが多い． |
| カミキリムシ | 幼虫が幹や枝の内部を食害する樹幹害虫．枝が折れやすくなり，ときには枯れることもある．成虫は樹皮をかじる種類もあり，イチジクでは枝の折れる原因の一つとなっている．幼虫は薬剤防除しにくい． |
| カメムシ類 | 幼果と肥大果実ともに吸汁加害し，変形や変色そして被害部の軟化により腐敗果の原因となる．その種類は20種類以上である．スギ，ヒノキなどの球果を餌に繁殖する． |
| クリタマバチ | クリの芽に虫えいを作り越冬する．寄生された芽の新梢は伸びず，その後に枯れる．樹勢が低下した樹に寄生することが多い．抵抗性品種が導入されているが，品種により被害程度は異なる． |
| シンクイガ | 幼虫がナシやリンゴの果実を食害する．果実を直接食害するため実害が大きい．幼虫が土中および粗皮の下で越冬する．年に数回発生し，発生期間が長い難防除害虫である．モモ園とナシ園が隣接する場所では世代間でそれぞれの園を移動することから，より被害が大きくなることがある． |
| スカシバ | ブドウやカキなどの樹幹の粗皮の直下を食害する．被害が大きくなると樹勢の低下や枯死をまねく．成虫はハチによく似る．ブドウスカシバは新梢や2年生枝に侵入することが多く，食入した枝の先端部は伸びが止まり枯れる．被害部は膨らみ，その中に幼虫がいる．クビアカスカシバはブドウの主幹や太い枝を1周するように食害することが多い． |
| ダニ類 | 葉や果実に寄生し，吸汁する．葉は葉緑素が抜け，白化する（図14.12）．多発時には早期落葉や果実品質の低下を引き起こす．薬剤抵抗性を獲得しやすく，同一薬剤の連用は避ける．また，マシン油乳剤など抵抗性が付きにくい薬剤を併用する．カンキツがミカンサビダニの被害を受けると果実表面がサビ状に汚れ著しく外観を損なう． |
| ハマキムシ | 幼虫が葉を折りたたみ，その中に潜む．葉や果実を食害する．果実の表面を削ったような食害があり，肥大が阻害され外観を損なう． |

| 害虫名 | 加害部と被害 |
| --- | --- |
| ハモグリガ | おもにカンキツの葉や果実に侵入し，表皮組織を寄生加害する．一筆書きのような被害痕ができる．被害が大きいと葉の成長が妨げられ，委縮する．かいよう病の原因となる． |
| ヤガ | 夜間に果樹園に飛来し，果実を吸汁加害する．一定の明るさがあると摂食行動をとらないなど，行動が制限されることから，防ガ灯により防除を行う場合もある．また，音波による防除も試みられている． |

図 14.11 ウンシュウミカンのアザミウマによる被害

図 14.12 カンキツのハダニによる被害

　昆虫類では，カメムシ目に含まれるカメムシ，アブラムシ，カイガラムシ，鱗翅目に含まれるチョウ，ガ，ハマキムシ，シンクイガ，コウチュウ目に含まれるカミキリムシやコガネムシ，ダニ目など数百種類に及び，幼虫や成虫が枝葉，果実，根などを食害する．

　センチュウ類の多くは根に寄生するため，その被害対策が遅れがちである．センチュウの寄生を受けた果樹は，いや地や微量要素欠乏のような症状とともに，生育阻害，早期落葉，果実品質の低下などが起こる．このような症状が現れてからの対策では，樹勢回復が困難であることが多い．

　昆虫やセンチュウがすべて害虫となるわけではなく，花粉媒介昆虫や果樹害虫の天敵となる昆虫，センチュウなどに有益な種類も数多く存在する．表 14.1 に代表的な害虫について記し，それに対応した被害状況を図 14.11，図 14.12 に示す．

## 14.4　病害虫防除

　栽培管理に悪影響を及ぼす病害虫に対しては予防や駆除対策が必要であるが，

まずは圃場における生存密度を下げることが重要である．また，病害虫だけではなく，野生動物（鳥獣類）と人との生活範囲が近接しており，その被害も問題となっている．

**14.4.1 化学的防除**（chemical control）

化学薬品（農薬）を用いて病害虫を防除する方法で，薬剤により速効性や持続性，接触剤や食毒剤などさまざまな作用性があり，最も活用されている防除法である．それぞれの薬剤は特定の植物や病害虫に使用が限定されており，殺虫剤，殺菌剤，殺ダニ剤，誘引剤，忌避剤など，目的により細分化されている．薬剤の使用目的は病害虫の防除であり，病害虫の生活周期や果樹園の状態を把握し，適当な薬剤を適切な時期に正しい方法で使用することで効率的に防除することができる．

一方で安易な薬剤の使用は，有益生物へ害を及ぼしたり，病害虫の薬剤抵抗性を招いたりすることになる．たとえば，QoI剤とよばれるストロビルリン系薬剤の抗菌作用性は広く，多くの殺菌剤が登録されている．しかしながら，ブドウべと病，リンゴ炭そ病，カンキツ灰色かび病をはじめ，数種類の病害で耐性菌が出現している．ベンゾイミダゾール剤（黒星病，灰星病，黒とう病など），SBI（DMI）剤（ナシ黒星病），ストレプトマイシン（モモせん孔細菌病）などでも耐性菌が確認されている．殺虫剤では，アブラムシ類に対する防除効果が有機リン剤，カーバメート剤，合成ピレスロイド剤で低下していることが，1980～1990年代に問題になった．そして，薬剤使用により天敵や花粉媒介生物を減少させた場合は，さらなる薬剤散布や労力の必要拡大につながり悪循環となる．また，収穫物中の薬剤の残留も考慮しなければならない．2003年の食品衛生法の改定（2006年施行）により，食品中の残留農薬の規制がポジティブリスト制度となった．これは，残留基準が設定されている農薬に関してはその基準値以内で，設定されていない農薬に関しては一律基準値（0.01 ppm）を超えた場合，規制対象とされるものである．

薬剤の登録内容は定期的に更新されており，安全な生産物を得るためには新規登録や失効情報を常に確認する必要がある．薬剤の使用においては，各地域の主要果樹について防除暦などの指針や定期的な病害虫情報などが発信されているので，それらを参考にして適切な使用が求められる．

## 14.4.2 物理的防除 (physical control)

　さまざまな資材や，光あるいは音などの物理的方法で，果樹への外的被害を防ぐ方法である．害虫や鳥獣の忌避や遮断を目的とするが，防風による病害や果樹の倒伏，果実の落果を防ぐ目的もある．

　光を利用した方法として，夜間ではハマキムシなどの走光性を利用した誘蛾灯による誘殺，昼間では反射光を用いたアブラムシの飛翔の撹乱による防除などが行われている．ナシやモモの産地では夜間に紫外線などの短波長を遮断し，黄色や緑色（500～600 nm）の光を発する照明を設置し，明暗適応能力をもつ吸ガ類（夜行性害虫）やチャバネアオカメムシの行動，交尾，産卵抑制などを行っている．音を利用する方法としては爆裂音による鳥獣の忌避があるが，都市部と果樹園が近接している場合もあり，使用は制限されることがある．果実への袋かけや果樹園への網かけにより，鳥や吸ガ類，カメムシなどの果実への被害防止も行われる．これらは害虫を駆除するわけではないが，その被害を抑制するために有効である．果実袋には薬剤が塗布されたものもあり，化学的防除との相乗効果を期待したものもある．

## 14.4.3 耕種的防除 (cultural control)

　栽培管理の工夫によって，病害虫の防除と拡大を防ぐ方法であり，栽培的防除ともいわれる．開園時に抵抗性品種や抵抗性台木を利用して病害虫の防除を行う方法と，果樹園の環境整備や栽培方法によって病害虫を防除する方法とがある．

　病虫害抵抗性品種や抵抗性台木が，選抜や育種により確立している．日本ではクリに対するクリタマバチの被害が1941年に確認され，被害が拡大した．1950年代以降，'丹沢'，'筑波' など抵抗性品種が育成され，今では主要品種となっている．ナシでは，γ線照射により突然変異を誘発し黒斑病抵抗性をもつ 'ゴールド二十世紀' や 'おさゴールド' が登録されている．イチジクでは株枯病の防除が問題となっていたが，2000年代には 'Ischia Black' などの選抜により，病害の防除やいや地の影響軽減が図られている．海外および日本では，ブドウネアブラムシ（フィロキセラ）が抵抗性のないヨーロッパブドウへ大きな被害を及ぼしたが，抵抗性台木の開発により被害は抑えられた．

　また，栽培環境の整備は重要な防除法の一つである．樹形や栽植密度の管理による光環境や通風の改善，罹病部位の除去，適切なせん定や施肥，粗皮削り，雑

草管理は病害虫の密度を減少させ，果樹への被害を減らすこととなる．病害は，前年に感染した枝が伝染源となり被害を拡大することや，二次伸長枝や徒長枝へ感染しやすいことからも園の管理が重要である．近年，マイナー害虫による被害が問題となることがあるが，登録農薬が少なく対策に困る場合がある．耕種的防除や物理的防除により，予防に努めることも重要である．

### 14.4.4　生物的防除（biological control）

　害虫に対する天敵や微生物を用いた病害虫防除である．自然発生的な生態系で確立した捕食，寄生，感染環境を利用する方法と，人為的に導入した生物環境を利用する方法がある．自然発生的な生物環境を利用する場合は，先に記した耕種的防除との関連が重要である．この例としては，アブラムシに対するテントウムシ，鱗翅目の幼虫に寄生するセンチュウや寄生蜂などがあげられる．一方，人為的に導入し効果を上げた例としては，カンキツの害虫であるワタフキカイガラムシの天敵のベダリアテントウや，クリタマバチの天敵であるチュウゴクオナガコバチの定着があり，これらは恒久的に成果を上げている．また，微生物の増殖，製剤，管理技術の向上から，特定の病害虫に対して作用する微生物などを利用した生物農薬（biopesticide）が効果をあげている．線虫（*Steinernema glaseri*）によるコガネムシの防除，菌類（*Bacillus thuringiensis*）の産出物によるハマキムシや鱗翅目の防除，糸状菌である *Beauveria brongniartii* によるカミキリムシの防除，チリカブリダニによるハダニの防除などが登録されている．これらは速効性がなく施用条件により効果が現れにくいが，食物安全性や抵抗性獲得に対しては問題がない．しかし，今後生態系に影響を及ぼす可能性も考慮しておかなければならない．

　ほかに，害虫の交信撹乱性物質による交尾の阻害や，誘引剤による誘殺が行われている．単一物質ではなく複数の類縁化合物の組み合わせにより効力があがることがあり，混合剤として使用されている．また，複数の害虫に対して効果を示す複合交信撹乱剤も利用されている．これらの使用に関しては，対象害虫の密度を低くすることや，処理園地周辺の害虫の発生源を少なくしておくことが求められる．

[中尾義則]

## ■文　献

1) 福田博之（1989）：化学と生物，**27**（5），340-344.
2) 萩原栄輝ほか（2014）：山梨果試研報，**13**，57-63.
3) 石井英夫（2012）：植物防疫，**66**（9），481-487.
4) 持田圭介ほか（2013）：島根農技研報，**41**，41-50.
5) 村上陽三・行徳　裕（1991）：九病虫研会報，**37**，194-197.
6) 農山漁村文化協会編：農業技術体系果樹編，農山漁村文化協会.
7) 大阪食み技セ・都市農業部・果樹園芸グループ（2006）：近畿中国四国農業研究成果情報，果樹促進部会.
8) 高田大輔ほか（2005）：園学研，**4**，429-433.
9) 伴野　潔・山田　寿・平　智（2013）：農学基礎シリーズ　果樹園芸学の基礎，pp. 171-186，農山漁村文化協会.

# 索　引

## 欧　文

ABA　35, 125
CA 貯蔵　140, 151
CEC　161, 178
CH　36
C–N 関係説　95, 189
DNA マーカー　51
*DVI*　37
*DVR*　37
ELISA 法　75
*FT* 遺伝子　98
GA　125
KODA　98
L/D 比　131
MA 貯蔵　140, 151
MADS-box　142
MAS　51
1-MCP　140
PCA　20
PCNA　20
pF 値　155
PPV　56
PRSV　56
PVA　20
PVNA　20
QTL　39, 53, 121
RNA サイレンシング　73
RT-PCR　75
*S* ハプロタイプ　110
STS　140
TALEN　58
TDR　156
UPOV 条約　17, 60
VA 菌根菌　161
ZFN　58

## ア　行

亜鉛　175
アオナシ　18
赤星病　208
アクアポリン　130
アグロバクテリウム　56
アケビ　26
圧条法　70
圧ポテンシャル　129, 155
圧流説　130
亜熱帯果樹　14
アブシジン酸　35, 125
油桃　22
アポプラスト　128
アポミクシス　61
甘ガキ　20
甘渋性　51
雨よけ施設　23
雨よけ栽培　87
アミノ酸　144
アメリカグリ　24
アメリカブドウ　21
暗きょ排水　78, 160
アンズ　22
アントシアニン　25, 33, 43, 145
アンローディング　127

イオウ　174
育種　47
移行相　93
移植　80
イチジク　24
イチョウ　26
遺伝子組換え育種　55
イムノクロマト法　75
イワテヤマナシ　18

ウイルス　63, 72, 206, 212
ウイルス検定　74
ウイルスフリー　72
ウイルスベクター　58
ウイロイド　73
植え穴　80
浮き皮　202
うどんこ病　210
うね間かん水　158
ウメ　22
ウメ輪紋ウイルス　207
裏年　119
雨量指数　30
温州萎縮病　212
ウンシュウミカン　27

永久しおれ点　155
栄養　168
栄養成長　93
栄養繁殖　2, 61, 73
液果類　16
腋生花芽　103
液胞　127
エクソコーティス病　212
エチレン　125, 137
エチレン信号伝達経路　139
塩基飽和度　178
塩素　175

欧州ブドウ　21
オウトウ　23
オーキシン　35, 96, 126
表年　119
オリーブ　28
音響振動　148
温帯果樹　3, 14
温量指数　30

## カ 行

開花促進　49
外果皮　13
改植　80
開心自然形　195
階段畑　77
害虫　213
かいよう病　208
改良ソラックス樹形　87
花芽　92, 106
化学的防除　215
花芽分化　88, 99
カキ　20
柿渋　20
夏季せん定　191
核　16
がく　12
核果類　16
がく筒　12
核内倍加　123
隔年結果　96, 118
学名　10
核割れ　205
果梗枝　105
果実　1
果実購入額　8
果実購入量　8
果実成熟　34
果実発育　34
果実品質　34
仮種皮　13, 17
花床筒　12
火傷病　206
芽条変異　53
花序分裂組織　99
ガス障害　151, 185
風　44
花成　93
花柱溝　107
褐斑病　211
果皮　13
果皮褐変障害　205
カプリフィケーション　25
株分け繁殖　69
花粉　106

花粉管　107
花粉母細胞　106
ガラス室　87
カリウム　173
カリン　26
カルシウム　174
カルタヘナ法　58
カロテノイド　34, 43, 145
干害　157
甘果オウトウ　23
カンキツ　26
カンキツグリーニング病　208
カンキツモザイク病　212
完熟　19
かん水　158
完全甘ガキ　20
完全渋ガキ　20

キウイフルーツ　24
気温　82
偽果　13
偽単為結果　115
キメラ　71
キメラ育種　59
客土　79
休眠　14, 35
休眠枝挿し　67
休眠打破　88
休眠打破剤　38
強せん定　193
共台　66
杏仁　22
切り返しせん定　192
切り接ぎ　63
菌根菌　161
ギンナン　26
菌類　206

偶発実生　22
果物自給率　7
苦味　144
クライマクテリック　135
クラブアップル　17
クリ　24
クリタマバチ　24, 216
クルミ　26
黒星病　209

クロミノウグイスカズラ　26
クロロフィル　43, 145

経済樹齢　85
形質　47
茎頂接ぎ木　73
茎頂培養　71, 73
結果枝　101
結果習性　102, 189
結果母枝　101, 188
結実　31
ゲノム育種　53
ゲノム編集　58
堅果類　16
原形質連絡　128

硬核期　124
交換性塩基量　178
光合成　32, 170
交雑育種　47, 49
香酸カンキツ　28
硬質フィルム　90
後熟　134
耕種的防除　216
降水量　43, 82
好適土壌水分　158
好適土壌pH　161
高度　44
高木性果樹　14
呼吸　134, 170
黒点病　208
黒とう病　209
黒斑病　19, 208, 209
黒腐病　208
狐臭　21
コルクスポット　205
コールドチェーン　148
コルドン整枝法　198
根域制限　85
混合花芽　101
混植　81
コンテナ栽培　86

## サ 行

細菌　206
栽植距離　81

# 索　引

栽植密度　81
サイトカイニン　96, 126
栽培的防除　216
細胞間隙　123
細胞肥大　122
細胞分裂　121
細胞壁多糖類　146
細胞融合育種　55
在来品種　20
作型　88
さくらんぼ　23
挿し木繁殖　67
砂じょう　17
雑カン類　27
酸果オウトウ　23
サンカクサボテン　28
酸性土壌　25, 161
三相分布　160, 176
酸素呼吸　170
残留農薬　215

シアナミド　39
シィクワーサー　26
雌花　12
自家受粉　109
自家不和合性　19, 81, 109
自家和合性　19, 109
色素　144
子室　24, 106
雌ずい　12
施設栽培　87
自然交雑　22
仕立て方　194
湿害　157
湿度　43
自動的単為結果　113
シバグリ（芝栗）　24
自発休眠　35
渋ガキ　20
渋味　144
ジベレリン　96, 119, 126
子房　12, 106
子房壁　13
弱せん定　193
ジャスモン酸類　125
斜面地　76
斜面畑　77

雌雄異株　12, 24, 108
雌雄異熟性　109
周縁キメラ　59
集合果　14
雌雄性　109
雌雄同株　12, 108
集約的栽培　3
主幹　188
樹冠　189
主幹形　194
縮果病　204
熟柿　20
熟枝挿し　67
縮葉病　210
珠孔　106
主枝　188
種子単為生殖　116
種子繁殖　61, 72
珠心　106
珠心胚育種　59
受精　107
樹体栄養　168
珠皮　106
種苗法　17
受粉　107
受粉樹　81, 109
純正花芽　101
ジョイント栽培　200
子葉　17
漿果類　16
条件的休眠　35
じょうのう　17
条紋　203
常緑性　14
植物ホルモン　96, 125
ジリンゴ　17
真果　13
仁果類　16
真菌　206
シンク力　113, 126
深耕　80, 162
浸透ポテンシャル　129, 155
芯抜き　192
心皮　13, 106
シンプラスト　128

水浸状果肉褐変症　205

スイートチェリー　23
水分管理　158
水分ストレス　156
水分生理　154
水分測定　156
ステムピッティング病　207, 212
スプリンクラー　158
スモモ　23

清耕栽培　185
清耕法　165
生産価格　7
整枝法　187
成熟　134
生殖成長　93
生鮮果実自給率　7
生体構成要素　170
生物の防除　217
生物農薬　217
正方形植え　81
成木相　93
セイヨウナシ　19
生理障害　202
生理的の落果　117
積算温度　131
施肥　178
せん孔細菌病　210
センチュウ　214
せん定　187
選抜マーカー　57

霜害　41
そうか病　207
相関休眠　35
早期選抜　51
双子果　101
草生栽培　185
草生法　165
そぎ芽接ぎ　63
側枝　188
促成栽培　87
組織培養　61
ソース　127
ソマクローナルバリエーション　71

## タ 行

耐寒性　40, 62
耐乾性　62, 157
台木　2, 61
体細胞変異　71
耐湿性　157
耐水性　62
耐性菌　215
耐冷性　40
高うね栽培　86
他家受粉　109
高接ぎ　63
高取り法　70
他家不和合性　23
タチバナ　26
脱渋　20
他動的単為結果　114
棚仕立て　195
多肉質　142
多年生草本果樹　10
多胚性　116
他発休眠　38
単為結果　25, 112, 124
単為生殖　112, 116
単一S字型成長曲線　123
単果　13
タンゴール　27
単植　82
タンゼロ　28
炭そ病　208
タンニン　144
丹波グリ　24
団粒構造　171

地形　45
窒素　172
窒素飢餓　185
窒素固定　172
窒素同化　172
地方品種　20
着色　33, 43
着果　31
虫害　212
中果皮　13
中間台木　61, 67

チュウゴクオウトウ　23
チュウゴクグリ　24
チュウゴクナシ　19
柱頭　107
中晩柑類　27
頂腋生花芽　103
頂芽優勢　190
頂生花芽　103
長方形植え　81
チルユニット　37

追熟　19, 134
追肥　182
接ぎ木　2
接ぎ木親和性　66
接ぎ木繁殖　61
ツリーファクター　136
つる性果樹　14

低温障害　148
低温貯蔵　148
低温要求時間　82
低温要求量　36
低温流通　148
低樹高化　86, 198
低木性果樹　14
摘花　132
摘果　132
適宜摘心　195
適熟　19
適地適作　3
鉄　174
鉄骨ハウス　90
デハードニング　40
点滴かん水　86, 158
転流糖　127

糖　142
銅　175
凍害　41
冬季せん定　191
当年枝　189
土壌　176
土壌改良　79, 162
土壌改良資材　165
土壌管理　160
土壌母材　176

突然変異育種　53
ドライフルーツ　23
ドラゴンフルーツ　28
トランスポーター　128
取り木繁殖　70

## ナ 行

内果皮　13
苗木　82
ナシ　18
ナツミカン　27
並木植え　81
軟化　146
軟質フィルム　90

二重S字型成長曲線　123
ニホングリ　24
ニホンナシ　18
ニホンヤマナシ　18

ネクタリン　22
熱帯果樹　14

農PO　90
農ビ　90

## ハ 行

胚　107
　——の救助培養　53
灰色かび病　211
配偶体型自家不和合性　109
胚珠　106
倍数性育種　54
バイナリーベクター　56
胚乳　107
胚のう　106
胚のう母細胞　106
ハイブッシュブルーベリー　25
パイプハウス　90
灰星病　211
ハウス栽培　87
ハスカップ　26
発育　121
発育指数　37
発育速度　37

ハッサク　27
パッションフルーツ　28
ハードニング　40
花原基　99
バナナ　28
花流れ　117
花振るい　117, 204
パパイヤ　28
パルメット方式　198
繁殖　61
斑点落葉病　211
蟠桃　22
晩腐病　210

光　42, 171
光飽和点　42, 171
光保障点　171
非還元花粉　55
非クライマクテリック　135
ビターピット　205
ピタヤ　28
必須元素　168
非破壊品質測定　147
日焼け　34
病害虫　42, 214
病気　206
表土管理　165
ヒラミレモン　26
肥料　172, 178
肥料資材　184
ビワ　28
品種　17
品種登録　60

ファイトプラズマ　206
フィロキセラ　21, 63, 216
フォックスフレーバー　21
フォモプシス腐敗病　211
不完全甘ガキ　20
不完全渋ガキ　20
複合果　14
腐植　171, 176, 183
物理的防除　216
不定芽　71
不定根　68
不定胚　71
ブドウ　21

ブドウネアブラムシ　21, 216
部分草生法　166
ブラウンハート　153
ブラシノステロイド　125
プラスチックハウス　87
プラムポックスウイルス　207
ブルーベリー　25
プルーン　23
プロトプラスト　55
プロトンポンプ　129
フロリゲン　98
不和合性　109

米国ブドウ　21
平坦地　76
へたすき　203
べと病　210
ベレゾーン　127
変種　17
変則主幹形　195

芳香　19, 144
ホウ素　175
穂木　61
干し柿　20
干しブドウ　21
圃場容水量　155
ポンカン　27

## マ 行

マイクロプロパゲーション　70
マグネシウム　174
間引きせん定　191
マルチ栽培　86
マルチ法　166
マルドリ方式　86, 159
マルメロ　26
丸屋根型　90
マンガン　174
マンゴー　28

ミカンキジラミ　208
ミクロ繁殖　70
実生　19, 61, 93
水ナシ　203
水ポテンシャル　129, 154

みつ症　203, 205, 206
密閉挿し　68

無核化　21

明きょ排水　160
メドウオーチャード栽培　197
メリクロン　71

基肥　181
モニリア病　211
モモ　21
盛り土法　70
モリブデン　175

## ヤ 行

薬剤抵抗性　215
山川市場　6
ヤマブドウ　21

雄花　12
有機酸　142
有機物施用　163
有効受粉期間　108
有効水　155
有効土層　160
雄ずい　12
優良台木　67
ゆず肌病　62
陽イオン交換容量　161, 178
葉芽　92
葉果比　133
幼若期間　93
幼若相　48, 93
幼樹開花　94
幼樹期　2
葉分析　180
養分転換期　118
幼木期　2, 95
幼木相　93
葉緑素　181
横伏せ法　70
予措　148
予冷　148
ヨーロッパグリ　24

ヨーロッパブドウ　21

**ラ　行**

落葉性　14
ラビットアイブルーベリー　25

両性花　12
量的形質遺伝子座　39, 53, 121
両屋根型　90
緑枝挿し　68

緑熟　134
リン　173
リンゴ　17
りん片葉　92
輪紋病　209

礼肥　182
レーズン　21
裂果　23, 204
連作障害　80

老木期　2
ローディング　127
ローブッシュブルーベリー　25

**ワ　行**

わい性台木　2, 16, 66, 85
ワイン　21
ワリンゴ　17

**編者略歴**

米森敬三（よねもり・けいぞう）
- 1953 年　大阪府に生まれる
- 1977 年　京都大学大学院農学研究科修士課程修了
- 現　在　龍谷大学農学部資源生物科学科教授
  　　　　京都大学名誉教授
  　　　　農学博士

---

**果 樹 園 芸 学**　　　　　　　　　定価はカバーに表示

2015 年 4 月 10 日　初版第 1 刷
2025 年 9 月 5 日　　　第 11 刷

編 者　米　森　敬　三
発行者　朝　倉　誠　造
発行所　株式会社 朝倉書店
　　　　東京都新宿区新小川町 6-29
　　　　郵 便 番 号　162-8707
　　　　電　話　03（3260）0141
　　　　Ｆ Ａ Ｘ　03（3260）0180
　　　　https://www.asakura.co.jp

〈検印省略〉

© 2015 〈無断複写・転載を禁ず〉　　　Printed in Korea

ISBN 978-4-254-41037-2　C 3061

JCOPY ＜出版者著作権管理機構 委託出版物＞

本書の無断複写は著作権法上での例外を除き禁じられています．複写される場合は，そのつど事前に，出版者著作権管理機構（電話 03-5244-5088, FAX 03-5244-5089, e-mail: info@jcopy.or.jp）の許諾を得てください．

松本正雄・大垣智昭・大川 清編

## 園　芸　事　典　(新装版)

41031-0　C3561　　　　B 5 判　408頁　本体16000円

果樹・野菜・花き・花木などの園芸用語のほか，周辺領域および日本古来の特有な用語なども含め約1500項目（見出し約2000項目）を，図・写真・表などを掲げて平易に解説した五十音配列の事典。各領域の専門研究者66名が的確な解説を行っているので信頼して利用できる。関連項目は必要に応じて見出し語として併記し相互理解を容易にした。慣用されている英語を可能な限り多く収録したので英和用語集としても使える。園芸の専門家だけでなく，一般の園芸愛好者・学生にも便利

植物栄養・肥料の事典編集委員会編

## 植 物 栄 養・肥 料 の 事 典

43077-6　C3561　　　　A 5 判　720頁　本体23000円

植物生理・生化学，土壌学，植物生態学，環境科学，分子生物学など幅広い分野を視野に入れ，進展いちじるしい植物栄養学および肥料学について第一線の研究者約130名により詳しくかつ平易に書かれたハンドブック。大学・試験場・研究機関などの専門研究者だけでなく周辺領域の人々や現場の技術者にも役立つ好個の待望書。〔内容〕植物の形態／根圏／元素の生理機能／吸収と移動／代謝／共生／ストレス生理／肥料／施肥／栄養診断／農産物の品質／環境／分子生物学

但野利秋・尾和尚人・木村眞人・越野正義・
三枝正彦・長谷川功・吉羽雅昭編

## 肥　料　の　事　典

43090-5　C3561　　　　B 5 判　400頁　本体18000円

世界的な人口増加を背景とする食料の増産と，それを支える肥料需要の増大によって深刻化する水質汚染や大気汚染などの環境問題。これら今日的な課題を踏まえ，持続可能な農業生産体制の構築のための新たな指針として，肥料の基礎から施肥の実務までを解説。〔内容〕食料生産と施肥／施肥需要の歴史的推移と将来展望／肥料の定義と分類／肥料の種類と性質（化学肥料／有機性肥料）／土地改良資材／施肥法／施肥と作物の品質／施肥と環境

前千葉大 本山直樹編

## 農　薬　学　事　典

43069-1　C3561　　　　A 5 判　592頁　本体20000円

農薬学の最新研究成果を紹介するとともに，その作用機構，安全性，散布の実際などとくに環境という視点から専門研究者だけでなく周辺領域の人たちにも正しい理解が得られるよう解説したハンドブック。〔内容〕農薬とは／農薬の生産／農薬の研究開発／農薬のしくみ／農薬の作用機構／農薬抵抗性問題／化学農薬以外の農薬／遺伝子組換え作物／農薬の有益性／農薬の安全性／農薬中毒と治療方法／農薬と環境問題／農薬散布の実際／関連法規／わが国の主な農薬一覧／関係機関一覧

前九大 和田光史・前滋賀県大 久馬一剛他編

## 土　壌　の　事　典

43050-9　C3561　　　　A 5 判　576頁　本体22000円

土壌学の専門家だけでなく，周辺領域の人々や専門外の読者にも役立つよう，関連分野から約1800項目を選んだ五十音配列の事典。土壌物理，土壌化学，土壌生物，土壌肥沃度，土壌管理，土壌生成，土壌分類・調査，土壌環境など幅広い分野を網羅した。環境問題の中で土壌がはたす役割を重視しながら新しいテーマを積極的にとり入れた。わが国の土壌学第一線研究者約150名が執筆にあたり，用語の定義と知識がすぐわかるよう簡潔な表現で書かれている。関係者必携の事典

農工大 荻原 勲編著

## 図説 園芸学

41027-3 C3061　B5判 224頁 本体4500円

明快な図版と丁寧な解説で説き起こす園芸学の総合的入門書。初学者から実務まで幅広い読者に対応。〔内容〕品種および育種法／施設栽培／ポストハーベストテクノロジー／野菜の種類と原産地／野菜（花卉）の形態と生理生態的特性／他

千葉大 古在豊樹・千葉大 後藤英司・東大 富士原和宏編著

## 最新 施設園芸学

41026-6 C3061　A5判 248頁 本体4500円

好評のテキスト「新施設園芸学」の全面改訂版。園芸作物の環境応答に関する基本を解説するとともに，近年めざましい学術的・技術的発展も紹介。〔内容〕園芸植物の特性／園芸施設の環境調節／栽培管理／新領域（園芸療法，宇宙農場他）

鈴木芳夫・高野泰吉・八鍬利郎・中村俊一郎・斎藤　隆・藤重宣昭・岩田　隆著

## 新 蔬菜園芸学

41015-0 C3061　A5判 228頁 本体4400円

蔬菜園芸全般を体系的に概観しつつ，最新の技術の現状や収穫後の取扱い等も取込したスタンダードな教科書・参考書〔内容〕序論／種類と生産／育種・採種とバイオテクノロジー／栄養と生育／生長と発育／栽培技術／収穫後の生理と品質保持

堀江　武・吉田智彦・巽　二郎・平沢　正・今木　正・小葉田亨・窪田文武・中野淳一著

## 作物学総論

41021-1 C3061　A5判 212頁 本体4300円

環境悪化の中での作物生産のあり方にも言及する好教科書。〔内容〕農業と作物および作物学／作物の種類と品種／作物の発育と適応／作物の形態と機能／作物の生長と生理／作物生産と環境／品種改良の目標と生理生態的研究／作物の生産管理

前東大 石井龍一・前北大 中世古公男・千葉大 高崎康夫著

## 作物学各論

41022-8 C3061　A5判 184頁 本体3800円

各作物（87種）について知っておくべき要点を解説したテキスト。〔内容〕作物の種類と作物化／食用作物（穀類／まめ類／いも類）／繊維作物／油料作物／糖用作物／嗜好料作物／香辛作物／ゴム科作物／薬用作物／イネ科牧草／マメ科牧草

元農工大 佐藤仁彦・前東農大 宮本　徹編

## 農薬学

43084-4 C3061　A5判 240頁 本体4600円

農薬の構造式なども掲げながら農薬の有用性や環境の視点から述べた最新のテキスト。〔内容〕概論／農薬の毒性とリスク評価／殺菌剤／殺虫剤／殺ダニ剤，殺線虫防除剤，殺鼠剤／除草剤／植物生育調節剤／バイテク農薬／農薬の製剤と施用

米山忠克・長谷川功・関本　均・牧野　周・間藤　徹・河合成直・森田明雄著

## 新 植物栄養・肥料学

43108-7 C3061　A5判 224頁 本体3600円

植物栄養学・肥料学の最新テキスト。実学たれとの思想にのっとり，現場での応用や環境とのかかわりを意識できる記述をこころがけた。〔内容〕物質循環と植物栄養／光合成と呼吸／必須元素／共生系／栄養分の体内動態／ストレスへの応答／他

農工大 仲井まどか・宮崎大 大野和朗・名大 田中利治編

## バイオロジカル・コントロール
―害虫管理と天敵の生物学―

42034-0 C3061　A5判 180頁 本体3200円

化学農薬に代わる害虫管理法「バイオロジカル・コントロール」について体系的に，最新の研究成果も交えて説き起こす教科書。〔内容〕生物的害虫防除の概要と歴史／IPMの現状／生物的防除の実際／捕食寄生者／昆虫病原微生物／他

東大 根本正之編著

## 雑草生態学

42030-2 C3061　A5判 184頁 本体4000円

私たちの身近でみられる雑草達のたくましい生きざまを，生態学の視点からとらえる。光合成など植物生理学の基本から個体群の生態学，群集生態学へと順を追って解説し，植物生態学の基本を学ぶ入門書としても好適

東大 根本正之・京大 冨永 達編著

## 身近な雑草の生物学

42041-8 C3061　A5判 160頁 本体2600円

農耕地雑草・在来雑草・外来植物を題材に，植物学・生理学・生物多様性を解説した入門テキスト。〔内容〕雑草の定義・人の暮らしと雑草／雑草の環境生理学／雑草の生活史／雑草の群落動態／攪乱条件下での雑草の反応／話題雑草のコラム

石川県大 杉浦　明・近畿大 宇都宮直樹・香川大 片岡郁雄・
岡山大 久保田尚浩・京大 米森敬三編

## 果　実　の　事　典

43095-0　C3561　　　Ａ５判　636頁　本体20000円

果実（フルーツ，ナッツ）は，太古より生命の糧として人類の文明を支え，現代においても食生活に潤いを与える嗜好食品，あるいは機能性栄養成分の宝庫としてその役割を広げている。本書は，そうした果実について来歴，形態，栽培から利用加工，栄養まで，総合的に解説した事典である。〔内容〕総論（果実の植物学／歴史／美味しさと栄養成分／利用加工／生産と消費）各論（リンゴ／カンキツ類／ブドウ／ナシ／モモ／イチゴ／メロン／バナナ／マンゴー／クリ／クルミ／他）

---

吉田義雄・長井晃四郎・田中寛康・長谷嘉臣編

## 最新　果樹園芸技術ハンドブック
（普及版）

41029-7　C3061　　　Ａ５判　904頁　本体28000円

各種果実について，その経営上の特性，栽培品種の伝搬，品種の解説，栽培管理，出荷，貯蔵，加工，災害防止と生理障害，病虫害の防除などについて詳しく解説。専門家だけでなく，園芸を学ぶ学生や一般園芸愛好家にもわかるよう解説。〔内容〕リンゴ／ニホンナシ／セイヨウナシ／マルメロ／カリン／モモ／スモモ／アンズ／ウメ／オウトウ／ブドウ／カキ／キウイフルーツ／クリ／クルミ／イチジク／小果類／アケビ／ハスカップ／温州ミカン／中晩生カンキツ類／ビワ／ヤマモモ

---

前鹿児島大 伊藤三郎編
食物と健康の科学シリーズ

## 果実の機能と科学

43541-2　C3361　　　Ａ５判　244頁　本体4500円

高い機能性と嗜好性をあわせもつすぐれた食品である果実について，生理・生化学，栄養機能といった様々な側面から解説した最新の書。〔内容〕果実の植物学／成熟生理と生化学／栄養・食品化学／健康科学／各種果実の機能特性／他

---

東北大 西尾　剛編著
見てわかる農学シリーズ１

## 遺　伝　学　の　基　礎

40541-5　C3361　　　Ｂ５判　180頁　本体3600円

農学系の学生のための遺伝学入門書。メンデルの古典遺伝学から最先端の分子遺伝学まで，図やコラムを豊富に用い「見やすく」「わかりやすい」解説をこころがけた。1章が講義1回用，全15章からなり，セメスター授業に最適の構成。

---

前東農大 今西英雄編著
見てわかる農学シリーズ２

## 園　芸　学　入　門

40542-2　C3361　　　Ｂ５判　168頁　本体3600円

園芸学（概論）の平易なテキスト。図表を豊富に駆使し，「見やすく」「わかりやすい」構成をこころがけた。〔内容〕序論／園芸作物の種類と分類／形態／育種／繁殖／発育の生理／生育環境と栽培管理／施設園芸／園芸生産物の利用と流通

---

大阪府大 大門弘幸編著
見てわかる農学シリーズ３

## 作　物　学　概　論

40543-9　C3361　　　Ｂ５判　208頁　本体3800円

セメスター授業に対応した，作物学の平易なテキスト。図や写真を多数収録し，コラムや用語解説など構成も「見やすく」「わかりやすい」よう工夫した。〔内容〕総論（作物の起源／成長と生理／栽培管理と環境保全），各論（イネ／ムギ類／他）

---

前東農大 池上正人編著
見てわかる農学シリーズ４

## バイオテクノロジー概論

40544-6　C3361　　　Ｂ５判　176頁　本体3600円

めざましい発展と拡大をとげてきたバイオテクノロジーの各分野を俯瞰的にとらえ，全体を把握できるよう解説した初学者に最適の教科書。〔内容〕バイオテクノロジーとは／組換えDNA技術／植物分野／動物分野／食品分野／環境分野／他

---

東北大 齋藤忠夫編著

## 農学・生命科学のための　学術情報リテラシー

40021-2　C3061　　　Ｂ５判　132頁　本体2800円

情報化社会のなか研究者が身につけるべきリテラシーを，初学者向けに丁寧に解説した手引き書。〔内容〕学術文献とは何か／学術情報の入手利用法（インターネットの利用，学術データベース，図書館の活用，等）／学術情報と研究者の倫理／他

---

上記価格（税別）は2025年8月現在